"技控"革命
Performance Improvement
从培训管理到绩效改进

易虹 朱文浩 著

江苏人民出版社

图书在版编目(CIP)数据

"技控"革命:从培训管理到绩效改进/易虹,朱文浩著.--南京:江苏人民出版社,2016.10

ISBN 978 - 7 - 214 - 19652 - 1

Ⅰ.①技… Ⅱ.①易… ②朱… Ⅲ.①企业绩效一企业管理 Ⅳ.①F272.5

中国版本图书馆 CIP 数据核字(2016)第 246560 号

书　　　名	"技控"革命:从培训管理到绩效改进	
著　　　者	易　虹　朱文浩	
出 版 统 筹	杨　健	
责 任 编 辑	陈　茜	
装 帧 设 计	王欣竹	
责 任 监 制	王　娟	
出 版 发 行	江苏人民出版社	
地　　　址	南京市湖南路 1 号 A 楼,邮编:210009	
照　　　排	江苏凤凰制版有限公司	
印　　　刷	江苏凤凰通达印刷有限公司	
开　　　本	718 毫米×1 000 毫米　1/16	
印　　　张	23　插页 2	
字　　　数	345 千字	
版　　　次	2017 年 1 月第 1 版	
印　　　次	2023 年 6 月第 9 次印刷	
标 准 书 号	ISBN 978 - 7 - 214 - 19652 - 1	
定　　　价	58.00 元	

(江苏人民出版社图书凡印装错误可向承印厂调换)

推荐序

　　六年前，中国企业培训咨询界一些同仁相聚北京，探讨绩效改进技术这一先进的管理思想、方法、工具体系，如何在中国落地生根、开花结果，更好地服务中国企业未来发展的问题。记得当时已是深秋，讨论持续而热烈，结束时已万家灯火，秋意渐凉，但每个人心中都充满了火样的热忱，坚信绩效改进技术必将成为中国企业升级转型发展的强劲推动力量。

　　今天，绩效改进技术在中国培训咨询界、企业界、学术界再也不是一个陌生的概念，正如我们所预期的那样，绩效改进技术为越来越多的中国企业所认知和应用，其重要价值日益凸显。易虹老师奋战于中国绩效改进的最前沿，她一直积极探索国际绩效改进技术与中国实际情况相结合的落地方法，将众多绩效改进工具与方法本土化，帮助企业进行了大量的绩效改进项目实践，使这些企业实实在在地改善了组织和工作绩效。我与易虹老师相识多年，她对专业的深刻见解、前瞻性的思维、敏锐的洞察，以及对趋势的敏感度和严谨的治学态度，都给我留下了深刻的印象。《"技控"革命：从培训管理到绩效改进》一书，可以说是其多年积累的绩效改进的理论知识与企业实践的完美结合。"技控"优于"人控"，"技控让管理更简单"，易老师在书中提出的最新观点也让我对绩效改进有了进一步的理解。

　　未来，我们身处 VUCA 时代，中国企业参与全球竞争的能力必然源于自身高质量的发展能力，而绩效改进技术正是中国企业应对挑战、高质量发展的强有力助推器。绩效改进在中国将迎来一个难得的发展机遇，同时，完成历史赋予它的崇高使命。《"技控"革命：从培训管理到绩效改进》一书的出版，为我们从事绩效改进技术研究探索和推广应用的同仁们带来了系统的理论和清晰的思路，也为广大中国企业带来了最新的实践分享。我相信，会有越来越多的有识之士参与到中国的绩效改进事业中来，通过我们的共同努力，不断地把绩效改进的思想方法精髓融入成千上万的中国企业管理者和员工的经营管理行为自觉中，中国企业发展的质量一定会越来越好，这是我们共同的梦想，我们期待着。

中国绩效改进专家委员会主任委员
国际绩效改进协会中国区分会首任主席
原 招 银 大 学 总 经 理

罗开位

2016 年 10 月

序 言
从培训管理到绩效改进

在传统经济时代，企业竞争优势靠的是资金、设备等物质资源。然而今天的世界已经进入新经济时代，知识、技术日新月异，经济全球化势不可挡，所以越来越多的企业开始意识到：仅仅依靠更多更先进的机器，使用高性能计算机，已经很难提高竞争力和改进生产率。为了获得更高的生产率，提升企业与组织的竞争力，我们必须依靠这个世界上最重要的资源之一——人。于是，人们把关注的重点放到了组织的细胞与灵魂——人的身上，各领域纷纷开始研究如何提升人的绩效。培训这一手段就在绩效提升中起着至关重要的作用。

从单一课程到培训体系，从满足需求到提前规划，从传授知识到训练能力，从通用课程到定制开发，培训为推动企业发展做出了巨大贡献，培训并非万能药，即便组织了大量的培训，花费了巨大的人力、物力和财力，很多培训依然不能真正解决企业关心的绩效问题，这也成为困扰着培训界的难题。培训管理者在提升培训和企业绩效方面不断进行尝试，却很难从整体上很好地解决这个问题，直到绩效改进（Performance Improvement，简称"PI"）的引入才让人们见到了曙光。

为了将绩效改进这一理念和方法系统地引进中国，从2011年起，北京华商基业管理咨询有限公司（以下简称"华商基业"）开始在《培训》杂志上刊登绩效改进的相关文章；到2012年，开设了绩效改进专栏，并将专栏坚持下去。华商基业的绩效改进文章已经在业内掀起了轩然大波,很多读者都纷纷致电致信给我们,有探讨文章当中的问题的,有索取更多资料的,也有邀请我们去开办讲座、进行培训的,其中绝大部分读者都提到,希望我们将这些文章编纂成册,出一本书,更加系统地介绍绩效改进,方便读者阅读。读者们的这一想法也与我们不谋而合。

为了更好的推广和传播绩效改进,加速绩效改进在企业实践领域中的应用,我们将 2013 年以前刊登过的相关文章做了系统整理,加入了由于杂志篇幅限制被删减的内容,参考了国内外绩效改进领域的重点数目,补充了更多的相关内容形成这本书第一版的内容。时间流逝,一晃便来到了 2016 年,我们对于绩效改进的理解和实践也不断深入,所以在第一版的基础之上,作者又进行了一些改动,形成了本书。

与 2013 年出版的第一版相比,本书修改或新增加了一些内容:

1. 对于第一版中一些的定义做了简单介绍,进行了举例说明,方便读者理解;

2. 更新或增加了一些案例,特别是与当下互联网企业相关的案例;

3. 提出了新的理念,希望管理者从自身转变思路,为员工提供便利,从而达成绩效;

4. 新增了先技控再人控的概念;

5. 把关键价值链作为一节内容,做了更详细的阐述。

作者将本书看作一本基础的普及之书,因为本书用了很大的篇幅介绍绩效改进的基础内容,包括绩效改进的相关概念、历史、理论、原则、流程、模型,以及绩效改进顾问的基本胜任力等等;同时,作者还希望本书能够成为一本简单的工具之书,因为我们按照绩效改进的流程设计了从第三章到第六章的内容,并在其中穿插了一些绩效改进的工具和方法,但愿读者在未来的工作中可以想到它们、用到它们。真心祝愿每一位读者都能够有所收获。

在这里,作者希望特别感谢那些已经在中国教育领域为绩效改进的研究和实践奠定了坚实基础的专家学者们，他们分别是：上海外国语大学张祖忻教授、北京师范大学刘美凤教授、南京大学梁林梅教授以及首都师范大学的焦宝聪教授和方海光教授，正是有了他们之前的研究、实践、整理与传播，才有了今天书中很多经过理论与实践验证的实用性的内容；同时作者还想在这里感谢华商基业的咨询顾问和培训师们，因为有了你们的探索与实践，有了你们的编写与投稿，才有了今天本书的基本框架。

由于时间紧迫，加上作者的学识和水平有限，书中肯定存在很多不足之处，或是没有讲明白的地方，所以特别恳请广大读者不吝赐教。

最后，衷心感谢国际绩效改进协会（ISPI）与国际绩效改进协会（IS-PI）中国分会的大力支持，感谢江苏人民出版社陈茜老师自始至终的支持、督促和帮助。

目　录
Content

引　言
生活中也有绩效改进

近几年来，"绩效改进"一词已经越来越受到企业管理者和人力资源管理者的关注，其实听上去很高大上的绩效改进不仅仅用于工作当中，在平时的生活当中，绩效改进也是无处不在的。为了让大家更好地、直观地、形象地理解绩效改进，引言中我们既不会和大家聊工作，也不想说绩效改进有多好，更不愿用太多文字来表达，只想先请大家一起来看一组曾经在微博上广为流传的PPT[①]，看看绩效改进在我们的生活中，特别是在人人都关心的减肥问题上是如何应用的。

绩效改进 (Performance Improvement)
在减肥中的应用

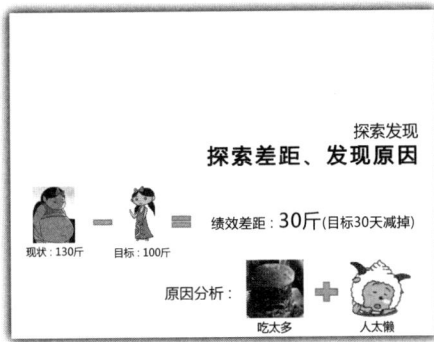

探索发现
探索差距、发现原因

绩效差距：30斤(目标30天减掉)

现状：130斤　　目标：100斤

原因分析：

吃太多　　＋　　人太懒

---

① PPT 中的漫画角色来源于网络，如有侵权行为，请漫画原作者与本书作者联系。

1

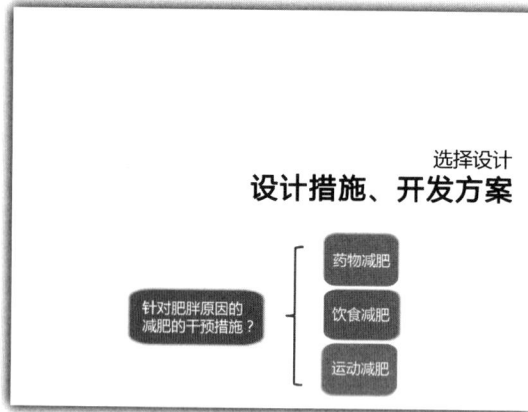

选择设计
设计措施、开发方案

针对肥胖原因的
减肥的干预措施？

- 药物减肥
- 饮食减肥
- 运动减肥

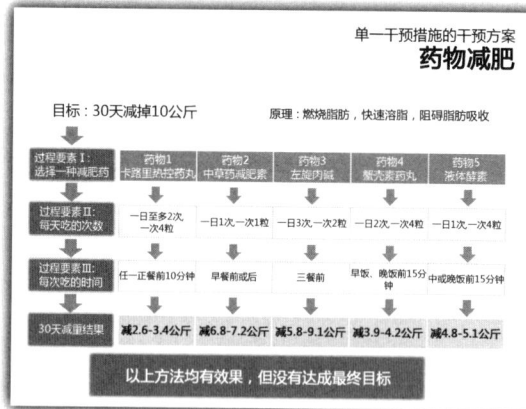

单一干预措施的干预方案
药物减肥

目标：30天减掉10公斤　　　　原理：燃烧脂肪，快速溶脂，阻碍脂肪吸收

过程要素Ⅰ：选择一种减肥药	药物1卡路里热控药丸	药物2中草药减肥素	药物3左旋肉碱	药物4蟹壳素药丸	药物5液体酵素
过程要素Ⅱ：每天吃的次数	一日至多2次一次4粒	一日1次一次1粒	一日3次一次2粒	一日2次一次4粒	一日1次一次4粒
过程要素Ⅲ：每次吃的时间	任一正餐前10分钟	早餐前或后	三餐前	早饭、晚饭前15分钟	中或晚饭前15分钟
30天减重结果	减2.6-3.4公斤	减6.8-7.2公斤	减5.8-9.1公斤	减3.9-4.2公斤	减4.8-5.1公斤

以上方法均有效果，但没有达成最终目标

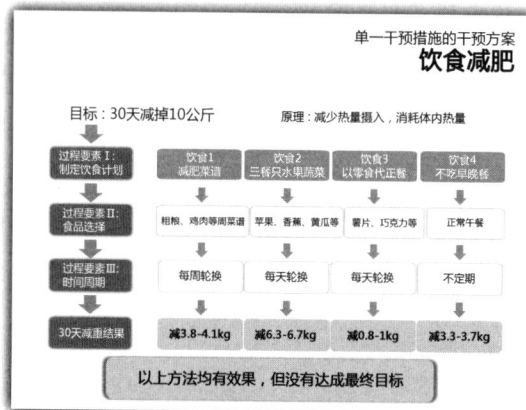

单一干预措施的干预方案
饮食减肥

目标：30天减掉10公斤　　　　原理：减少热量摄入，消耗体内热量

过程要素Ⅰ：制定饮食计划	饮食1减肥菜谱	饮食2三餐只水果蔬菜	饮食3以零食代正餐	饮食4不吃早晚餐
过程要素Ⅱ：食品选择	粗粮、鸡肉等周菜谱	苹果、香蕉、黄瓜等	薯片、巧克力等	正常午餐
过程要素Ⅲ：时间周期	每周轮换	每天轮换	每天轮换	不定期
30天减重结果	减3.8-4.1kg	减6.3-6.7kg	减0.8-1kg	减3.3-3.7kg

以上方法均有效果，但没有达成最终目标

单一干预措施的干预方案
运动减肥

目标：30天减掉10公斤　　　　原理：通过运动，消耗体内脂肪

过程要素Ⅰ 列举运动项目	运动1 快走	运动2 慢走	运动3 快跑	运动4 跳绳	运动5 游泳
过程要素Ⅱ 单位运动消耗热量	555cal/h/8 km	255cal/h/4 km	700cal/h/12 km	600cal/h	550cal/h/3 km
过程要素Ⅲ 每天运动时间	1小时	1小时	1小时	1小时	1小时
30天减重结果	减2.8-3.2公斤	减1.2-1.4公斤	减2.8-3.3公斤	减2.3-2.7公斤	减3-3.5公斤

以上方法均有效果，但没有达成最终目标

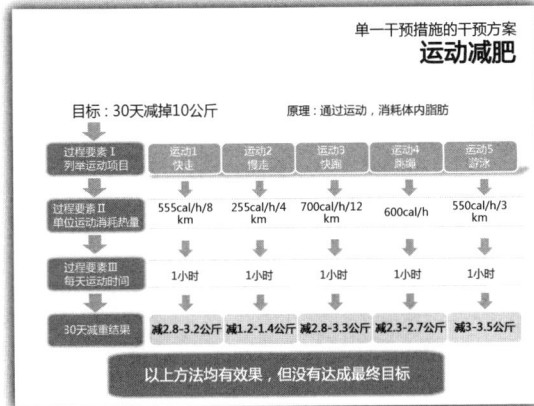

由此可见
需要将不同干预措施进行整合成一套干预方案

减肥的干预方案：
药物减肥+饮食减肥+运动减肥

经过成本-效益分析综合考虑开发出
减肥干预方案

建议：	药物3　+	饮食1　+	运动5
做什么	左旋肉碱	减肥菜谱	游泳
什么时间	三餐前	每日饭时	每周六、日
什么原因	加速脂肪的燃烧，促进脂肪转化成能量	供体内正常生理活动的合理饮食，减少多余热量摄入	消耗体内脂肪
什么地方	餐桌	餐桌	游泳池
怎么执行	用水服用	纤维、蛋白、维生素	游泳动作

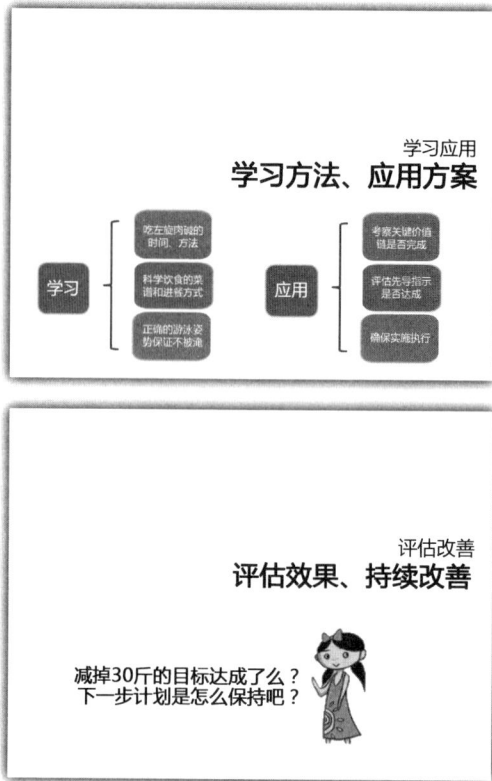

从这几页PPT中，我们可以发现，绩效改进在减肥中运用的时候大约经历了四个步骤：第一步，探索发现，主要是为了找到差距和产生差距（肥胖）的原因；第二步，选择设计，目的是为了选择减肥措施以及形成减肥方案；第三步，学习应用，学会那些减肥的方法，并且切实地应用到自己的日常生活中并坚持下去；第四步，评估改善，及时了解自己有没有减肥成功，并且制定下一步减肥或保持计划。

在这四步中不乏清晰的结构、科学的分析、有效的实施，所以运用绩效改进的方法我们不仅能在工作中大展拳脚，在生活中也可以胜人一筹。但是PPT中也有很多不太容易理解的内容，比如：到底什么是绩效改进？什么是干预措施？什么是先导指标？绩效改进究竟是怎样帮助企业提升业绩的呢？这些问题，我们就在本书中都一一解答给大家。

第一章　绩效改进基础

第一节　绩效改进的概念

诺基亚 CEO 在同意被微软收购时说:"我们并没有做错什么,但不知为什么,我们输了!"说完,连同他在内的几十名诺基亚高管不禁落泪!诺基亚是一家值得敬佩的公司,诺基亚并没有做错什么,只是世界变化太快。自己不变,就要被别人"变"掉!现在的企业面临着诸多压力:全球化带来了更加残酷的竞争,竞争带来了日益苛刻的客户需求,需求又带来了不断革新的生产技术与商业模式……这些压力似乎都有着一个始终不变的、一致的主题,那就是——"变",在这样的变化下,组织会越来越关注一个始终不变的话题"绩效"(Performance)。因为只有个人或组织的绩效上去了,企业的整体竞争力才会有更大的提升。"绩效改进"(Performance Improvement)也在这样的变与不变中应运而生。那么什么是"绩效"?什么是"改进"?什么是"绩效改进"?又怎么理解这些词呢?在本书的第一章第一节里,我们希望帮助大家理清这些概念,构建起基础的认识。

绩效——做对的事与把事情做对

从大的、组织的角度来说，绩效是效益、业绩；从小的、个人的角度来说，就是工作成效。本书中，我们讨论的"绩效"或是"绩效改进"中的"绩效"都是英文"performance"的汉译，在《朗文高级英语辞典》中"performance"这个词有三种不同的解释：

1. 指扮演一个角色、演奏一件乐器或表演一个节目等的行为或表现；

2. 指完成一项活动或工作的行为；

3. 只一个人做事情的能力或机器的性能。

从这三种解释中我们很容易提取出一些关键词来，比如："行为"、"表现"、"性能"。可想而知，绩效是和我们的行为与表现有关的。

抛开英语辞典回到汉语当中来，"绩效"一词由"绩"和"效"两个字组成。这两个字在汉语中可能分别代表着不同的意思，比如：雷电、收留、请求，这样的词。所以如果分别看"绩"和"效"，或者用这两个字再来组词的话，我们通常会想到："绩"有"业绩"、"成绩"、"功绩"，"效"可以组成"效果"、"效率"、"成效"等等这样一些词。

那么这样分别对中英文的意思解剖以后，大家的脑海中是不是可以对"绩效"这个词有了一个初步的，若隐若现的感觉了呢？那就让我们再进一步来看下面几个小故事：

1. 有一天，小明拿着上周的考试的试卷回到家给家长签字，看到试卷上的成绩大红色的"60"分，小明的妈妈很是愤怒地批评了他，小明很无辜地解释道："全班只有我一个人及格了！"小明的妈妈又转怒为喜，答应小明明天给他买一只想要的遥控赛车。

2. 还是小明，依旧是拿着上周的考试的试卷回到家给妈妈签字，看到试卷上的成绩大红色的"99"分，小明的妈妈还是很高兴地表扬了他，还安慰小明："难免粗心嘛。"但是当小明表示，班里的56个同学，55个都是

100 分的时候，小明的妈妈还是表现出了明显不高兴，马上变脸责怪小明怎么这么粗心。

从以上两个有关"成绩"的小故事中，我们可以看出"绩"其实是一个中性词，它既代表了成绩的"结果"，也包含了成绩的"价值"，是需要比较才能得出高低、大小、好坏的。

同样的再来看有关"效"的两个例子：

1. 南辕北辙的故事相信大家都知道：一个人要去南边的楚国却朝北而行，那人认为：自己的马好，跑得快，路费又多，马夫也最会赶车，所以即使是走错了方向也没有关系。但其实这些条件越好，就越会使他离目的地越远。即便我们说地球是圆的，绕一圈总能到达终点，那他的效率也肯定不如方向对的人高。

2. 小强是一名泥瓦工，专门负责砌墙，他认为自己砌墙的效率很高，不仅速度快，而且砌的墙非常结实，怎么推都推不倒。有一天他为了表现自己的才能，在车水马龙的马路中央砌起了一堵墙，想得到大家的夸奖。谁知路过的人群不仅没有表扬他，反而纷纷指责他影响了交通，并且大家想把这阻碍交通的墙推倒都很困难。

从这两个有关"效"的例子中，我们也能够看出"效"不仅仅表现了一个"结果"，更关注得到这个结果的"行为"。

那么根据以上各种关于"绩效"的分析，我们再回过头来想想"绩效"这个词，是不是更像绩效改进之父——吉尔伯特（Thomas F. Gilbert）解释的那样：

$$绩效 = \frac{有价值的成就 \text{（worthy accomplishments）}}{付出的行为 \text{（costly behavior）}}$$

综合以上所述，作者认为，"绩效"包含"行为"、"结果"和"价值"这三个方面。这里用一张矩阵图来特别阐述。这一矩阵的横纵坐标轴代表的行为及结果，横坐标从左向右是代表的是"做错"到"做对"，纵坐标从下至上表示的是"选错"到"选对"，如图 1-1 所示。

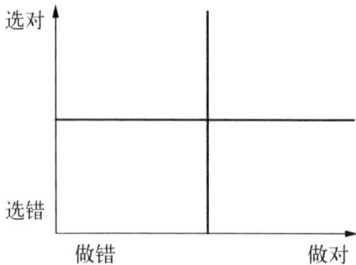

图 1-1 绩效矩阵（一）

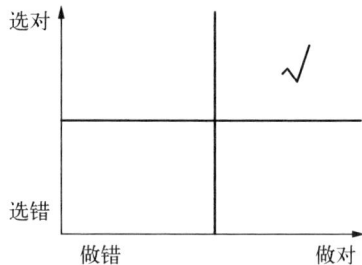

图 1-2 绩效矩阵（二）

那么我们都知道"价值"最大的"行为"的"结果"是哪里呢？毫无疑问是既"选对"了又"做对"了，如图 1-2 所示。这里也就是"绩效"最好的地方了。

那"价值"最小，或者说"绩效"最差的地方是哪里呢？有人会不假思索地认为，那肯定是既"做错"又"选错"的地方啦，如图 1-3 所示。

可是我们再仔细想想，即便是我们做错了一件错事那又能带来什么危害呢？也就是产生的"价值"为零罢了。大家想想我们前面的例子，最悲剧的是不是泥瓦工小强？他把墙砌得又快又结实，却选择了在路中间砌墙，引来骂声一片，不仅吃力不讨好，还让拆墙变得特别困难，这时候的"价值"反而是负值了。所以作者认为："选错"却"做对"，是"绩效"最差的，是必须避免的，如图 1-4 所示。

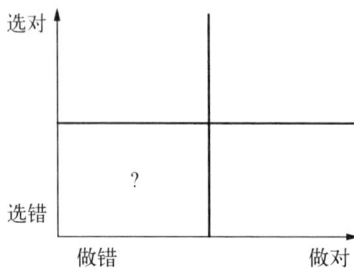

图 1-3 绩效矩阵（三）

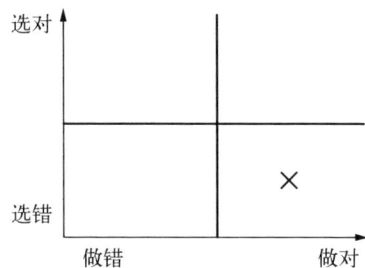

图 1-4 绩效矩阵（四）

所以，如果这里一定要给"绩效"下一个定义，那么作者认为在企业管理领域内，"绩效是指组织或个人所发生的行为及结果对企业价值或业绩所产生的影响。"

换个角度看绩效——降低行为代价

回过头在看绩效改进之父——吉尔伯特有关绩效解释：

$$\text{绩效} = \frac{\text{有价值的成就} \ (\text{worthy accomplishments})}{\text{付出的行为} \ (\text{costly behavior})}$$

做对的事情，其实就是要求我们的成就是要有价值的，也就是在分母不变的情况下，提高分子，可以使结果更大。小学数学同样也教会我们，就是在分子不变的情况下，分母越小，结果越大。所以我们如果想办法降低付出的行为代价，也可以使得结果更好！

例如，我们曾经和某银行一起做过一个绩效改进的项目，这个项目当时遇到一个问题：这家银行有一款理财产品是通过银行柜台营业员来卖的，去年的销售提成是今年的 5 倍。也就意味着在去年卖这款产品如果挣100 元，那么今年就只能挣 20 元。如果销售的人不能变、渠道不能变、提成不能变，怎么能够提高这个产品的销售呢？几乎项目组的所有成员都认为只有提高提成这个唯一的办法。

如果遇到这样的问题，你会怎么办呢？我在课堂上同样问过学员这个问题。大家都有特别多好的想法，比如用互联网销售、线上销售、更换产品都有可能是解决方案，同时如果这个产品不能变，提成也不能提高，还必须由柜台的营业员去卖，有没有可能做到呢？其实最后是做到了，做到的原因就是减少了销售人员付出的行为代价。因为员工也会权衡拿到的提成与所耗精力之间的大小，他会比较做这件事情的有价值成效和他卖这个产品所付出的代价，当他觉得合适的时候，他就会卖。如果还是按照之前付出的代价卖这个产品，但是提成降低了他就肯定不愿意了。

所以我们当时的做法，就是当一个客户来到柜台的时候，他的信息一录入，系统就能自动甄别出这个客户是否是这产品的目标客户，弹出对话框，柜员就知道这个客户是潜在客户。同时我们还为销售人员开发了一套"一句话营销"的话术，让柜台的营业员能够非常精准地说一句话，这句话说完，销售达成的概率就会大大提高。在这个项目中，我们就是尽量减少了销售人员的行为代价，让系统帮助他识别客户，让简单的语言帮助他成交客户。

这就是换个角度看吉尔伯特对绩效的定义。我相信这个银行的案例，不仅可以用在一个产品销售当中，还可以用在更多的产品销售中甚至其他管理活动当中。减少行为代价，对于管理者来说是非常好的思路，它让我们看到一件事情的解决还有更多可能性，就是管理者要想办法帮助员工更高效地工作，从管理端去深入地想办法，让员工端或者是执行端浅出地做，这种深入浅出的方法可能比起只给员工一个目标更加高效。

绩效改进——系统的 "世界观" 与 "方法论"

第一次听到"绩效改进"这个词的时候，我身边的很多朋友都不免把它和"绩效管理"联系在一起，甚至相提并论，也有很多"绩效管理"的专家将"绩效改进"视作是"绩效管理"当中的一个环节。我本身不是绩效管理的研究者，很难评判"绩效管理"中的"绩效改进"是不是作者研究的这个"绩效改进"，今天我们就从"绩效改进"本身的概念讲起，让大家对"绩效改进"一词有一个基本的认识。

在专业领域内，大家对绩效改进有着不同的叫法，大致有**绩效改进**（Performance Improvement），**绩效技术**（Performance Technology）、**人类（力/的）绩效技术**（Human Performance Technology），或者**人类（力/的）绩效改进**（Human Performance Improvement）。绩效改进、绩效技术、人类绩效技术和人类绩效改进的侧重点略有不同：人类绩效技术以及人类绩效改进侧重于改进员工的绩效，绩效改进和绩效技术侧重于采用一组方法和程序改善员工（Worker）、工作（Work）、工作场所（Workplace）或世界（World）。虽然这几种叫法的侧重稍稍有差，但是实际工作和生活中它们是可以通用的，目前也以绩效改进的使用最为广泛。

让我们像之前理解"绩效"那样从说文解字的角度去看绩效改进。"改"通常是一个动作或者一段过程，很多人不太喜欢这个字，是因为一般认为错了才改，但实际改也是中性词，"改"就意味这四个方向，错了改对、错了更错、对了改错、对了更对。"改"的可能是工具、技术、行为模式等等。"进"一般与"退"相对，指的是向前或向上移动、发展，比如前进、推进、上进。所以当"改"和"进"放在一起的时候就只可能是两个结果，错了改对和对了更对。所以结合"绩效"的意思，绩效改进可以简单理解为，通过对工具、技术、行为模式等的改变，让组织或个人的行为对企业业绩产生的影响由坏变好，或好上加好。

绩效改进作为一个综合性的研究领域，不仅汇集了很多学科的专家和智慧，也在不断发展和完善中，因此在不同的发展阶段、不同领域的专家，甚至是相同领域的不同专家都对绩效改进有着自己的理解和定义。上海外国语学院张祖忻教授 2005 年主编出版的《绩效技术概论》、南京大学梁林梅教授 2009 年撰写出版的《教育技术视野中的绩效技术研究》以及北京师范大学刘美凤教授 2011 年编著出版的《绩效改进》这三本书，都对绩效改进的不同定义作了整理，这里作者也从不同角度摘录了一部分定义，帮助大家理解：

■ 从相关性和涉及范围的角度界定

绩效改进领域的结构主要是以工作现场的人的绩效问题为核心而形成的，根据解决人的绩效问题的实际需要，应用其他学科和应用领域的"有处方效力"的理论与方法。（W. R. Foshay and L. Moller，1992）[1]

---

[1] 张祖忻主编. 绩效技术概论［M］，上海：上海外语教育出版社，2005.

■ 从强调目的和结果的角度界定

绩效改进是将商业目标和策略联结起来的系统过程，它的目的在于使劳动者对组织负责以实现自治目标。绩效改进专业人员使用一种共同的方法论来理解、激励和提高人的绩效，他们研究和设计引发工作场所绩效提高的过程与方法。(Darlene M. Van Tiem 等，2000)[①]

■ 从过程和方法的角度界定

绩效改进是一个系统化的过程：首先鉴别绩效改进的机会，确定绩效标准；然后鉴别绩效改进的各种策略，进行比较并展开成本—收益分析；接下来选择绩效改进的策略，确保这些策略与现存的系统有机结合；最后评估绩效改进策略的效果，并对绩效改进策略的运用情况进行监控。(A. Benefit and D. L. Tate，1990)

虽然对绩效改进的定义众说纷纭、百家争鸣，但是绩效改进作为一个研究如何改进组织和个人业绩的专业领域，至今已经发展了50年左右，所以该领域能走到今天这样一个系统的、科学的、成熟的状态，必然有着自己的本质特征。回顾上述的定义，我们不难发现一些共性的地方：

它是一种思维方式：针对商业目标，强调"系统过程"，鉴别、分析、选择、评估；

它是一套干预方案：针对组织和个人，强调"有处方效力"，确保成本—收益最大化；

它是一个解决平台：针对改进机会，强调运用不同策略、不同学科、不同领域的综合。

所以我认为绩效改进是一套系统的"世界观"和"方法论"：帮助我们面对组织的发展愿景及目标时有系统、有方法、有结果的提升个人与组织的绩效，通过探索改进机会，发现差距原因，选择干预措施，设计解决

---

① 梁林梅，教育技术学视野中的绩效技术研究 [D]. 广州：华南师范大学出版社，2004.

方案，实施该套方案，巩固实施过程，评估流程结果，改善关键链条等步骤，有效而经济地使结果更趋向于组织目标。

绩效改进——选择、简单、改变、目标

上述有关绩效改进的概念很长，看似也很复杂。如果用简单的例子来解释绩效改进，那么概念也可以很简单：**绩效改进就是运用选择简单有效的工具和方法，改变固有的行为模式，达成组织目标。**

举一个简单的例子，假设现在的组织目标是把树上的果子都摘下来。那么有什么方法可以达成这个目标呢？第一种方法，摇树，把树上的果子都晃掉下来。第二种方法，用竹竿打，用竹竿把树上的果子都打下来。第三种方法，爬树，可以借助梯子之类的工具爬到树上去摘果子。第四种方法，养猴，训练一只听话的猴子，帮你去摘果子。当然还可能有第五、第六等等很多种方法。

第一种方法最简单粗暴，也是最耗费人工力气，却又不一定能够得到好结果的方法。如果采果子的工人，一开始使用了第一种方法，这时候想要提升业绩，就需要进行绩效改进，虽然这可能是最简单的一种绩效改进了。那么面对其他几种方法，应该选择哪一种呢？不仅方法可以不同，有时候工具也需要选择，比如采果子的例子，是用竹杆还是用梯子呢，亦或是用猴子代替人工呢？

所以在绩效改进中，选择方法和工具是很关键的一步，我们就需要根据自己的实际情况、比如：时间、金钱、工具、人员等等，综合考量后，根据成本产出，选择最适合、性价比最高的，也就是最简单有效的方法。

在其他绩效改进的项目中也是一样的，面对绩效目标时，我们可能会有多种多样的方案可供选择，但是哪种最简单，行为代价最小呢？之前就有绩效改进课程的学员在课后和我说，以前做项目时，通常是管理

者告诉员工，最终目标是什么，让员工自己去做，这是一种方法。学完绩效改进后，他换了一个思路，先问自己如何能更简单。于是他不仅告诉员工目标是什么，还和员工说，有一种工具可以更快更好地达成目标，我们一起先把这个工具做好，你再去实现目标，这也是一种方法。第二种方法实际就是我们之前提到的换个思路，从减小行为代价去更好地达成绩效，虽然管理者的工作看似复杂了，但是达成绩效的全过程却变得更简单更高效了。

选择完方法和工具之后就是实施了。上文中我们提到，在企业管理领域，绩效是指组织或个人所发生的行为及结果对企业价值或业绩所产生的影响。这句话中有两个词值得再关注一下，一是"行为"，二是"结果"。我们会发现，要想达成绩效改进，或者说要使得结果，也就是"结果"或"影响"变得更好，就需要对"行为"进行改变，因为是行为直接导致了"结果"。

所以你会发现，任何的工具和方法都是对原先固有行为模式的改变，从而最终改变了结果。采果子的例子也是如此，原先固有的行为模式是摇树，后来采用了别的方法，摇树的行为模式就改变了，即使是使用了猴子代替人工，或者使用了机器替代，也是改变了原来摇树、捡果子的人的行为模式，因为这些人现在可能就去养猴子或者操作机器了……

其实不仅仅是采果子的例子，之前提到的管理者要转变思路也是一个道理。思路的转变最终带来的是行为的变化，从要求员工达成目标，到帮助员工，给他们工具和方法以便于更好地达成目标。这就是绩效改进带来的不同。

所以，如果你让我最简单地解释绩效改进，我想就是四个词，选择、简单、改变和目标！选择简单有效的方法和工具，改变行为模式，达成绩效目标。

当然想要做到这样一句看似简单的话，就需要每一个管理者首先问自己"今天你简单了吗？"我们这里说的简单不是为了简单而简单的简单，是在保质保量、甚至于超值超量前提下的简单。我们每一级管理都有让自己和下属工作变得简单有效的义务。当然要想简单就必须有人复杂，这就应验了一个成语——"深入浅出"，管理者必须严谨深刻地思考，以事实为依据，深入分析，才能找到简单有效的方法，这个时候执行层才能做到目标、任务、标准清晰，达到简单有效的结果，从而改变行为，提升绩效。

第二节　绩效改进的历史

古语有云，以史为镜，可以知兴替。在接触了绩效改进的概念之后，了解绩效改进的历史必然是帮助我们更好地认识绩效改进的方法。

绩效改进的三个发展阶段

有人认为："战争是推动历史发展的重要因素。"很多技术是为了取得战争的胜利而发明的，比如计算机最初是用来计算炮弹飞行的轨道；战争也促进了文化的交流，在对外攻城拔寨的过程中，一个民族的文化影响了另一个民族，同时也被别的民族影响着。这里不是为了鼓励战争，因为战争也吞噬着人的生命，血淋淋的屠刀下和机枪下，人性的一切显得那么的微不足道。这里提到战争，是因为我们会发现战争也使得思维有了变革和展现的空间，比如诸葛亮的八卦阵中，就涵盖了博大精深的哲学与数学思想。既然我认为绩效改进是系统的"世界观"和"方法论"，当然它起源与发展就与战争有着千丝万缕的联系。

战场上的士兵如同企业中的员工一样，起到至关重要的作用。20世纪三四十年代的二战时期，美国组建了一支由心理学家、教育学家、视听传播专家以及各领域研究人员组成的教学与培训团队展开了对军队培训的研究与实践。战争是一时的，但是对于学习、认知与教育、培训的研究并没有停止，战后的美国政府继续资助了大量此类项目，为绩效改进的起源和发展积累了无数宝贵的理论成果和实践经验。

看到这里，有读者不禁会问：这些培训的研究和绩效改进有什么关系呢？那是因为，现在普遍为大家所接受的观点认为，**绩效改进的主要起源是程序教学**①**运动和之后的教学系统设计。**虽然随着绩效改进研究的不断深入和发展，很多专业人士都认为绩效改进已经超出和脱离了对程序教学这一主题的研究，但不可否认的是，程序教学运动对绩效改进的形成与发展起到十分重要，甚至是关键的作用。

随着程序教学和教学设计的实践不断深入，许多教育技术领域的专业人员也开始将他们的研究视角从教学领域转向对绩效问题的关注。然而在他们应用教学和培训的方法去满足一切绩效与实践需求时，新的问题又被发现了（Dean R. Spitzer，1990）：

1. 并不是所有的问题都是教学问题；

2. 不适当的教学通常比不实施教学更糟；

3. 有时实际的情况是培训越少，反而效果会越好；

4. 引发绩效问题的绝大多数原因（或至少部分原因），是环境因素；

5. 所有绩效问题都存在于一个整体而系统的经济、社会和政治情境之中。

为了解决上述问题，让绩效结果变得更好，研究者们越来越认识到：

1. 对组织而言，培训是手段，不是目的；

2. 对组织而言，培训是方法，不是问题。

那什么才是真正解决问题的办法呢？从教育培训到绩效改进的转变无疑成为了必然趋势。这里我们可以先用梁林梅教授在《教育技术视野中的

---

① 程序教学是一种使用程序教材并以个人自学形式进行的教学：包括机器教学、课本式程序教学、计算机辅助教学等。

绩效改进研究》中整理的一张图表来展示绩效改进的三个发展阶段，如表1-1所示。

表 1-1　绩效改进的发展阶段

阶段名称	时间	主要观点	主要事件
程序教学阶段	20世纪60年代初期～70年代初期	程序教学是一种促进学习的有效方法	此阶段与美国教育技术发展是融为一体的；1962年美国"全国程序教学协会成立"（NSPI）
绩效与教学阶段	20世纪70年代中期～90年代中期	教学和培训是改进工作绩效的首选的、有效的方法	程序教学运动在美国逐渐衰落；绩效系统概念提出；1972年NSPI更名为美国"全国绩效与教学协会"（缩写仍为"NSPI"）
绩效改进阶段	20世纪90年代中期至今	教学和培训只是改进绩效的众多的主要解决方法之一	工作场所从培训向绩效改进转变；绩效改进咨询作为一种专门职业出现；1995年NSPI又改名为"国际绩效改进协会"（"ISPI"）

在这三个阶段中，作者认为有三项重要概念的提出，对绩效改进的实践与发展有着深远的影响，它们分别是：前端分析、绩效系统以及行为工程模型。

前端分析

前端分析（Front-end Analysis，简称"FEA"）顾名思义，是在最前面、最早要分析的内容，指的是在教学设计过程开始的时候，先分析若干影响教学设计但又不属于具体设计事项的问题，例如：学习需要分析、学习者特征分析、教学内容分析和学习环境分析等。

前端分析是美国学者约瑟夫·哈里斯（Joseph H. Harless）在 1968 年提出的一个概念。哈里斯等学者从自身的培训实践中意识到，培训并不能够解决所有的绩效问题，建议在实施培训前要进行各种分析，而不是在培训之后。

在有关前端分析的内容中给我印象最深的当属学习需要分析了。学习需要分析是对学习者学习的目前状况与所期望的学习状况之前的差距所进行的分析，如图 1-5 所示。

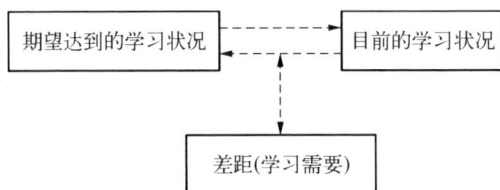

图 1-5　学习需要分析　　　　　图 1-6　绩效差距分析

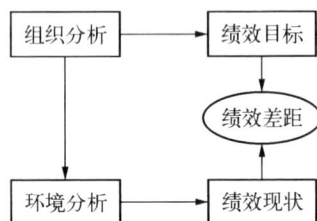

学习需要分析在日后的绩效改进中演变为绩效分析中的绩效差距分析，如图 1-6 所示。

在这里，一所学校的一个例子让作者的印象尤为深刻：

以我们目前社会主流价值观来衡量一所中学的好坏，主要是看它的升学率，那么评判一所好高中的标准，不但要看这所学校考入本科的学生有多少，还要看这所学校中考入一流大学的学生有多少，高考状元有多少。以这样的标准来看，坐落于北京市海淀区的中国人民大学附属中学（以下简称"人大附中"），无疑是全国最好的高中了。随着 2016 年北京高考成绩的出炉，人大附中 2016 年高考成绩也发布了，人大附中的同学以 715 分的高分夺得 2016 年北京高考理科状元。从 2005 年到 2016 年这 11 年间，人大附中总文理科总共出了 12 个状元。位于美国华盛顿的中国研究中心也给出过国内高中的排名，如表 1-2 所示。

表 1-2　国内高中排名

	排名	总分	师资	环境与设施	升学率	留学率（世界15名校）	留学率（世界其他大学）	学校的平均每学生支出费用	校友捐赠
			20%	15%	20%	20%	15%	5%	5%
人大附中	1	100	100	100	100	100	100	100	100
湖北华中师大第一附中	2	100	100	100	100	100	100	100	100
北京四中	3	100	100	100	100	100	100	100	100
江苏启东中学	4	100	100	100	100	100	100	100	100
浙江杭州二中	5	99.4	100	100	100	98	99	99	100
北京北大附中	6	99.35	100	98	100	100	99	98	98
湖北黄冈中学	7	97.8	100	95	100	97	95	98	100
上海外国语大学附属外国语学校	8	97.75	100	98	98	97	100	91	90
广东华南师范大学附属中学	9	97.7	100	97	100	92	99	98	100
湖北武汉外国语学校	10	97.65	100	98	100	91	99	98	100

如果一所学校偶尔一年出一个状元，我们可以说是偶然。可能是孩子好，也可能是这个孩子这次发挥得好，也有可能是老师砸题砸中了。但是如果一所学校可以年年都出状元，其实就意味着这个学校一定是有机制和方法来保障这个结果的达成。人们不禁会好奇，到底是什么样的教学方法让人大附中有着这样傲人的升学率呢？我以前也很奇怪，直到有一次和同事一起拜访了人大附中的一位老师，见到了这样一张表，如表1-3所示，听到了如下一番话，是我见到的生活中绩效改进的最佳案例。

表 1－3　成绩统计

题目	8月摸底 53.5+43		10月考 61+38		期中考 63.5+43		11月考 56.5+43		12月期末 60+41		2月摸底 55.5+44		3月月考 58+43	
1	1 字音	2-2	1 字音	2满	1 字音	2满	1 字音	满	1 字音	2满	1 字音	2满	1 字音	满
2	2 错字	满	2 错字	2满	2 错字	2满	2 错字	满	2 字意	2满	2 字意	2-2	2 字意	满
3	3 用词	满	3 用词	2满	3 用词	2满	3 用词	满	3 用词	满	3 用词	满	3 用词	满
4	4 标点	2-2	4 病句	2满	4 病句	2满	4 病句	-3	4 排序	2满	4 排序	2满	4 排序	满
5	5 修辞	满	5 关联词	2满	5 排序	2满	5 关联词	满	5 标点	2-2	5 标点	2满	5 标点	满
6	6 排序	满	6 排序	2满	6 文常	2满	6 排序	满	6 修辞	2满	6 修辞	2-2	6 修辞	满
7	7 默写	5-1	7 默写	5-1	7 默写	5-1	7 默写	满	7 默写	5满	7 默写	5满	7 默写	满
8	8 名著	4满	8 名著	4-1	8 名著	3-1	8 名著	3-2	8 名著	3满	8 名著	3-0.5	8 名著	4-2
9	9 综合1	3-2	9 综合1	4-1	9 综合1	4-1	9 文言	满	9 综合1	4-1	9 综合1	4满	9 综合1	3-1
10	10 综合2	4-2	10 综合2	2满	10 综合2	4-0.5	10 文言	满	10 综合2	4满	10 综合2	4满	10 综合2	3-1
11	11 综合3	2满	11 综合3	3满	11 综合3	3满	11 文言	满	11 综合3	3-0.5	11 综合3	3-1	11 综合3	4-1.5
12	12 文言文字	2-2	12 文言字	2满	12 文言字	2满	12 问答	-1	12 文言字	2满	12 文言字	2-0.5	12 文言字	满
13	13 文言文句	4-2	13 文言句	2满	13 文言句	2满	13 记叙	满	13 文言句	2满	13 文言句	4满	13 文言句	满
14	14 问答	3满	14 文问答	2满	14 文问答	4满	14 记叙	-2	14 问答	4-1	14 问答	2满	14 问答	满
15	15 记1填表	4满	15 文问答	3-0.5	15 表格	4-1	15 记叙	-3	15 记情节	-0.5	15 记叙表	-0.5	15 记叙表	5-2
16	16 记叙文2	4-1	16 表格	6-1	16 记叙	4-1	16 说明	满	16 记叙文	4-1	16 记叙文2	满	16 记叙文2	4-0.5
17	17 记叙文	7满	17 散文	3-1.5	17 记叙	7满	17 说明	满	17 记作文	7-0.5	17 记作文	-3	17 记作文	6-3
18	18 说明文	3-1	18 分析	6满	18 说明文	3满	18 议论	3-1	18 说明文	4满	18 说明文1	-1	18 说明文1	满

　　这张表是一个孩子从上一年 8 月到今年 3 月这近一段时间每一次语文考试每一道题的成绩统计。横轴是这个孩子每个月月考的成绩，纵轴 1～18 道大题，图表中注明了这一类题满分是多少，同事的孩子得分是多少。当拿到这样一张统计表的时候，我们能看出这个孩子的学习成绩是好还是不好么？答案当然是否定的！大家是否还记得我们在之前提到过，介绍绩效改进的概念是提过"绩"是一个中性词，它既代表了成绩的"结果"，也包含了成绩的"价值"，是需要比较才能得出高低、大小、好坏的。

　　所以老师开始分析：

　　1. 哪些题目孩子每次都拿了满分？像错字、用词这类每次都拿满分的题目，回去再使劲复习，最后的成绩也还是满分。所以针对这些题目，每个月复习一次就可以了。

　　2. 哪些题目孩子错得比较多呢？比如：名著几乎每次都被扣分。这些是孩子需要回去加倍努力的地方么？不，还没到！

　　老师又拿出几张表，是全班同学在这几类题上的得分情况。（我没能拿到这几张表）

　　3. 名著这道题 95% 的孩子都会错，所以这类题就是我们考试的难点，而且这类题不管怎么复习，错误的可能性都很大，所以这类题回去也不是复习的重点。

　　4. 但是像综合 1 这类题，全班只有 10% 的孩子有错，这类题是需要回去好好复习，每天都要复习。

　　老师的这几条分析就是特别典型的前端分析中学习需要分析，或者可以看作绩效改进中的绩效差距分析，面对满分的题，差距为零；面对大家都错的题，目标与现状的差距其实很小；那些只有少数孩子错的题，才是差距最大，最需要弥补和学习的地方。试想，孩子这样回去更有针对性地复习，老师在学校更有目标地辅导，最后考试成绩不好也难呀！

　　在绩效改进领域不断深入研究后，哈里斯采用流程图的形式画出了前端分析模型，如下图所示。该模型将需求（问题）与机会这两类绩效改进的动因区分开来，引导绩效改进顾问一步步开展前端分析工作，为绩效改进中的绩效分析提供了实战性的方法。如图1-7所示。

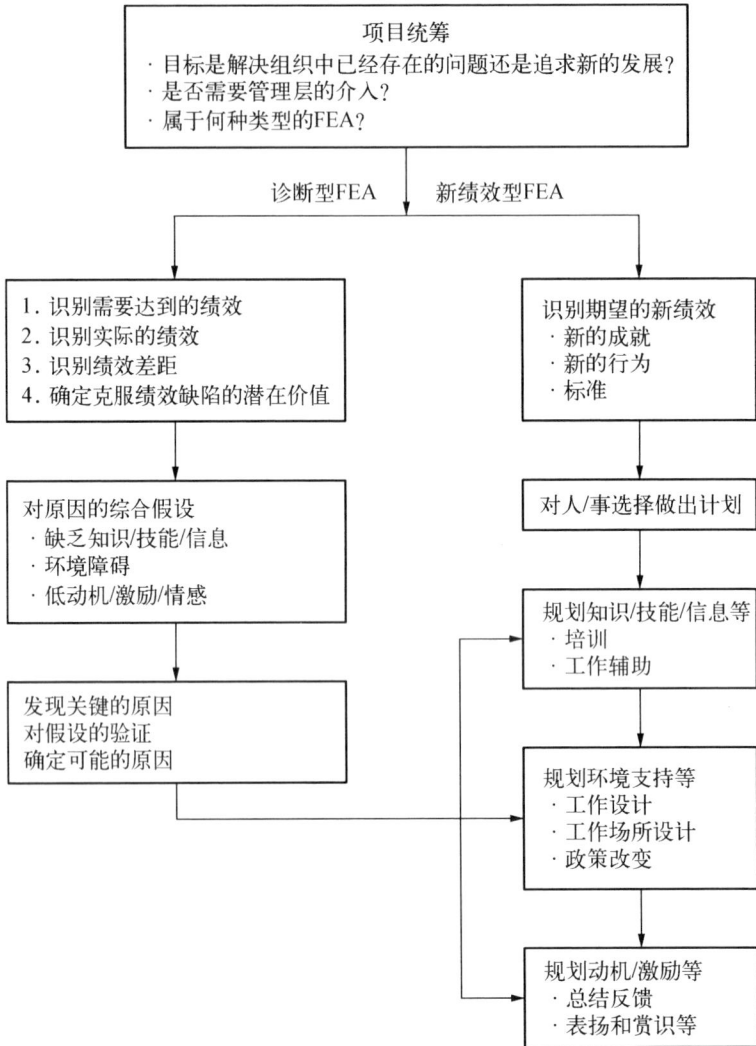

图1-7　前端分析模型

行为工程模型

在国际绩效改进协会（ISPI）所颁的奖项中，曾今有一个非常重要的奖项——"杰出专业人士成就奖"，后来国际绩效改进协会（ISPI）为了纪念一位大师在绩效改进领域特殊贡献，便将这个奖项以这位大师的名字来命名，更名为"Thomas F. Gilbert 杰出专业人士成就奖"。没错，这位大师就是托马斯·吉尔伯特，人称"绩效改进之父"。

1978 年吉尔伯特出版了《人的能力》（《*Human Competence：Engineering Worthy Performance*》）一书，成为了美国管理学领域的经典著作，至今在管理学领域都有着极大的影响。书中吉尔伯特提出的"行为工程模型"（Behavioral Engineering Model，简称"BEM 模型"）成为如今许多绩效分析模型的基础，也为绩效改进奠定了重要的理论基础。

根据吉尔伯特的观点，影响绩效的主要因素分类有三种，分别是：信息、设备和动机，这几类因素又根植于环境和个人这两个层面中。（如表1-4 所示）

表 1-4　行为工程模型

	信息	设备	动机
环境因素	**数据** • 中肯而频繁的反馈 • 期望绩效的描述 • 关于合理绩效的清晰准确的说明	**工具** • 设计科学的与人员因素和能力相匹配的工作工具和材料	**激励** • 金钱激励 • 非金钱激励 • 职业发展机会激励
员工个体因素	**知识** • 经过科学设计的培训 • 人员配置	**能力** • 灵活的绩效时间安排 • 辅助手段 • 塑形 • 适应性 • 选拔	**动机** • 工作动机评估 • 招聘合适的人员

行为工程模型是综合而全面的，提供了多角度诊断绩效问题的方案。但是对于刚刚进入人力资源、管理岗位或管理咨询的朋友来说，这张行为工程模型图就稍稍显得复杂了一些。我在这里也根据行为工程模型制作了一张简版的图片，如图1-8所示，供大家参考。

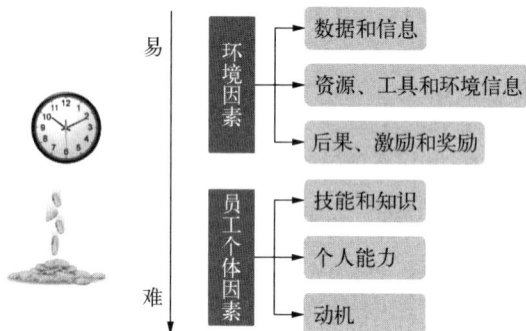

图1-8 行为工程模型简图

这张简版的行为工程模型图传递给了大家另一些信息。在模型中，影响员工绩效结果达成的因素分为两类：一类是工作环境因素；一类是员工个体因素。

先看环境因素，首先需要明确的是这个环境因素指的是小环境，而不是大环境。大环境是什么意思呢，比如央行降息就是大环境改变。吉尔伯特认为大环境不是员工个体能够应对的，大环境应该由公司、组织来应对。所以个人只需要去看他周围的小环境，是围绕在员工身边的数据信息、资源流程工具和方法、奖励激励。在模型中，两大类六小类因素，从上到下获取或改变的程度是由易到难的。因为根据研究，我们会发现，大量的绩效问题是与缺乏数据和信息相关的，而且解决数据和信息有关的问题所耗费的时间和金钱远远比解决动机耗费的要小得多。所以我们寻找绩效问题时，应当遵循从上往下的顺序，先看环境因素中的数据和信息，再逐步分析到员工个体的动机。

为什么说获取或改变数据信息更容易呢？相信大家都有在淘宝购物的经历，我们买了东西后系统就会给到一个订单号，你点击订单号，就能够跟踪所买的货物走到哪儿了，这个信息有很大的价值。对我们来说，当我们清楚货物在哪里时，就能判断货物到达的时间是否能满足我们的需要，根据这个就能判断是否需要和客服沟通催促物流，这对于客服和物流而言更是避免了很多无谓的打扰。

为了让大家更深刻的理解数据、信息的好处，这里再举几个例子。前一阵子，北京电信网运部做了一个"装维透明化"工程。以前当我们报安装或者维修电话、宽带之后就需要在家里等，只知道是某天的上午或者下午到，然而并不太确定安装人员具体什么时候会到，于是就不断地打电话给客服或安装工人进行确认。当"装维透明化"工程做完之后，电信就会和客户有非常好的互动，使得客户更好地了解信息。因为当你报装之后，就会收到短信告诉你半小时到一小时之内就有人来跟你预约，预约的安装时间信息也会直接进入装维透明化系统里。然后在这个过程中，工人走到哪里，是怎样一个情况，你都会从短信当中了解到，这样极大地方便了用户。对于管理者说，"装维透明化"也让管理变得容易了。在这个过程中，管理者只需管两个关键节点：第一，就是看报装之后一小时内工人有没有和客户预约具体安装时间；第二，系统就会在这个预约时间后的一个半小时自动设置报竣提醒功能。好，如果这个工人在预约时间的一个半小时都没有报竣的消息，他的直接管理者就马上电话跟进，对可能的问题进行预先的管控和处理。

再举一个例子，深圳当地有一道名菜——椰子鸡。椰子鸡是怎么做的呢？就是把新鲜椰子直接打开，把椰子水倒进砂锅里，再把生的鸡块放到锅中，服务员拿勺子搅一下，盖上盖儿，并且告诉客人这锅东西煮十几分钟就可以吃了，然后去服务别的客人。食客们通常会盯着那个锅，看着煮，每隔一会儿就会招手呼唤服务员说，"快来帮我看看，这个鸡煮好了吗？"服务员就会走过来揭开锅盖，拿勺子搅一搅，说："再煮几分钟吧！"盖上盖儿又走了，这个过程有时会重复好几次。而我今年到深圳去的时候发现变了，服务员还是把椰子水也全倒进锅里，把鸡块也倒进去，盖上锅盖，不一样的是，这次服务员把桌上放着的彩色沙漏往下一扣，说："等沙漏漏完了就可以吃了。"大家试想一下，这个结果对于我们来讲会有什么变化？我们就会看着沙漏，看看是不是过一半了？过三分之二了？相信读者您也会知道什么时候可以吃了。其实这个沙漏展示的就是数据、信息，不仅让顾客更清楚什么时间可以开锅，更使得服务员避免了很多无谓的打扰，让他们能够把更多的精力用在真正服务顾客的事情上去。

类似的例子当然还有很多，比如现在的打车软件，就是让司机和乘客更清楚对方的数据和信息，从而方便了双方。

以上是数据、信息对工作绩效的影响。接下来我们看行为工程模型的第二层：资源、流程、工具。

资源很好理解，可能之前人手不够、费用不足，现在把这些资源都给到了，事情可能就自然而然可以做好了。人手不够加人一定是资源问题，这里的资源指的是必备资源，举例来讲我们要对方做一个 excel 表，就是不给他电脑肯定不行，但是配电脑一定要配配置最高的电脑吗？当然不一定，这就是必备资源的概念。

接着我们看流程，某知名互联网公司的上海公司电话销售团队有 560 多人，人均每月订单 2.8 单。分公司总经理不满意，业绩不理想，想要提升销量。刚开始整个团队完全从培训角度考虑，从入职到最后的全部过程做了诊断，新人培训开始 8 天，后来扩展到 15 天，同时老带新的时候，只关注数量，不太注重技能的提升，所以公司决定 15 天之后，培训部带新人一个月，全部都是老师去带，关注技能提升，指标第二，训练中采用淘汰制，这样调整后，人均 3.4 单，但是老板还是不满意。

我们和该公司的团队一起重新分析，连续几个星期把团队中最优秀的销售找来做教练，结果发现：单兵作战提升速度太慢，只是围绕人是不够的，于是我们就从流程入手。当时整个的销售流程，是销售从找客户资源开始，到邀约到说服到成单。分析之后，这个过程其实可以分成三段：第一段就是找到有兴趣的人；第二段，就是邀约客户能够让我们去上门拜访；第三段就是上门演示、说服和成交。

我们在这个中间把销售经验最少，入司时间最短的新销售放在第一个环节，就是找客户的环节；然后把经验相对丰富的销售放到第二个邀约环节；把经验最丰富、成交能力最强的人放在第三个环节，作为上门展示销售的团队，并且为上门展示开发出电脑演示的全套内容和话术。流程变化三个月后达到了人均5.2单的结果，这就是流程调整带来的结果。我相信其实流水线的诞生就是对流程最好的诠释。

北京APEC会议期间，我带着女儿到西安去参观陕西重卡，这是亚洲最大的一个重型卡车生产线。偌大的流水线，这边还是配件，那边五分钟一辆卡车就下线了。所以当时我们就在想如果没有这个流水线，还是这些人、这些零件，会是什么样的情况呢？所以流水线本身就是流程最好的诠释。

介绍完了流程，下面我再详细为大家介绍有关工具的案例。我在这里把工具分为硬工具和软工具两种。硬工具就是我们一般意义上的工具，比如使用计算机、号码牌、筷子等等，这些工具我把它们看作硬工具。所谓的软工具就是话术。硬工具的例子不用多说，显而易见，号码牌就是，这里着重为大家介绍软工具——话术。

我们曾经给某电脑公司的店面店长开发危机管理项目，调研中发现店长经常碰到的危机有三类：第一类客户投诉升级到店长必须出面解决；第二类就是店面被砸了、被抢了、工商税务来查了；第三类是店面特别关键的员工突然离职带来的连排班都无法安排。分类统计后发现后面两类不到总危机的20%，也就是店长遇到的主要危机是客户投诉升级带来的。再问店长，你知道怎么处理投诉吗？店长说当然知道，都被培训过800遍了。那处理投诉第一步怎么做呢？店长说，其实都到了店长该出面解决的时候了，基本是矛盾挺严重的状态，第一步当然是要隔离，将投诉的客户带到相对安静封闭的地方。可是他们说："老师，带不走啊！因为大部分的客人都认为我只有在这和你闹，你才会解决问题，因为这会影响到你正常的营业。"

项目中我们就帮助店长们开发了这样一个话术，话术涉及三个层面：第一是表达感谢，无论买还是没买，只要到店面，我们就感谢；第二是表达抱歉，无论责任在谁，只要在店面发生了这种事情，我们就道歉；前两条很多店长还是能做到的，关键是第三条。第三条是亮明身份，"我是店长，关于这个问题的处理有些内容是不方便在这个场合下谈的，如果你也愿意解决这个问题，请到这边来，我们坐下来慢慢说"。这个话术被使用后经过统计，90%的客户都能够被带离现场，就说明这个话术是有效的。这里话术实际上就是工具，是软工具。

再来看一个话术的例子。我有个好朋友去年开了一个蛋糕店，这是一个焦糖艺术蛋糕，因为是连锁店，所以店员们得经过严格的培训才能上岗。开业后这个店销量稳步提高，但是再稳步提高三个月之后也开始逐渐趋稳。可是，朋友还想让店面的销售额更高，她就给我们打电话，"你来我这吃蛋糕呗！另外，你不是做绩效改进吗？来看看我们还能怎么做得更好？"

那到了店面之后，我一边吃蛋糕，一边看他们整个的店面和销售流程。看了一圈之后，我就和店主说："你愿不愿意做个实验？我们只改一点，但是我想看看这一点对咱们的影响到底有多大。"她爽快答应了。我就告诉她，我看到店面服务人员的迎接话术是这么说的："欢迎光临，请问有什么可以帮你的？"大部分客人都会回答："我就随便看看。"如果客人说随便看看，店员就很难再往下接话了。所以我们就改这句问话，改成："欢迎光临，请问您之前有品尝过 cake boss 蛋糕吗？"面对这个问句，如果你是顾客。你会怎么回答？

答案一般是三种：有、没有和随便看看。但是心理学的研究表明，绝大部分的顾客都会回答"有"或者是"没有"，可能只有不到10%的顾客还是会说随便看看。但是大家会发现到说"随便看看"的顾客少了，那就说明这个话术是有效的，当然我们还要接着往下走。如果答"有"，店员就说："太好了！您就是我们的老顾客，我们今天正好有一个针对老顾客的促销活动，我来给您介绍一下"；如果答"没有"呢，当然如法炮制，"太好了！您就是我们的新顾客，我们今天正好有一个针对新顾客的促销活动。您过来品尝一下，我也给您介绍一下"。这两个促销活动在没有这个话术之前有吗？

这里请读者思考一个问题：当然有，只是我们把它一个分给老顾客，另一个分给了新顾客。就是这样的一个话术的改变，没有叠加其他任何的活动，两周的时间营业额上升了16%。作为管理者我们都了解，销售额、业务量想要增长1%、2%，可能都要花很大的力气，但就这样一个话术的变化，能让营业额上升16%。话术就是工具，而同样的例子其实在苹果也在运用，如果你到苹果专卖店去，就会看到苹果的员工对所有进来的顾客都会问这个问题。"你以前用过苹果产品吗?"如果你答"用过"，他就会接着问"那请问您之前使用过哪些苹果产品呢"，了解之后，他就会从你已经用过的产品和新产品之间的关系来和你沟通。这样就非常容易让客户感觉到很亲切，并且很容易了解客户的使用习惯，在推荐的时候也就能更直接切入到顾客的需求中去。

实际上，话术就是工具。其实古时候连卖菜刀的人都知道给自己准备个工具。他用什么工具啊？他把铁丝放在地上，然后拿菜刀一斩，举起来说："你看，刀没卷刃。说明我的刀很快。"现在让员工工作，你给了员工哪些工具呢？如果公司的流程、工具、方法不发生变化，只是一个流程、工具、方法上的不断熟练，那么只可能达到量变的结果；如果想达到质变，就必须有流程工具方法的变化。

接下来我们看看奖励、激励方面的影响。我相信很多人都知道英国船主由恶魔变天使的故事。1770 年，英国的库克船长带领船队，发现了澳洲新大陆，那么谁来开发这个不毛之地呢？于是政府就把判了刑的罪犯送到澳洲，即解决了英国监狱人满为患的问题，又为澳洲送去了丰富的劳动力。这样运送犯人的工作就交由私人承包去做了，但刚开始的时候，这些犯人在海上的死亡率竟然高达 37%。这么高的死亡率不仅经济上损失巨大，而且在道义上也引起了社会强烈的谴责："他们虽然是犯人，犯了错，但也是人呀，怎么能够草菅人命呢？"所以所有的英国民众都在谴责这些船主，希望他们良心发现，弃恶从善，但有用吗？大家会发现，这种做法仅从道德上进行说教是没有用的。那最后用的是什么做法呢？其实最后就是改变了奖惩的制度，激励的制度，就是把原来按照上船的犯人数量给钱的规则，变成按下船的活着的犯人数量给钱，也就是我们通常说的离岸价和到岸价，就是这样一个改变，死亡率从 37% 下降到了 1%～1.5%。类似关于奖惩的例子比比皆是。

在二次世界大战的时候，美国空军和降落伞制造商之间也有一个真实的例子。当时降落伞的安全度不够完美，经过厂商的努力改善，使得降落伞制造商的交付良品率已经达到了 99.9%，应该说这个良品率，其实在现在许多企业也很难达到，但是美国空军对这些制造商说 "no"。因为他们认为即便是这样，空军的士兵也有可能因为降落伞质量的问题牺牲，而不是死在了战场上。所以他们要求交付的降落伞的良品率必须达到 100%。这个看似不可能完成的目标，最终因改变了抽检规则而实现了。抽检降落伞时，必须要让供应商的负责人背着它跳下去，这种方式其实就是变相惩罚供应商，如果这里面降落伞有问题，先牺牲的是你。

我还记得以前一个学员分享的一个案例：招商局刚刚成立的时候，袁庚将军做过的一件事，就是给推小推车的人的奖励从每天 4 毛钱工资变成每车 2 分钱奖励带来的变化，和我们刚才说到的奖励激励的案例类似，也应验的了咱们中国的一句话：重赏之下必有勇夫。

那么，重赏之下一定有勇夫吗？其实不一定。那什么时候会没有勇夫呢？即目标太高了，能力根本不够或者是不知道、不会时。来看一个例子，我们之前和一家公司做过一个项目：我们都知道产品的更新换代特别快，那么新产品的利润比老产品要高很多，但是每三到六个月就会降到新产品的价格的三分之二甚至一半，所以所有的厂家都希望在新产品一上市，就能形成规模销售。为了配合这个目标，新产品的提成是老产品的5~10 倍，所以我想问大家：如果我是促销员，我愿不愿意卖呢？按道理应该愿意。但是我们在走访促销员的过程当中我们听到的是这样的话："我不愿意冒着挣 100 块钱的风险让客户走，我愿意挣 10 块钱让客户留下来。"这是什么原因呢？其实就是新产品我不会卖，不知道该怎么卖？我也不懂得新产品到底是怎么回事儿，功能我也说不清楚，所以顾客来了我说不清楚，那顾客就会走，但是，我很熟悉老产品，我就可以把顾客留下来，虽然只挣 10 块钱，但是靠谱。

所以大家会发现，不愿意的最根本的原因是因为不会或者是不知道，不知道就是信息的问题；不会，就是没有怎么卖新产品的工具和方法。所以这个项目当我们把新产品的有效消费话术做出来之后，并教会促销员，他们就愿意了，接下来又一个特别重要的指标：新产品的首荐率（就是当问完顾客需求之后，促销员向顾客推荐的第一个产品是新产品的比率）就从原来的 17% 提高到了 73%。从这个例子我们可以看到，吉尔伯特这六个层级的从上到下的顺序是成立的。

从上面这些例子当中大家可以很好地了解到环境因素对员工工作绩效结果的影响。除了上文所说的数据、信息这些环境因素，当然还有员工个体因素。

个体因素包括知识技能、个人能力和态度。稍微解释一下个人能力，指得是人的天赋潜能，举个例子，招聘空姐为什么要求身高1.65米以上？这是因为空姐在工作中有一个重要的职能，是当旅客有需要的时候，空姐需要协助旅客把行李放在行李架上，设想一下如果是一个身高1.55米的空姐，就无法帮到旅客了。这就是个人的天赋潜能。

根据后人对于行为工程模型的研究和实践，大量的证据证明，员工因素产生的绩效问题有80%是目标、标准和反馈这三个因素导致的。大家不妨拿着这一研究成果去想想自己工作中遇到的实际问题，看看是否真的是这样的！

以目标为例。一家工厂员工效率总难得提高，于是他们找到了管理大师史考伯，史考伯先生仔细考察该工厂后，问陪同的一个白班工人今天生产了几部暖风机，工人回答"6部"，史考伯不说一句话，在地板上用粉笔写下了一个大大的阿拉伯数字"6"，然后离开。夜班工人上班了，明白了地上的"6"意思后，他们擦掉了"6"字，换上了自己当晚的工作成果"7"，第二天白天，白班工人已完成了10件暖风机的工作，"10"字代替了"7"字，就这样，从"6"开始，地板上的数字每天都是往上叠加着，工厂也恢复了生机与活力。在这家工厂中，史考伯只是简单的写了一个数字，这个数字便成了后来工人们想要超越的目标，于是乎工厂的绩效最终得到了改观。可以想象的是，也许这家工厂的工人原先并没有一个清晰明确的目标，只是每天劳动，完成手头的工作就好了，后来的目标给了他们强大的动力。

与目标一样，有一个标准也会使得效率提升。美团之所以能从千团大战中活过来，坚实的地推力量成了重要因素。美团COO于嘉伟曾说过，一开始地推是揭竿而起，乱打一气！但正规的地推部队一定要标准化，就像拼刺刀、走阅兵一样，对每个动作要反复操练，这样才能提升效率。从业务层面来说，因为整个业务发展非常快，所以就需要有一个标准化的建模。于嘉伟来到美团之后，在业务技能这个层面首先做了标准化的分析，然后建立了标准化的模型，模型的末端就是最终想要的结果。这个标准化的模型就是告诉员工，你只有把 A、B、C、D 都做好了，才能拿到 E，并且说明了如何才能做到 A、B、C、D，什么样的 A、B、C、D 是好的、标准的。剩下的工作只要在实际工作中按标准把控好 A、B、C、D 就好了，结果 E 自然会得到。

反馈是对绩效影响很大、却又是最容易被我们忽略的一项。"我讲一千遍了，你为什么不会?"这是老师最常说的一句话。教师总是"理所当然"地认为自己讲过多次、强调过多遍的内容、学生也应"理所当然"地理解、掌握并灵活应用。每次考完，看到学生的成绩才恍然大悟，原来他们是"脑子笨"、"朽木不可雕也"。其实更应该反思的是教师，这是典型的教学反馈落后现象，教学中教师必须时刻知道孩子此刻在哪儿，了解学生真实地学习情况，并给予及时有效的反馈，才能避免上述情况的发生。有这样一个教育案例：罗西和亨利把一个班的学生分为三组，每天学习后就测验。主试对第一组学习的结果每天都告诉学生，对第二组学生只是每周告诉他们一次，而对第三组，则一次也不告诉。如此进行了 8 周教学。然后改变做法，第一组与第三组对调，第二组不变，也同样进行了 8 周教学。结果除第二组稳步地前进，继续有常态的进度外，第一组与第三组的情况大为转变：即第一组的学习成绩逐步下降，而第三组的成绩则突然上升。

上面的实验证明，在学习活动中，有反馈（知道学习之后的测验成绩）与没有反馈（不知道测验的成绩）相比，前者学习效果要好得多。而且，即时反馈（天天知道测验成绩）比远时反馈（测验成绩要一周之后才知道）所产生的效应（激励作用）更大，反馈不仅能提高学习者的动机水平，而且还增强了学习者自我效能感，使其更乐于学习，有着更强的学习信心。其实对于企业来说也是这样的，领导要知道员工现在工作的情况，及时给予反馈，才能使工作和绩效的结果更好。

绩效系统

之前我们提到过，绩效改进是一种系统的思维方式，绩效改进的过程也是一套系统的策略。那么这个系统的思维、方法最早是怎么产生的呢？20世纪80～90年代产生的绩效系统或许可以帮助我们发现一些蛛丝马迹，找到问题的答案。

回到绩效改进发展的历史阶段，在许多教育技术领域的专业人员也开始将他们的研究视角从教学领域转向了对绩效问题的关注后，当他们应用教学和培训的方法去满足一切绩效与实践需求时，"培训不能解决所有问题"这一事实便无可避免地发生了。那么组织遇到的问题究竟是什么？除了培训这一个手段，还有其他什么手段可以解决这些问题呢？如果这两个问题能够被清楚地回答了，那么我们就能够系统地设计有效的解决方案了。正是对培训以外的手段进行系统而深入的研究和分析，让相关研究者们跳出了"教学系统"的束缚，引入了"绩效系统"的概念。

绩效系统（Performance System）是将工作场所中影响人的绩效的因素系统化、抽象化、概念化的模型，是组织管理系统中的子系统，目的是帮助我们更好地找到工作场所中的绩效问题，实现绩效改进。

这里着重介绍吉尔里·拉姆勒（Geary A. Rummler）的绩效系统。当一个员工在企业工作时，我们应该给他提供什么才能让他工作得更好呢？拉姆勒着眼于一般工作流程后认为，人的绩效系统有五个部分构成，它们分别是"工作者"（本身），"输入"、"输出"、"结果"以及"反馈"。整个过程可以举个例子：我（工作者）接到了写书的任务（输入）经过努力终于完成了几十万字的书稿（输出），我收到了出版社稿酬的奖励（结果），同时出版社也对我的稿件提出了一些改进的建议（反馈）。在提出这五个组成部分的同时，拉姆勒也将其中的关系和说明做了图片演示，如图1-9所示。

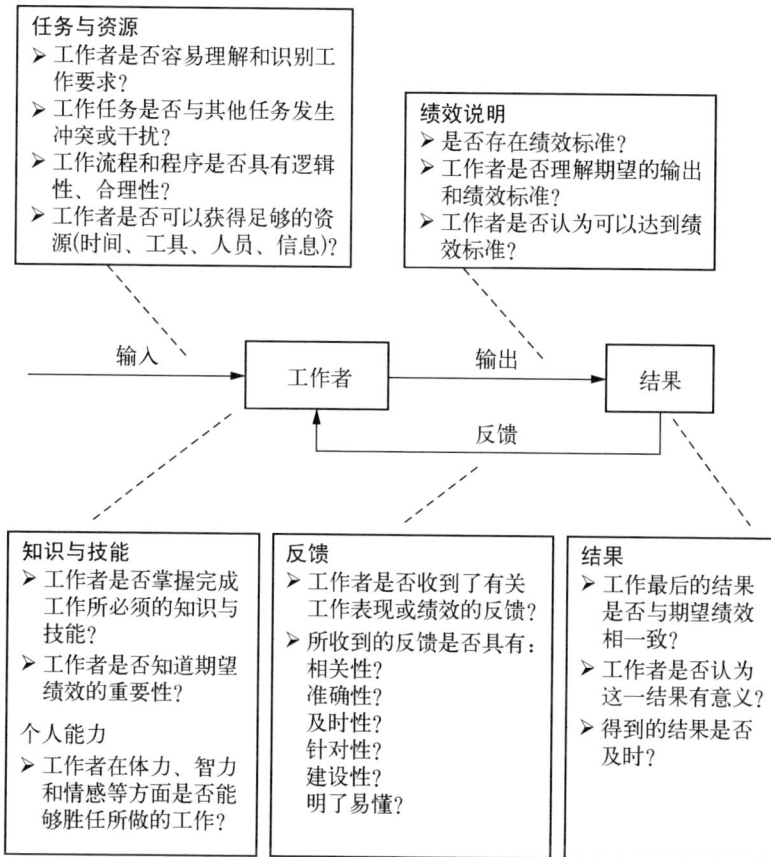

图 1 - 9　绩效系统图

在这个绩效系统图上，拉姆勒进一步提出了四条处理工作者个人和该图关系的基本原则：

1. 工作者个人能最终获得的绩效是绩效系统图中的五个组成部分所有因素共同作用的结果，任何一个组成部分出现问题，都会影响最终结果，导致绩效不佳。例如：即使一个工作者的工作能力很强，组织为其提供了充分的资源，他也完全知道绩效标准，但是当他认为所要达成的结果没有意义时，其工作动机和积极性都会受到影响。

2. 大多数情况下，影响绩效的因素往往不是工作者因素，而是绩效系统中其他一种或几种非工作者因素。例如：我们招募员工会有面试、笔试等环节，定期还会给员工安排体检，工作前多数也会来一个动员或启动会，所以员工在知识、技能或能力方面出现问题的可能性较小。

3. 如果将一个优秀员工安排在一个落后的绩效系统中，并让他改造该系统，与体制相抗衡，那么通常情况下赢家会是那个落后的绩效系统。从这里我们就能看出来，原来父母不惜重金一心为孩子选择一所好学校，还是有一定道理的！好学校就像一个好的绩效系统，没准好孩子进了差学校也会落个近墨者黑了。

4. 上述三项原则适用于不同层次、不同文化的任何一个企业当中。

拉姆勒对绩效系统的逐一解构，反映了绩效改进工作者跳出了原有程序教学和教学系统的框架，对组织和系统有了更加深入的研究与深刻认识。各位读者，在这里我也想多问一句：看完行为工程模型和拉姆勒的绩效系统图，您是否会有一丝豁然开朗：哦～原来上次某人某件事的某个结果达成得不好会是因为这个原因啊！如果真是这样，那作者也算没有白敲这么多字了。

国际绩效改进协会（ISPI）

国际绩效改进协会（International Society for Performance Improvement，简称"ISPI"），总部位于美国马里兰州，其宗旨在于倡导绩效改进的应用与发展，是一个致力于通过绩效和教学技术的应用提高工作场所生产力的领导机构，是绩效改进领域唯一专业的非盈利性机构。拥有世界各地（美国、加拿大及其他40多个国家）的10 000多名会员（分会员），成员包括：绩效改进专业人员、培训导师、人力资源管理者、教学技术专业人员、人力因素实践者、项目经理、变革代理人以及组织发展顾问等。他们工作于不同的背景和领域，包括商业、企业（工业）、大学、政府机构、健康服务机构、银行及军队等。①

国际绩效改进协会创始于 1962 年，前身是全国程序教学协会（National Society for Programmed Instruction，NSPI）。其后全国程序教学协会在 1972 年更名为了全国绩效与教学协会（National Society for Performance and Instruction，NSPI）。最后，在 1995 年正式更名为今天的国际绩效改进协会（International Society for Performance Improvement，ISPI）。

二十世纪五十年代中期，美国新行为主义心理学的创始人之一斯金纳发表《学习的科学与教学的艺术》一文，掀起了程序教学和教学机器开发的运动。程序教学运动使教育领域开始关注于学习者行为的结果、强调精心制作学习材料、吸引新的专业人员进入教学领域，形成开发程序教材的系统方法，使行为科学和教育技术的结合更为密切。六十年代初，程序教学运动进入高潮，出现以吉尔伯特为代表的来自不同学科和实践领域的追随者。1962 年，这批研究者聚于美国，共同探讨如何更好地将行为心理学的原则应用于程序教学，这就是绩效改进领域最初的专业协会——"全美程序教学协会（NSPI）"的开端。

美国教育心理学家加涅等在斯金纳程序教学思想和方法的基础上，将任务分析的思想引入教学设计。六十年代，任务分析首次被应用于美国空军的人事部门，同一时期美国军队迅速将教学系统开发用于标准程序。在参与由美国政府资助的培训与教育项目中，一些早期的学习心理学家和教学设计专家，开始对他们在培训和教学实践中共同发现的问题进行反思，他们逐步意识到培训和教学不能解决工作场所中的所有问题，教育技术这一概念已经不能够涵盖所面临的实践领域，于是哈里斯提出了"前端分析"的概念，并且强调，应该在实施培训和教学之前对绩效

---

① 梁林梅，教育技术学视野中的绩效技术研究 [D]. 广州：华南师范大学出版社，2004.

问题进行分析。七十年代，罗杰·考夫曼（Roger Kaufman）提出需求分析模型，他的战略规划和需求分析理论与方法在世界范围内的各类组织中（军队、商业和教育等）得到广泛的认可与应用，绩效改进专业人员在实践中逐步选择一个新的概念来表达其实践和研究领域——"绩效系统"。在此期间，许多教育技术领域的专业人员开始将他们的研究视角从教学（培训）转向对绩效问题的关注。对于"并不是所有的问题都是教学问题"、"引发绩效问题的绝大多数原因是环境的因素"、"所有的绩效问题都存在于一个整体而系统的经济、社会和政治情境之中"（Dean R. Spitzer）的认识，促使设计人员在开发和实施教学系统过程中使用绩效改进，并逐渐转向绩效研究。1972年，全美程序教学协会更名为全美绩效与教学协会（NSPI）。

进入二十世纪八十世代，美国商业、企业领域迅速接受并广泛采纳教学系统方法，并将培训视为是改进工作绩效首选的、最有效的方法。但对培训的质疑与反思一直是绩效改进专业人员同时进行的另一项重要工作。人们对教学设计的期望和需求已经发生了变化，不再只是满足于开发某类培训产品或几门培训课程，而代之以对组织中人的绩效问题进行分析和解决的系统过程。进入九十年代，"从培训向绩效改进的转变"成为绩效改进理论与实践探索的一个热门话题，越来越多的各类专业人员进入绩效改进的研究与实践领域。九十年代中期，绩效咨询作为一种专门职业开始在各类组织中相继出现。1995年"全美绩效与教学协会"更名为"国际绩效改进协会"，这标志着美国绩效改进的发展进入一个新的发展阶段。

可以说，国际绩效改进协会（ISPI）的成长史也是绩效改进的发展史，这里对国际绩效改进协会（ISPI）发展的介绍，很好地补充了前面对于绩效改进三个发展阶段的说明。正是程序教学运动，促进了绩效改进领域专业协会的建立，为领域的发展奠定了理论和组织上的准备。许多教育技术领域的专业人员开始将他们的研究视角从教学（培训）转向对绩效问题的关注。之后，绩效改进逐步远离了单独的"培训/教学"，选择了其他解决方案来解决绩效问题；逐步远离了在教育情境中的应用，而转向了商业领域。

五十多年来，国际绩效改进协会（ISPI）一直致力于运用绩效改进的相关方法，提高工作场所的人的绩效，其出版发行的专业刊物有《绩效改进》（月刊）、《绩效改进季刊》等，另外每年都举办年会及各类国际会议（展示会），举办学术研讨会等，为绩效改进领域的专业人员提高沟通与交流的机会，国际绩效改进协会（ISPI）还为绩效改进领域的专业人员提供专业资格认证（CPT）。

2011 年 10 月，国际绩效改进协会（ISPI）首度来到中国，举办了首届中国绩效改进论坛，并与国内知名的培训与咨询机构——北京华商基业管理咨询有限公司签订了独家战略合作协议。2012 年 10 月，第二届中国绩效改进论坛在北京成功举办，在这次论坛上，国际绩效改进协会中国分会（ISPI‑China）正式成立。为绩效改进在中国的推广与实践奠定了更加坚实的基础，为中国企业的绩效改进提供了强有力的保障。

国际注册绩效改进顾问 （CPT）

上文提到："国际绩效改进协会（ISPI）能为绩效改进领域的专业人员提供专业资格认证（CPT）。"那什么是 CPT 呢？这里为大家答疑解惑。

我们都知道，很多行业都有行业内广泛认可的专业资格认证，例如：会计行业有注册会计师（CPA）、金融行业有注册金融分析师（CFA）、设计界有国际注册设计师（IPAC）等等，就连相对很小的职业规划圈都有全球职业规划师（GCDF）的认证。那培训咨询行业有什么国际认可的含金量特别高的职业资质认证呢？

以前作者也不知道答案，直到有一天和一个美国人聊天，他问我是做什么的，在哪里工作。我告诉他我是做管理咨询和培训的，在一家咨询公司工作。那位美国人倒是很感兴趣地和我聊了一阵子，然后突然问到了这样一个问题："你们团队有多少CPT？"当时我特别困惑地问："什么是CPT？"他很惊讶，"你不知道CPT是什么吗？在美国，从事咨询行业的人都会知道，而且像你这样咨询公司的顾问去企业里做项目，别人一定会问你，你们有多少CPT参与到这个项目当中。"听到这里，我瞬间有一种落伍的感觉，于是回家努力补课。

CPT的全拼是Certified Performance Technologist，直译为"认证的绩效技术师"，我更喜欢它的另一个通俗且洋气的名字：国际注册绩效改进顾问。CPT是国际绩效改进协会（ISPI）提出标准并认证的咨询行业唯一全球认可的顶级资质。目前有31个国家的1 400多位绩效改进顾问获得了CPT认证，其中有10位在中国。

■ 为什么要申请CPT

上文提到，每个行业都有行业内的专业资格认证，以证明某个人具有相关的专业能力。那么如何证明一名绩效改进顾问在绩效改进领域的专业能力和价值呢？这也是国际绩效改进协会（ISPI）一直在思考的问题，毕竟对绩效改进的研究和实践已经非常久了，于是，包括国际绩效改进协会（ISPI）的核心成员、绩效改进实践的工作者、企业客户、和学术专家等超过30个绩效改进领域相关人士坐在了一起，由国际绩效改进协会前主席朱迪·赫尔（Judith A. Hale）领导，组成了一个名为"Kitchen Cabinet"的团队，共同商讨出评价绩效改进工作者的相关标准，并在2000年4月正式推出了这套标准，认证CPT。

CPT认证的出现为个人和企业都带来好处：

● 对于个人来说，获得CPT认证可以证明你确实具有帮助企业改进绩效的能力。

● 对于企业来说，在甄别人才，选择供应商时有了可靠的参考标准。

■ 如何申请CPT

● **理解标准**：申请CPT需要清楚地理解十大标准：

1. 四大原则标准：

    （1）关注结果

    （2）系统思考

    （3）增加价值

    （4）伙伴协作

2. 六大过程标准：

    （5）分析需要或机会

    （6）原因分析

    （7）设计

    （8）开发

    （9）实施

    （10）评估

在下一节"绩效改进的基本原则"中，我们会为大家具体说明上述十大原则，在"绩效改进的一般流程"这一节中，也有对六大过程标准的详细描述。

● **达到条件**

CPT 的申请者需要具备以下条件，才可以申请：

（1）在绩效改进领域有三年或三年以上的实践经验。

（2）至少参与了三个符合绩效改进十大标准的项目，并在其中担任了关键角色。

（3）遵守绩效改进顾问的道德规范。

增加价值：努力提升自己，管理您的项目和结果，为客户，客户的客户或全球环境增加价值。

验证实践：能够验证并促进验证你的实践，看项目是否符合绩效改进标准。

合作原则：与客户和用户通力合作，旨在成为他们值得信赖的战略伙伴。

持续改进：不断改善和熟练你在绩效改进领域的能力。

诚信原则：在你与客户、同事和其他人一起工作、交流时必须诚实、真诚。

坚持保密：保守客户保密，不允许与客户间产生任何有利于你或其他人的利益冲突。

（4）承诺每三年重新认证一次

● 准备项目

在达到申请条件后，申请人就要开始着手准备自己的申请材料了。提交给国际绩效改进协会（ISPI）的申请材料至少有3个项目，完全符合四大原则标准，同时每个项目符合六大过程标准中的3个，并保证六大过程标准都满足过至少3次。如果这3个项目没有能满足六大过程标准3次，那么最多可以再准备4个项目去满足这个要求，但必须也符合4大原则标准。

● 讨论项目

申请者需要和同事坐在一起讨论一下项目中需要提交的内容，比如：

（1）告诉同事每一条标准，并和他讨论，是否满足这些标准；

（2）讨论申请者项目中明确的、有记录的特定角色和任务确保完整、属实；同时申请者还应该邀请潜在的证明人讨论：

（3）请证明人聊一聊项目相关的故事，看看是否对申请有所补充和帮助；

（4）倾听证明人的想法，或许有一些他们相信它有价值，甚至要求评估数据或公布数据，但申请者可能没有评估过。它可以从不同角度帮你确定如何展示 CPT 标准。

（5）问问他们是否会支持你申请并证明。

● 签署承诺

在多方面确保自己可以申请 CPT 之后，申请人需要再次阅读 CPT 的道德规范并签署承诺和公开声明落实这一规范。

● 填写表单

在征得证明人同意后，申请者需要为证明人填写相关表单，说明证明人的身份。同时申请者还要填写一份项目和标准的识别单，说明每一个项目都符合了哪些标准。

● 完成描述

这是整个申请过程中最重要的一步，申请者需要详细完成每一个项目的工作内容描述，以证明每一个项目是如何满足标准的。

● 签字证明

最后，申请者需要请相关证明人为每一个项目签字证明，并将所有申请材料提交至申请邮箱，就可敬候结果啦！

在收到申请人的材料后，国际绩效改进协会（ISPI）会把材料随机分给三位 CPT 审查官审核。这三名审查官相互独立，并不知道都有谁参加了这次审核，确保了这项认证的公平公正。

国家绩效改进师（PIP）

国际注册绩效改进顾问（CPT）是世界上对绩效改进专家最高的认可，我们想要成为 CPT 也并非能一步达成。那么如何才能成为 CPT 呢？作为中国的绩效改进的实践者，我们还有一项很重要的认证——国家绩效改进师（PIP）。

2014 年 10 月 24 日，第四届中国绩效改进论坛暨国家绩效改进师揭牌仪式在北京盛大举行。按照国务院的统一部署要求，人社部根据相关法律规定下大力气整顿职业资格，国务院已先后六批取消了 319 项职业资格，占国务院部门设置职业资格总量的 52%。在此基础上，将再精简合并撤销一批职业资格，取消的数量将达到国务院部门设置职业资格总量的 70% 以上。就在这样一个大背景下，人社部却新增了国家绩效改进师这样一项认证，足见绩效改进在关注人才培养、促进企业绩效提升乃至推进国家经济发展等方面，已经越来越受到广泛认可。

国家绩效改进师（PIP）是指具有绩效改进思想理念，掌握绩效改进流程、方法和工具，具备绩效改进职业道德，协调或参与、组织或主持，评估或辅导实施绩效改进项目的专业能力的人。

PIP 的认证共设三个等级，分别为：初级绩效改进师（国家岗位能力三级）、中级绩效改进师（国家岗位能力二级）、高级绩效改进师（国家岗位能力一级），如表 1‑4 所示。

表 1‑4　PIP 认证等级

职业等级	对应角色	能力描述
高级绩效改进师	资深绩效咨询顾问（达到 ISPI 的 CPT 标准）	• 能熟练运用绩效改进的基本原理、流程、方法和工具等进行绩效改进项目； • 能辅导并评估绩效改进项目； • 做过三个及以上完整的、经过验证的绩效改进项目。
中级绩效改进师	组织或主持绩效改进项目的项目经理或顾问	• 能够运用绩效改进的基本原理、流程、方法和工具进行绩效改进项目。
初级绩效改进师	绩效改进项目的参与顾问协调员	• 理解绩效改进的基本原理、流程、方法和工具； • 部分或完整参与一个有关绩效改进的项目。

截止 2015 年 12 月 24 日，共计有 55 人通过了国家绩效改进师初级认证。2016 年，国家绩效改进师中级认证也正式开启。值得一提的是，国家绩效改进师的高级认证是和 CPT 相挂钩的，只要通过高级认证，就可以同样获得国际注册绩效改进顾问（CPT）的认证。

随着国家绩效改进师深入到企业的业务条线，企业的管理者对国家绩效改进师的认知已不仅仅只是停留在它是一项职业能力，更是关乎企业内

部发展战略的重要元素。招商银行、京东商城、中国电信等大型企业内部
都进行了国家绩效改进师内部资质认证，加强了企业内部人力资源和培训
部门的专业能力，提升了为业务部门提供解决方案的能力。

第三节　绩效改进的理论基础

二十世纪六十年代初期是程序教学运动的高潮。美国一批学习心理学
家和教育技术专业人员，在六十年代从事由政府资助的各种培训或教育项
目实践中，面临着这样一个重要的发现：如果培训和教育不能够达到预期
的期望，那么一定存在其他有效的策略。为了寻求适合的解决方案，他们
开始系统而深入地对存在的问题进行分析。研究人员逐步认识到"教学系
统"这一概念已不能够涵盖所进行的实践，于是他们引入了"绩效系统"
的概念，在此基础上，逐步发展和形成了绩效改进领域独特的分析和解决
人的绩效问题的视角与概念框架。

绩效改进既是一门科学，也是一门艺术，它吸收了众多领域的观点，
是一种综合的方法，这些领域包括：行为主义、教学系统设计、人力资源
管理、人类工程学、质量管理等。

系统论

■ 绩效改进产生于一般系统论

系统论的基本思想方法，就是把所研究和处理的对象当作一个系统，
分析系统的结构和功能，研究系统、要素、环境三者的相互关系和变动的
规律性，并优化系统观点看问题，世界上任何事物都可以看作一个系统，
系统是普遍存在的。大至浩瀚的宇宙，小至微观的原子，一粒种子、一群
蜜蜂、一台机器、一个工厂、一个学会团体……都是系统，整个世界就是

系统的集合。

绩效改进是运用系统方法来进行操作的。在绩效技术的企业实施中，系统方法主要体现在两个方面：一是对企业各个部门、相关人员的工作情况与工作环境等进行整体考虑和调查；二是对绩效问题或干预的前因后果进行系统思考。绩效改进关注如何让整个系统良好运作；而不是让系统的各个部分更好地工作。

行为主义

■ 绩效改进有着深刻的行为主义根源

绩效改进由程序教学运动的一个分支发展而来，从全国程序教学协会（NSPI）到今天的国际绩效改进协会（ISPI），可以明显感觉到它变化与发展的历史轨迹。绩效改进之父——托马斯·吉尔伯特曾是新行为主义心理学的创始人之一斯金纳（Burrhus Frederic Skinner）的学生。斯金纳通过实验发现，动物的学习行为是随着一个起强化作用的刺激而发生的。斯金纳把动物的学习行为推广到人类的学习行为上，他认为虽然人类学习行为的性质比动物复杂得多，但也要通过操作性条件反射。操作性条件反射的特点是：强化刺激既不与反应同时发生，也不先于反应，而是随着反应发生。有机体必须先作出所希望的反应，然后得到"报酬"，即强化刺激，使这种反应得到强化。学习的本质不是刺激的替代，而是反应的改变。斯金纳认为，人的一切行为几乎都是操作性强化的结果，人们有可能通过强化作用的影响去改变别人的反应。在教学方面教师充当学生行为的设计师和建筑师，把学习目标分解成很多小任务并且一个一个地予以强化，学生通过操作性条件反射逐步完成学习任务。

绩效改进产生的二十世纪六七十年代正是教学技术领域传统的教学开发与教学系统设计逐渐走向成熟的阶段，在这一时期，研究者开始对一些问题与现象进行反思，寻找新的解决问题的办法和出路。吉尔伯特的"有价值（或值得做的）绩效"描述了人类的行为。他的行为工程学模型关注环境支持和员工应有行为，确立了提高绩效成果和绩效技术的框架。行为工程学关注工作环境方面的改变，例如提高绩效的信息、资源、诱因、知识、能力和动机等，这些仍然是当前绩效改进领域考虑提高员工绩效的基本内容。

认知科学

■ 认知科学对绩效技术产生了重大的影响

认知科学是关于心智研究的理论和学说。1975 年，由于美国著名的斯隆基金的投入，美国学者将哲学、心理学、语言学、人类学、计算机科学和神经科学 6 大学科整合在一起，研究"在认识过程中信息是如何传递的"，这个研究计划的结果产生了一个新兴学科——认知科学。认知科学的一些研究领域包括：语言习得、阅读、话语、心理模型小概念和归纳、问题解决和认知技艺获得、视觉的计算、视觉注意、记忆、行为、运动规划中的几何和机械问题、文化与认知等认知科学中的哲学问题、身心问题、意向性、可感受的特质、主观和客观等等。

今天的工作场所与过去相比已经发生了巨大的变化，从业者的受教育程度在逐年提高，工作的性质已经发生了根本性的变化，知识成为经济发展中越来越重要的主导因素，所以影响工作绩效的因素变得更加复杂，更加多元化。于是，绩效改进的研究逐渐由外在的刺激转向内在动机的研究，由只注重外部的奖赏转向分析内部的信念与期望，由关注外部事件，转向关注外部事件的内部原因与结果。绩效技术与"刺激—反应"理论有重要的联系。它需要识别那些影响绩效的刺激（奖惩），该刺激引起的反应，以及这些反应的后果，从而找到绩效低下的根源。一旦完成这一步，人们便可进一步确定可观察、可测量的绩效目标。

神经科学和人类工程学

■ 神经科学、人类工程学在逐渐产生影响

神经科学寻求了解在发育过程中装配起来的神经回路是如何感受周围世界、如何实施行为的，它们又如何从记忆中找回知觉，一旦找回之后，它们还能对知觉的记忆有所用。随着人类对自身研究与认识的逐步深入，神经科学为人类对自身的理解与认识提供了科学的方法和依据，人们开始科学、客观地对工作场所中人类的情感和行为进行分析，采取更加积极、有效、人性化的干预，以促进绩效的提高。

人类工程学（ergonomics）这个词来自于希腊的 ergos（工作）和 nomos（法律）。因此，人类工程学就是研究自然法则是如何影响工作者和工作环境的科学。它研究人们及其职位、装备和环境之间的联系。它是使所做工作、所用工具和人们做工作时的体力相协调的科学。人类工程学原理帮助指导绩效改进中的业务设计过程。当前市场发展要求工人更灵活，而不是更艰苦地去工作。在工作场所实施人类工程学，是最大程度降低工作压力和紧张情绪的一种好办法。不符合人类工程学要求的环境由于人体长期的损伤和失调，可以导致肌肉、筋骨、神经和血管类疾病。有时，应该呼吁绩效改进顾问甚至是企业管理者通过改善工作场所，而不是通过工人来促进绩效。

经济学

■ 经济学，特别是其中的人力资本和智力资本理论，对绩效改进的发展产生了重大的影响

人力资本理论认为物质资本指物质产品上的资本，包括厂房、机器、设备、原材料、土地、货币和其他有价证券等；而人力资本则是体现在人

身上的资本，即对生产者进行教育、职业培训等支出及其在接受教育时的机会成本等的总和，表现为蕴含于人身上的各种生产知识、劳动与管理技能以及健康素质的存量总和。

人力资本理论的创立使人们认识到了教育的经济学价值，认识到了资本有物质资本和人力资本之分，二者都有生产的投入要素，同样可以在生产中发挥作用并带来收益，劳动力质量的提高，是国民生产总值或国民收入增长的重要因素。正规的学校教育可以提高劳动者素质，传统的企业培训可以提高劳动者素质，而企业绩效技术的运用也可以提高劳动者素质。绩效改进专家认为，虽然设备和资金很重要，但人隐含于每一件事情的背后，是组织的核心力量与灵魂。因此，"绩效技术是以人为本的"。

除了以上学科以外，控制论、信息科学、管理科学、诊断分析理论、分布式认知理论等也是绩效技术得以建立的重要理论基础。此外，人类绩效技术不仅建立在理论的基础上，实践经验对其同样具有重要的价值，是其存在的另一个重要基石和不断发展的源泉。学者们普遍认为目前绩效技术主要是一个基于经验和反思的实践领域。

第四节　绩效改进的基本原则

既然我们前面提到，绩效改进是一种思维方式，是一套系统的"世界观"和"方法论"，那么这种思维方式就一定是有迹可循，有原则可以遵守的，有路数和参照的。那么在这一节和下一节中，我们就来为大家详细介绍绩效改进的原则和过程。在长期的实践与研究的过程中，国际绩效改进协会（ISPI）的绩效改进的专业人员总结了四项基本原则：**关注结果、系统思考、增加价值和伙伴协作**。下面就让我们一一解读这四项基本原则。

关注结果

关注结果（focuses on outcomes），这一点在企业的经营和管理中并不陌生，它说的其实就是以终为始，以结果为导向，强调经营管理和工作的结果（经济与社会效益、客户满意度等），以及经营管理和日常工作中表现出来的能力、态度均要符合结果的要求，否则就没有价值和意义。

曾有人做过这样一个实验：组织三组体力、能力和性格相似的人，让他们分别向20公里外的三个不同村庄步行：

第一组的人对村庄的名称和路途的长短一无所知，只告诉他们跟着向导走就是。刚走了四五公里就有人叫苦，走了一半时有人几乎愤怒了，他们抱怨为什么要走这么远，何时才能走到。又走了几公里，离终点只剩三四公里时，有人甚至坐在路边不愿走了。坚持走到终点的只有一半人左右。

第二组的人知道村庄的名字和路程，但路边没有里程碑，他们只能凭经验估计行程时间和距离。走到一半的时候大多数人就想知道他们已经走了多远，比较有经验的人说："大概走了一半的路程。"于是大家又簇拥着向前走，当走到全程的四分之三时，大家情绪低落，觉得疲惫不堪，而路程似乎还很长，直到有人说："快到了！"大家才又振作起来加快了步伐。

第三组的人不仅知道村子的名字、路程，而且公路上每一公里就有一块里程碑，人们边走边看里程碑，每缩短一公里大家便有一小阵的快乐。行程中他们用歌声和笑声来消除疲劳，情绪一直很高涨，所以很快就到达了目的地。

其实"关注结果"中的"结果"就是故事中说到的"要达到的目标——村庄"，当人们的行动有明确的目标，并且把自己的行动与目标不断加以对照，清楚地知道自己的行进速度和与目标相距的距离时，行动的动机就会得到维持和加强，人就会自觉地克服一切困难，努力达到目的。由此我们不难认识到"关注结果"的重要性。

在绩效改进领域中，吉尔伯特最早将"行为"和"绩效"进行了区分，并将"绩效"分为"行为"和"结果"两大部分（这点在本章第一节中有详细阐述），这为绩效改进的研究与实践奠定了"关注结果"的价值追求。

绩效改进的价值观非常明确：一旦组织的目标、愿景和期望确定，那么所有的工作都是为了保证结果的实现。我们需要确保组织中的个人必须拥有共同的愿景和目标；确保合理的工作程序，以提高生产力、工作效率和产品质量；确保组织中人员具备完成任务所需的知识、技能和动机等。当然这一切的"确保"都是为了确保最后的结果。

所以，为了更好地遵循"关注结果"这一原则，我们必须做好三件事，以保证我们所要达成的结果的科学性：

第一，让结果（目标）存在。绩效改进工作的起点就是找出组织目标与现状之间的差距，根据消除这一差距来选择、设计和实施干预措施及方案，并在这一过程中不断地论证方案达成目标的可能性，最后还要以目标作为衡量的依据判断绩效改进的结果。所以我们必须保证有一个目标存在，才可以进行后面"执果索因"、"对症下药"、"检查复诊"的动作。当然这里的让目标存在，并不是简单设立一个目标，而是要让目标存在于每个相关员工的心理，得到大家的认同。就好像上面实验中的第二组，当大家都知道快到了的时候，才又振作起来。

第二，不求一次完美。谁都希望一次就把事情做得漂漂亮亮的，做到最好。就好像每一个家长都希望孩子考100分，但是对于一个刚刚拿到60分的孩子来说，100分或许太远，不如我们先把目标设定在70分，然后到80分……这样一步步的来，是不是更加有希望一些呢？同样，在绩效改进之初定目标之时，我们不如把远大的目标放一放，设定一个合理的应有水平，会使工作更实际，效果更好。但是同给 60 分的孩子设定目标一样，这里的不求一次完美，并不是设定一次目标，只做一次就完了，而是在达到合理目标后坚持下去，不断改进，以求最后的完美。

第三，要科学调研。无论是完美的目标还是合理的应用水平，都应当进行科学的调研和论证，分析市场环境、公司情况、标杆企业等等，这些都不能是坐在家里拍脑袋想出来的。作者曾经见过一家公司制定未来三年五年的规划，就是把公司的一批高管聚在一个小会议室里，然后大家分组讨论，我们今年要挣多少钱，明年计划挣多少钱，未来几年要去上市。这样设定出来的目标更像是做梦，而不是目标。不过这里所要求的科学调研不是希望大家严格地、小心翼翼地、把目标仅仅设定在调研的那些数据里，还要在小心求证的前提下，大胆假设，敢于预测。

系统思考

到目前为止，业界对于支撑绩效改进实践的理论基础，都还是众说纷纭，没有达成一致的看法，但其中受到多数认可的当属"三条腿板凳"理论。(如图 1 - 10 所示)

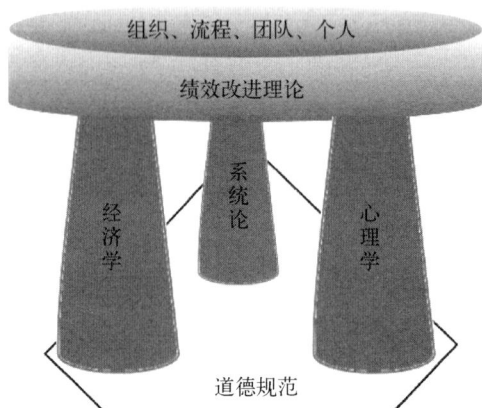

组织、流程、团队、个人

绩效改进理论

经济学　系统论　心理学

道德规范

图 1 - 10　"三条腿板凳"理论

　　"三条腿板凳"理论是一套严谨的具有逻辑性的理论，它包括：心理学、经济学、和系统论。经济学，被看作组织的第一推动力和持续推动力；系统论，能够帮助识别组织的目的、构成要素及其互相关系，从而发挥系统和子系统的作用；心理学，把人看作不同文化和行为与生产率之间的中介。三种理论各有独特而完善的理论体系且又彼此呼应，为绩效改进这个行业或学科在复杂多变的条件下运作提供了稳定性。

　　作者认为，和经济学、心理学相比，系统论只是一个较小的知识体系，但系统论是绩效改进区别于其他管理理论的关键，系统思考（takes a systems view）是绩效改进最重要、也是最本质的原则。系统思考的特别之处体现在两个方面：第一，将组织看作系统；第二，有系统的方法步骤。

■ 将组织看作系统

　　一个系统，是由功能上有关联的多个单元相互连接的复杂体。每个单元的效用依赖于它如何适合整体；而整体的效用则依赖于每个单元发挥的功能。

　　冬天里，一个朋友告诉你，他头疼，询问你该怎么办？这时你会给出怎样的答复？

　　1. 头疼止疼要吃芬必得。

　　2. 可能是天冷冻着了吧，戴个帽子吃颗康必得。

　　3. 会不会是呆家里坐久了，颈椎毛病导致的啊，去做个按摩试试。

　　4. ……

　　如果你开始不仅让他吃芬必得，而是考虑环境和他本身的因素了，那么恭喜你，你开始有系统思考了。导致头疼的原因可能是复杂的，对于企业而言也是这样。由于组织的日趋复杂以及组织所处的环境快速变化，影响组织绩效的因素也越来越复杂，越来越难以识别，所以绩效改进的研究与实践者们需要运用系统观，将企业组织视作系统，综合考虑它与内外部的联系与制约。从系统和环境的关系，以及系统内部组成的各要素之间的关系和相互作用，发现组织的规律或存在的问题。这意味着要综合考量输入（资源）、生产能力（资源的加工处理），以及输出（产品和服务），包括考量绩效改进工作中的所有利益相关者。解剖对绩效产生影响的因素，从而"对症下药"。

■ **有系统的方法步骤**

有一个脑经急转弯：把大象装进冰箱里需要几步？正确答案相信大家都知道：三步。第一步，把冰箱打开；第二部把大象放进去；第三步，把冰箱门关上。虽说这仅仅是一个脑经急转弯，多数是一些戏谑的成分，但换个角度想想，有清晰的流程、步骤对于一件事的完成来讲，还是非常重要的。

在绩效改进中，系统的方法步骤总共有六步，包括：

1. 系统化地分析需要或机会：需要或机会分析总是发生在项目的一开始。在这一分析中我们需要研究各种层面（社会、组织、流程或工作小组）的现状，以识别带来影响的内外压力。在研究现状的基础上，我们需要判断该情境是否值得行动或进一步研究。在这一步中，我们的结果就是产生一份说明：描述目前的状况，计划的未来状况，以及是否采取行动的基本原理或商业企划书。

2. 系统化地原因分析：原因分析需要判断为什么期望和现状之间会存在绩效差距。一些原因是明显的，比如新雇佣的员工缺乏必要的技能来完成所期望的工作。那么，解决方案必须消除该差距。原因分析的结果是要陈述：为什么缺乏某些绩效，或者在没有一些干预措施的情况下，为什么某些绩效就是不会发生？

3. 系统化地设计：设计其实就是要识别解决方案的关键点。设计的结果就是向别人描述解决方案的特色、属性、基本要点以及实现该方案需要的资源。如果你是专家，你还要能识别并详细描述对于一个或更多的解决方案都需要什么来开发和实施它们，你更倾向于哪种方案，以及为什么。

4. 系统化地开发： 开发就是要创造解决方案的一部分或所有的元素。开发的工作可以由个人或团队来完成。其输出是一种产品、过程、系统或者技术。例如：培训、绩效支持工具、一个新的或者重新设计的流程，重新设计的工作场所，或者薪酬与收益计算方式的改变。这一步就是关于创造或者获得解决方案的部分或整体。我们可以自己来完成这个部分，或者以团队的方式来做，或者你也可以将其外包。

5. 系统化地实施： 实施就是部署解决方案，并管理用以支持该方案的变革。实施的结果就是行为的改变，或者采取了可以产生预期结果或获得预计收益的行为。该标准就是要帮助客户，采取新的行为或者使用新的工具。我们可以开发一个实施计划，其中包括：我们或客户将如何追踪改变，识别并应对问题，以及交流结果。

6. 系统化地评估： 评估是要测量你所做事情的内容（做什么）和方式（如何做）的效果与效率，并测量该解决方案所产生的理想结果的程度，以此你可以对比所花费的成本和所获得的收益。这一步就是通过系统化的过程来识别机会并采取行动，以此明确测量方法并收集数据，从而帮助确定需要、采纳和结果。

增加价值

增加价值一词在字面上很好理解，即你工作和付出就要带来价值，而不是只有苦劳，没有功劳。绩效改进当然必须是这样的，它不只关注中间的过程目标，例如质量的提高、客户的维持、成本的降低等，更关注最后的商业结果，例如销售额、收益、市场占有率等。同样，绩效改进不仅要带来员工个体绩效的提升，更应该关注长远目标和利益，以及对社会的贡献与价值。这一切都是绩效改进为企业所带来的价值，也是绩效改进的价值的体现。所以我们一定要能够证明绩效改进工作增加了价值，且这些价值是与最终的目标结果相一致的。

那么为了增加价值，并且证明确实增加了价值，我们需要做些什么呢？国际绩效改进协会（ISPI）在它评判国际注册绩效改进顾问的标准中为我们提供了一些指南：

1. 一开始就确定，什么将被视为成功、成就或者获得了价值的证据，并将其与其他利益相关者进行交流。

2. 识别出两种或更多可能的解决方案或者行动过程。

3. 通过对比以下因素以识别出所需的解决方案的价值：

   ➢ 设计、开发、实施和维护等成本；

   ➢ 目标人群所采纳或使用的可能性；

   ➢ 每种解决办法达到理想目标的可能性；

   ➢ 对目标人群，其他雇员，消费者等等意味着什么或可能带来什么样的影响；

   ➢ 组织支持每种解决方案的能力（奖励合适的行为和结果，提供适当的交流/信息系统和工具及设备，维持赞助等等）

   ➢ 每个解决方案的成功或失败会对组织安全、健康、财务回报、客户满意度等方面带来的成效或风险。

4. 推荐能增加价值的、可行的，以及更有可能以最小风险达到项目目标的解决方案。

5. 描述可能增加的潜在价值以及这些价值将被如何测量，比如：

   ➢ 更安全、更实用，获得更多的客户和社区满意度。

   ➢ 增加了收入；

   ➢ 避免了一些成本；

   ➢ 减少了错误，减少了延误时机的事件，减少了上市的时间和循环周期，减少了处理时间和等待时间；

   ➢ 增加了及时的传递；

   ➢ 增加了客户和雇员的保持率。

6. 指出某种决策或某种选择的风险、权衡，及其基于的假设。

7. 判断是否存在某种机制以确定理想的目标是否达成，并追踪早期的成功的苗头，在有需要的时候做出适当纠正。

8. 记录——使用合同、谅解备忘录，或者项目描述中的表述——期望增加的价值，成本（材料、资源、时间等）以及项目产出的时间表。

9. 解释开展增加价值工作的重要性，以及证明获得了价值的重要性。

10. 在工作过程中贡献观点并说明其意义。

11. 陈述做出了哪些权衡，获得了哪些价值，并推断价值是否大于成本。

12. 陈述你做的哪些事情增加了价值，以及你如何着手你的工作使之增加了价值。

伙伴协作

一个人或许走得更快，但一群人一定走得更远。伙伴协作这一原则就充分体现了这一句话。伙伴协作要求绩效改进顾问在项目过程中与客户或专家建立起合作的关系，仔细倾听客户或专家的意见，充分信任与尊重相互的知识和能力。绩效改进本身就是多学科的综合，绩效改进项目中所遇到的企业问题也是复杂多样的，因此为了有效地解决企业遇到的问题，绩效改进顾问就需要运用不同的干预措施。由于绩效改进顾问不可能是一个全能的人，或是每一个方面的专家，所以我们在实际工作中需要特别重视与企业内外部的其他利益相关者和专家的合作。

协作指的是：在达成的最终结果上，以及过程中每个阶段的决策和实施上，大家是共同分担责任的。这就意味着，在整个过程中每个阶段做出决策的环节，我们都应当让所有的利益相关者尽量参与；同时，我们也应该让相关领域的专家们，在他们专长技能的领域和范围，参与到绩效改进的实际工作中来。这样，才能对解决方案做出最好的选择。

伙伴协作这一原则也可以通过具体动作来实现：

1. 识别出利益相关者；

2. 判断是否需要其他的内容专家，需要的话，召集其他内容专家；

3. 指出合作共事的益处，吸收利益相关者、专家作为小组成员，建立合作的关系；

4. 增加合作者们共同开展工作的期望；

5. 预计可能的一些事件和障碍，并做出合适的反应；

6. 运用上述合作者的技能和其他影响力以增加价值；

7. 赞扬并认可你合作伙伴的支持，认同和贡献。

第五节　绩效改进的一般流程

在无论是本章的第一节介绍概念的部分，还是上一节中说明"系统思考"的内容，我们都简要说明了绩效改进是有系统步骤的，也介绍了系统化的六个步骤，相信大家已经有了一个初步的认识，那么这一节中，我们就主要为大家介绍几个常见的绩效改进模型，让大家对绩效改进的一般流程和步骤有更多的理解。

国际绩效改进协会（ISPI）的绩效改进模型

1992 年国际绩效改进协会（ISPI）正式提出了绩效改进解决问题的操作性过程模型，之后经过无数从业人员的不断应用、修改和完善，最终于2012 年形成了如下模型（如图 1 - 11 所示）：

干预措施的选择、设计和开发　干预措施的实施与维护

变革管理

绩效分析：需要或机会

相关技术
- 伙伴协作、网络与
- 建立联盟
- 过程咨询
- 员工发展
- 沟通
- 项目管理
- 其他……

干预措施
- 学习
- 绩效支持
- 岗位分析/工作设计
- 个人发展
- 人力资源开发
- 组织设计与发展
- 财务系统
- 其他……

企业情形
- 领导承诺
- 可行性
- 可持续性

组织分析（愿景、使命、价值、目的和战略、关键问题）

环境分析（全球（社会责任）、工作场所（组织、资源）、工作（工作流程、工效）、员工（知识、技能、习得能力、动机、期望））

期望绩效　→　差距分析　←　绩效现状

原因分析

● **环境因素**
- 数据、信息
- 反馈
- 环境支持、资源和工具
- 结果、激励与奖励

● **个人因素**
- 技能和知识
- 个人习得能力
- 动机和期望

评估

确认性（3～5级）评估，用于评估以下方面的可持续性
- 效果
- 效率
- 影响
- 价值

元评估/检验，用于检验
- 形成性/总结性/确认性评估的输入—过程—输出
- 成功案例
- 经验教训

输入—过程—输出的形成性评估

形成性（0级）评估
- 绩效分析
- 选择/设计/开发
- 实施与维护

实施后的总结性评估

总结性（1～2级）评估
- 反应
- 知识技能态度改变
- 应用

变革管理

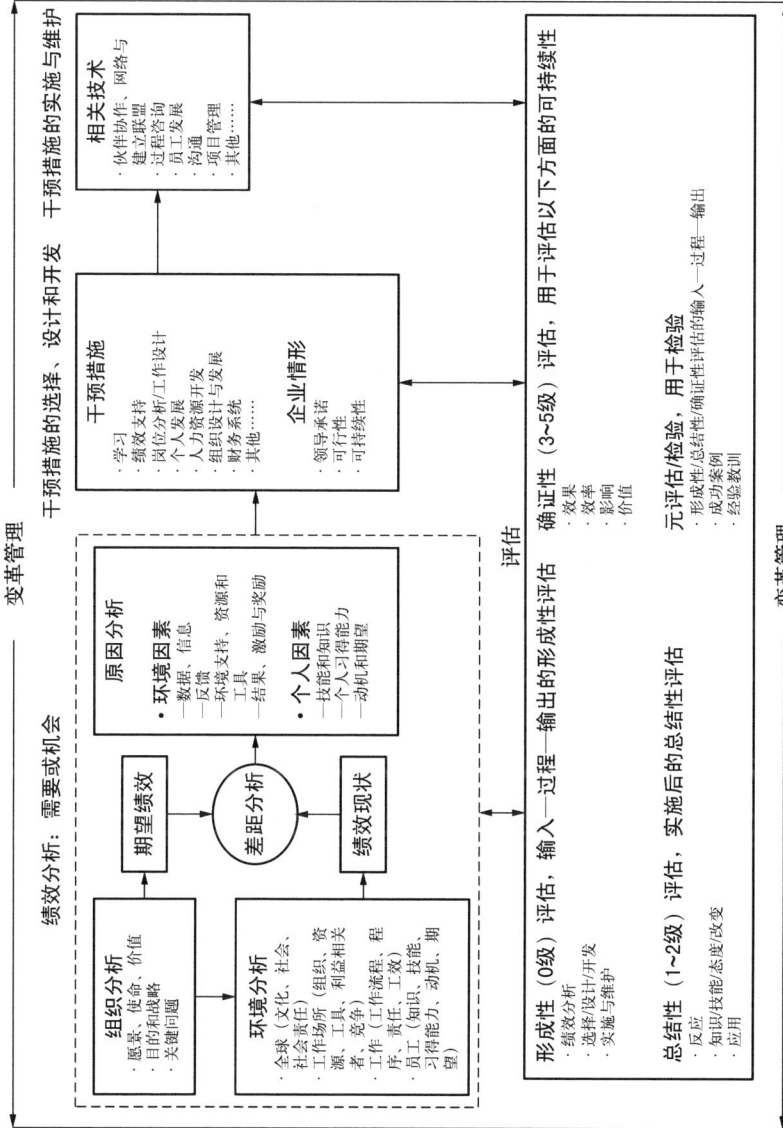

图1-11　ISPI的绩效改进分析

该模型将绩效改进的流程分为四个大的阶段：

1. 绩效分析：需要或机会；

2. 干预措施的选择、设计和开发；

3. 干预措施的实施与维护；

4. 评估。

细心的读者会发现，上一节介绍的时候说的是六个步骤，可是这里却说只有四大阶段，而且图上还有一圈"变革管理"为什么没有在步骤中体现？这些都是非常好的问题，我们下面一一来做解答。

■ 绩效分析：需要或机会

绩效分析是国际绩效改进协会（ISPI）绩效改进模型的第一个阶段。绩效改进与日常的绩效管理不同，一般情况下，我们采取绩效改进的行动都是有原因的，当企业遇到需要解决的难题或需要把握的机会时，我们才会采取绩效改进的动作。这个时候绩效改进顾问应当从企业当前面对的问题入手，确定组织的绩效需要，并将需要与现状进行比较，找到差距及产生差距的原因。

在这一版的模型中，国际绩效改进协会（ISPI）将系统化地分析需要或机会与系统化的原因分析作了合并，从模型中我们也可以看出，其实是既有差距分析也有原因分析的。所以这里并不与我们上一节"系统思考"中提到的步骤相矛盾。为了让读者更加清晰地了解每一个流程，我们还是会将它拆解开来，一步步地讲。

1. 系统化地分析需要或机会

需要或机会分析必须是发生在项目的起始阶段。在这一步中我们需要研究各种层面的现状，以了解给组织带来影响的内外压力，其主要目的是为了找到和测量出期望绩效与现实绩效之间的差距。所以这一步主要由三个部分组成：组织分析（识别组织需要）、环境分析（研究组织现状）、差距分析（找到组织差距）。

（1）组织分析：关注的是组织的核心问题，包括：愿景、使命、价值、目标、战略以及推动变革的关键问题等。组织分析的目的是寻找方向，找到组织及其领导者希望实现的绩效和前景的方向，并为他们为期望或理想的绩效设定标准。实施组织分析时通常先审查已有的文档，例如企业组织的战略计划、历史记录、规章制度、董事会议记录、年度报告和新员工培训资料等等。然后，尽可能地收集内部、外部利益相关者的感受和意见。

（2）环境分析：是为了了解组织的实际状态。环境分析会对组织所处的内外部环境进行评估，帮助参与绩效改进项目的人员理解组织的内外部环境是如何相互作用和影响的，以确定和区分支持绩效现状的优先次序。环境分析应检查如下项目：

● 世界——包括社会、文化和社会责任等的外部因素

● 工作场所——例如可获取资源、工具和人力资源政策等的内部环境

● 工作——比如工作流程、工效问题、利益相关者和竞争等的工作设计问题

● 员工——诸如技能水平、知识、动机、能力和期望等的个人因素

我们可以通过查阅现有文件（如客户调查表）、采访、小组活动等或者调查的方法来确定以上项目的现状。

（3）差距分析：主要是目的是识别实际绩效和组织期望绩效之间的差距。

在这个过程中主要做以下三件事：

● 判断差距是积极的、中性的还是消极的；

● 确定绩效改进的机会类型；

● 区分出解决这些差距的优先次序。

在第三章第五节中，我们还会为大家详细说明这三点。这里特别要提醒各位读者注意的是，差距分析在绩效改进中一定要先于原因分析。

2. 系统化地原因分析

绩效分析的最后一个阶段，是作者认为整个绩效改进过程中特别重要的一个环节——原因分析。

当存在消极差距时，我们首先要关注解决已有的绩效问题，所以这时候原因分析就是要弄清楚组织为什么会出现这些绩效问题；当不存在差距甚至超过了期望状态时，则主动寻求组织发展的机会，所以这时候原因分析是要找出阻碍组织把握住发展机会的障碍是什么，或者是组织如何更好的把握这次机会。

作者之所以认为原因分析特别重要，是因为：

● 原因分析是"分析需要或机会"与"干预措施的选择、设计和开发"之间的桥梁。原因分析既继承了"分析需要或机会"的论据——执果索因，又对"干预措施的选择、设计和开发"起到了决定性的作用——对症下药。

● 原因分析是绩效改进成败的关键。所谓"对症下药"就是要针对问题产生的根本原因采取相对应的办法，所以如果原因都没有找对，又何谈把病治好呢？

原因分析阶段通常需要我们运用各种分析工具进行分析，并再次收集大量的数据以佐证我们的结论。上文中我们提到的"行为工程模型"在原因分析中影响最大、最为著名，更多的分析工具我们会在第三章中一一列出。

■ 干预措施的选择、设计和开发

如果把整个绩效改进的过程比作医生看病的话，那么绩效分析就是诊断的过程，选择、设计和开发就是处方的过程，要给病人把病因找对，当然也要把药选好才行，遇到了新的病症还需要去开发新药。和前文中说到的"系统化地设计"与"系统化地开发"两个步骤并不矛盾，该模型在这里将他们进行了综合，又在具体操作时重新做了细分，分成干预措施的选择、干预措施的设计和开发这两步。下文我们就依照此模型为大家做详细的说明。

1. 干预措施的选择

干预措施（Intervention）是有计划的改进绩效的活动，是削弱或消除产生绩效差距的原因的具体应对办法。通常来说，我们需要针对分析得出的原因来选择一种综合且全面的干预措施，只有这样才能解决多种问题或把握住机会的各个方面，更多时候我们也需要将各种选择加以组合形成复合型干预方案。复合型干预方案也是我们工作中常见的，因为大部分工作情况是复杂的，所以我们不应该选择单一性的干预措施，而需要选择更全面的解决方案。

干预措施的影响范围可以大到影响跨国组织体系的变革措施，小到提供员工舒适的环境来避免压力过大的工效学措施。其实提醒、帮助或者协助员工评估和完成工作的工作帮助，也是一种独特的干预措施。以下就为读者罗列了部分干预措施供参考（本书第四章中会列举更多），见表1-5。

表1-5 干预措施列表

绩效支持 • 教学类 　学习型组织 　行动学习 　自学 　培训 　知识获取和管理 　教育 　交互技术 　　-远程学习 　　-远程通讯 　　-卫星技术 • 非教学类 　工作帮助 　电子绩效支持系统 　记录（工作规范）与标准 **职位分析/工作设计** • 工作规范 • 轮岗 • 岗位扩展 • 工作方法 • 质量（控制、管理和保障） • 持续改进	• 界面设计 • 工效学 • 预防性维护 • 安全管理 **个人发展** • 辅导和教练 • 职业发展 • 职业评估 • 反馈 **人力资源开发** • 员工选拔和配置 • 薪酬与福利 • 文化水平 • 退休计划 • 医疗健康 • 激励机制（激励与奖励） • 绩效评估 • 评估中心与能力测试 • 继任规划与职业道路规划 • 领导力和执行力发展 • 管理和监督能力发展 **组织沟通** • 沟通网络与合作

续表

• 信息系统 • 建议和投诉系统 • 冲突解决 **组织设计与开发** 　• 战略规划与管理 　• 环境监测 　• 全球化 　• 基准化 　• 重新设计、组织一致化和结构重组 　• 团队建设策略	• 解决问题和策略 • 企业文化和多样性 • 伦理 • 精神文明 **财务系统** 　• 财务预测 　• 投资与成本 　• 现金流分析 　• 合并、并购与合资

干预措施的选择应当以结果、影响、价值、成本以及对组织和工作的利益等综合因素为导向。成功的干预措施需要符合以下标准：

- 该措施所针对的问题或机会是需要被解决或把握的
- 该措施能够解决现在的问题或达到期望的目标
- 现有的时间、金钱、人力等资源能满足该措施实施条件
- 该措施实施所带来的价值大于需要付出的代价
- 该措施能够被现有的组织和个体所接受

2. 干预措施的设计和开发

干预措施的设计和开发就是将选择出的干预措施变为现实的过程。这一步骤需要明确干预措施或干预方案中所包含的项目，并且为干预措施的实施提供所需的材料和详细计划。

干预措施的设计和开发也是对实施干预措施所做的准备工作。

设计阶段是将前文中提到的复合型干预措施或者选择出的多种干预措施进行结合、协调的过程。设计工作的结果是一份设计文件，该文件实际是一份开发和实施干预措施的指南，包括：

- 干预措施实施的先后顺序
- 干预措施之间如何配合
- 具体的活动时间、任务安排、人员配置、资源要求、实施流程等

- 该做哪些工具、内容的开发等

开发工作是设计的延伸，因为很多时候设计出的干预方案缺少相应的材料、工具等。在干预措施开发阶段我们应该做好以下方面：

- 选聘开发团队
- 制定开发计划
- 迅速开发样品
- 开展样品测试
- 修改完善样品
- 制作完成开发
- 预备全面实施

干预措施的实施和维护

干预措施的实施和维护就是根据干预措施设计的方案开展实际行动，将选定的干预措施付诸实践。虽然绩效分析，以及干预措施的选择设计和开发阶段对绩效改进工作来讲至关重要，但真正对绩效现状产生改变的还是干预措施的实施和维护，这正如底特律的一名汽车爱好者所说的："干预措施的实施与维护的阶段才是车胎着地的时候。"

为了保证干预措施的有效实施时通常需要做好以下工作：

- 与组织内部各部门、利益相关者和支持者合作或建立联盟，确保大家对实施的期望和关注点的理解一致和准确；
- 对参与实施人员的计划和进展进行有效沟通，保证项目按照设计开展；
- 使用项目管理方法，确保各个方面能在预算之内按时完成预定目标；
- 鼓励那些支持和巩固实施的工作，同时减少实施阻力，防止项目的实施意外中断；
- 随时进行评估，有助于监测实施过程，并在关键节点做出正确决策；
- 帮助人们发觉实施效果，增强改进的信心，保证项目的持续性。

对于绩效改进顾问来说，我们通常对绩效干预措施的长期维护没有做好充分的准备,但是大多数绩效改进工作是全面且密集的,一旦绩效干预措施成功实施,对组织而言,巩固成功的结果是十分必要的,所以这需要所有参与者和领导者的共同努力,确保领导层认可并适应干预措施的实施,保证实施的可持续性,以及作用和效果能够在很长一段时间内得到充分发挥。

评　估

评估就是判断某人、某地、某物或某事的价值。在绩效改进领域中,为了使组织朝着理想的目标前进,我们需要通过评估来探究方法和资源的有效性,用评估来比较结果和目标,并用评估的报告结果维持组织和利益相关者(如推动者和员工)对绩效改进项目的信心。

在国际绩效改进协会(ISPI)的理念中,一直认为:"在绩效改进领域以及任何正常运作的组织环境中,评估都是不可或缺的部分。"所以从国际绩效改进协会(ISPI)发表的绩效改进模型中可以看出,与绩效分析、干预措施的选择、设计和开发、干预措施的实施与维护一样,评估亦是绩效改进的基本组成部分之一。尽管评估被放在了绩效改进过程的最后一步进行说明,但模型中的箭头也清楚的表明:评估不是整个绩效改进过程的最终环节,而是贯穿于整个绩效改进过程始终的。

模型中将评估分成四类:形成性评估、总结性评估、确证性评估和元评估(本书第六章中会有详细说明)。为了帮助读者们做好评估工作,作者列出了个人认为其中最重要的五项工作供参考:

- 选择评估方法
- 确定评估对象
- 设定评估指标
- 持续跟踪收集
- 分析形成报告

变革管理

细心的读者一定发现了在整个国际绩效改进协会(ISPI)的绩效改进

模型中，最外面还围绕了一圈"变革管理"。虽说"变革管理"在这里并不是一个步骤，但作者在这里还是想特别说明。

本节开始的时候作者就提到说，这个模型是1992年被提出后经历了不断完善和修改2012年的时候才基本成型，有些读者就一定会好奇，以前的模型是什么样的呢？这里作者将国际绩效改进协会（ISPI）的上一版绩效改进模型（2000年版）找了出来，供大家对比（如图1-12所示）。

有什么不一样吗？没错，有很多细节的地方都不一样。但是最外圈有没有显著的不一样？对了，上一版模型中没有最外圈的"变革管理"！

深谙绩效改进或熟悉变革管理的朋友都能看出：每一次的绩效改进都是一次变革。绩效改进顾问在完成每一个阶段工作的过程中，都需要考量问题、机会或干预措施是如何改变世界、工作场所、工作乃至员工的，甚至我们的第一次提问就是变革的开始。因此，变革管理会贯穿绩效改进流程的始终，2012版模型将变革管理融入了绩效改进过程的各个阶段和方面。

不是每一次改进都是成功的，无用的改进也时有发生，不彻底的改进可能会使情形更加恶化，亦或者由于我们没有考虑各种因素的相互关联性、干预措施的可行性，没有取得组织内部的充分支持，使得改进才刚刚开始又很快退回或恢复到之前的状态。

所以在整个绩效改进的过程中，我们也需要借鉴变革管理的相关经验：

● 制造紧迫感，认真考察市场和竞争现实，明确并讨论危机，包括潜在危机或主要危机；

● 组织一个强有力的领导联盟，鼓励这支队伍协同作战；

● 制定远景规划，以指导改革措施，形成策略以实现远景规划的目标；

● 传达这种远景规划，用所有可能的媒介手段把新的远景规划策略传达下去，用领导联盟的亲身实例教育人们养成新的行为习惯，授权他人按远景规划行事；

干预实施与变革

变革管理
过程咨询
员工发展
交流，人际网＆联盟
建设

干预选择与设计

绩效支持
（教育和非教育）职业设计
职位分析
个人发展
人力资源开发
组织交流
组织设计与开发
财务系统

原因分析

缺少环境支持
·数据，信息和反馈
·环境支持，资源和工具
·结果，激励和奖励
缺少个人必备的素质
·技能和知识
·个人能力
·动机与期望

评价

绩效分析

期望绩效状态

组织分析
（理想，使命，价值目标，策略）

环境分析
组织环境（利害相关人＆竞争，工作环境（资源，工具，政策），人力资源政策）
·工作（工作流程，职责和人类工程学）
·员工（知识，技能，动机，期望和能力）

差距

期望绩效状态

元评价/确认
·形成性，总结性
·确证性过程
·形成性，总结性和确证性产品
经验总结

形成性
·绩效分析
·原因分析
·干预选择/设计
总结性
即时反应
·直接能力
诊断性
·持续能力（职业变动）
·持续效力（组织影响）
·投资回报

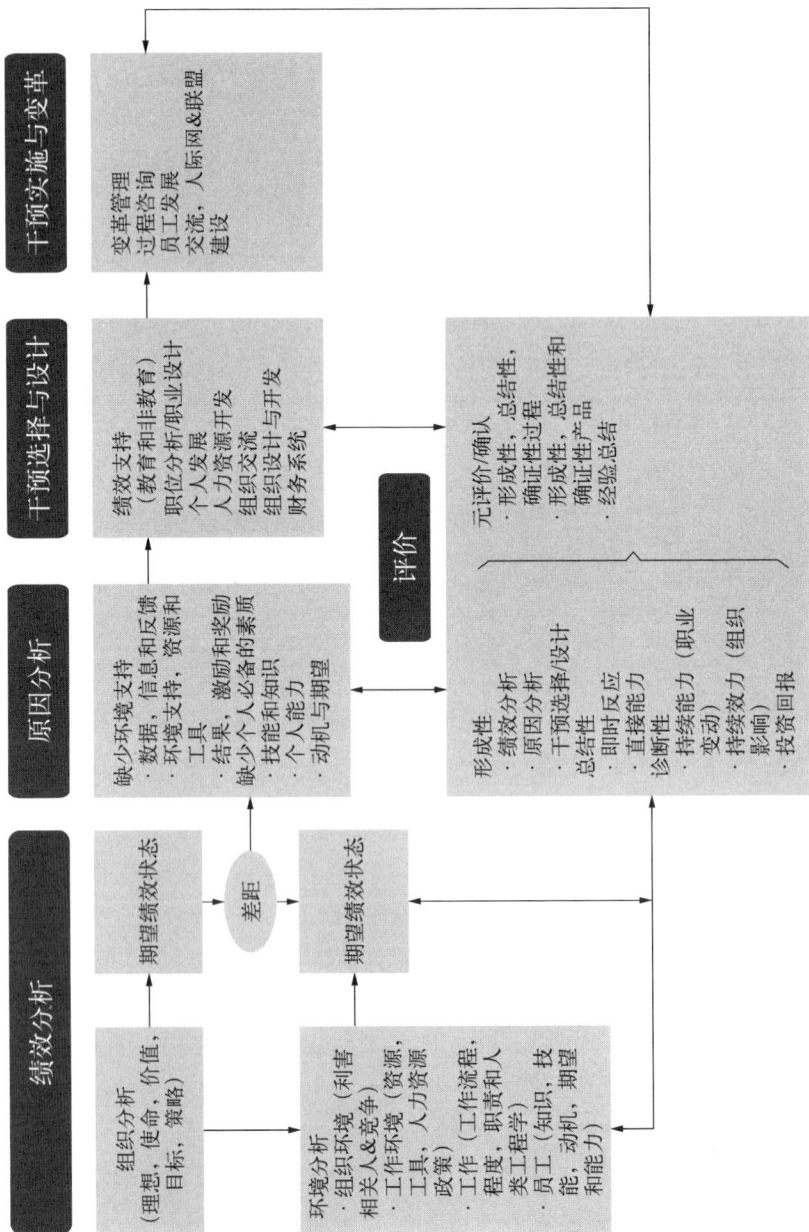

图 1－12 绩效改进模型（2000 年版）

● 消除改进的障碍，改进严重损害远景规划的机制和结构，鼓励承担风险和非传统的观念、活动及行为；

● 计划并实现近期的成功，计划看得见的绩效改进；

● 对实现的那些改进，要肯定并奖励参与改进的雇员，巩固改进成果并进行更多的改革，利用提高的信誉来改进那些不适合远景规划的机制、结构和政策；

● 聘用、提升和培养能够完成远景规划的雇员，用新的工程、主题方向和变革者来重新激励改进进程；

● 把新的方法制度化，明确新的行为方式和企业成功之间的关系，建立能够确保领导的顺利发展和交替的方法和制度。

美国人才发展协会（ATD）的绩效改进模型

作为培训咨询领域的"巨人"之一，美国人才发展协会 Association for Talent Development（简称 ATD）（原美国培训与发展协会 ASTD）也给出了它的绩效改进模型（如图 1－13 所示）。

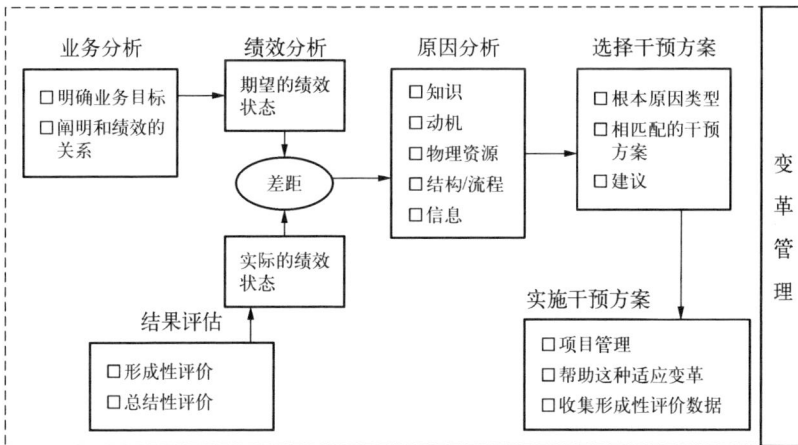

图 1－13 ATD 的绩效改进模型

69

ATD 成立于 1943 年，是企业培训和绩效评估领域的最大职业协会和首屈一指的资源。全球网络遍及 70 000 多个国内、国际分支机构，在 100 多个国家代表 15 000 多个会员组织。ATD 根据自己的研究分析、会员和研讨会、展览、公开课、出版物以及合作联盟的研究成果与实际经验，对外提供信息、调查结果、分析报告和应用数据，而且课题非常广泛，包括：培训所需的资料，智力资本，培训、学习、绩效和产出之间的关系，培训测量和绩效评估，不同国家青年人的技能标准，"高绩效"的组成要素，其他国家的教育和培训政策等。

看到美国人才发展协会（ATD）的绩效改进模型有没有一种似曾相识的感觉？是的，它和国际绩效改进协会（ISPI）的绩效改进模型有很多相似之处：

1. 都从对组织的分析开始着手，从而判断商业目标；
2. 都寻求找到绩效差距，并通过差距分析出原因；
3. 都针对原因和弥补差距选择适合的干预措施，且进行实施；
4. 都在过程和结果时进行形成性和总结性评估；
5. 都将变革管理融入绩效改进的始终。

RMC 绩效改进过程模型

RMC 绩效改进过程模型是由吉姆·富勒（Jim Fuller）和珍妮·法林顿（Jeanne Farrington）于 1999 年提出的（如图 1 - 14 所示）。

虽然与前文中介绍的两个模型在长相上差别较大，但是仔细阅读模型里面的文字，作者不禁感慨：一样啊！确实，比起国际绩效改进协会（IS-PI）的绩效改进模型和美国人才发展协会（ATD）的绩效改进模型，他们都有共同的元素：对差距的确认、对原因的分析、对方案的选择、设计和实施以及评估。

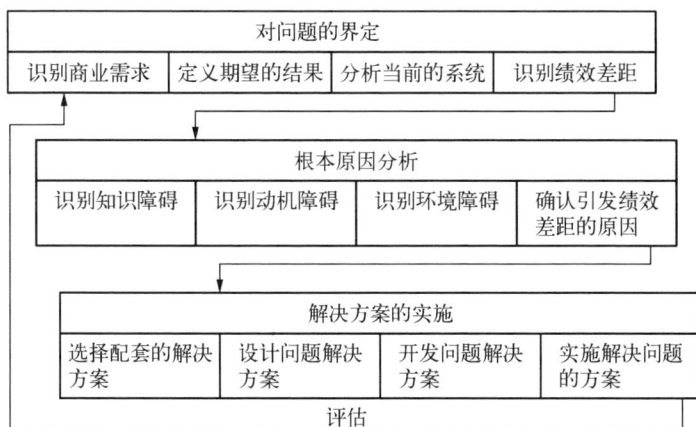

图 1‐14 RMC 绩效改进过程模型

■ **人类绩效操作模型**

人类绩效操作模型是由哈罗德·斯托克洛维奇（Harold D. Stolovitch）
和埃里卡·克伊普斯（Erica J. Keeps）在 1999 年提出的（如图 1‐15 所示）。

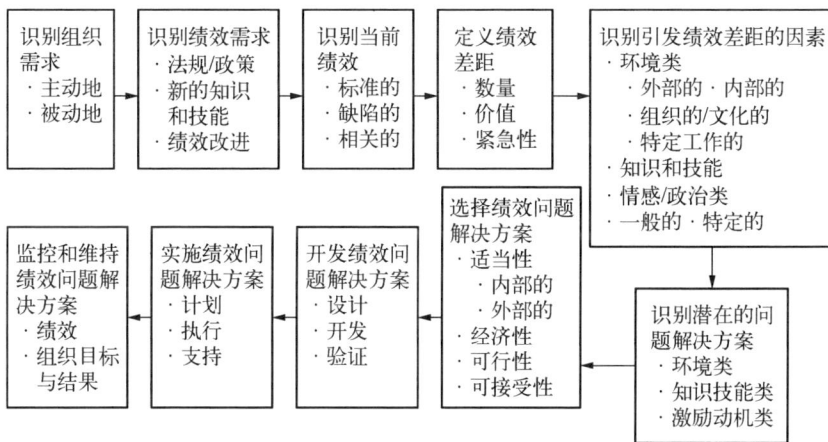

图 1‐15 人类绩效操作模型

和其他模型一样，该模型也涵盖了绩效改进的必要步骤，但这里将这
一模型展示出来，是因为特别值得一提的是它在识别组织需求和识别当前
绩效的中间将识别绩效需求这一步单拎了出来，并且将绩效需求分为了三
类：因为政策法规等外部变化而产生的需求，因为新知识和技能的出现而

产生的需求，以及其他绩效改进的需求，这为原因分析和方案设计提供了明确的方向。另外该模型也为绩效改进方案的选择提供了标准：适当性、经济性、可行性以及可接受性。这一点也为该模型提供了相当强的可操作性。

■ 逻辑链

和先前的几种模型不同的是，逻辑链是人们设计出的一种图，它同样清晰地展示了绩效改进的流程，并可以提升客户参与度，促进有关解决问题的对话顺利进行，帮助人们就行动或命令的合理性进行沟通，还便于人们就测量项目有效性的方式达成共识。人们既可以使用完全空白的逻辑链（如图所示），又可以使用已经部分填写了的逻辑链（如图 1 - 16 所示）。

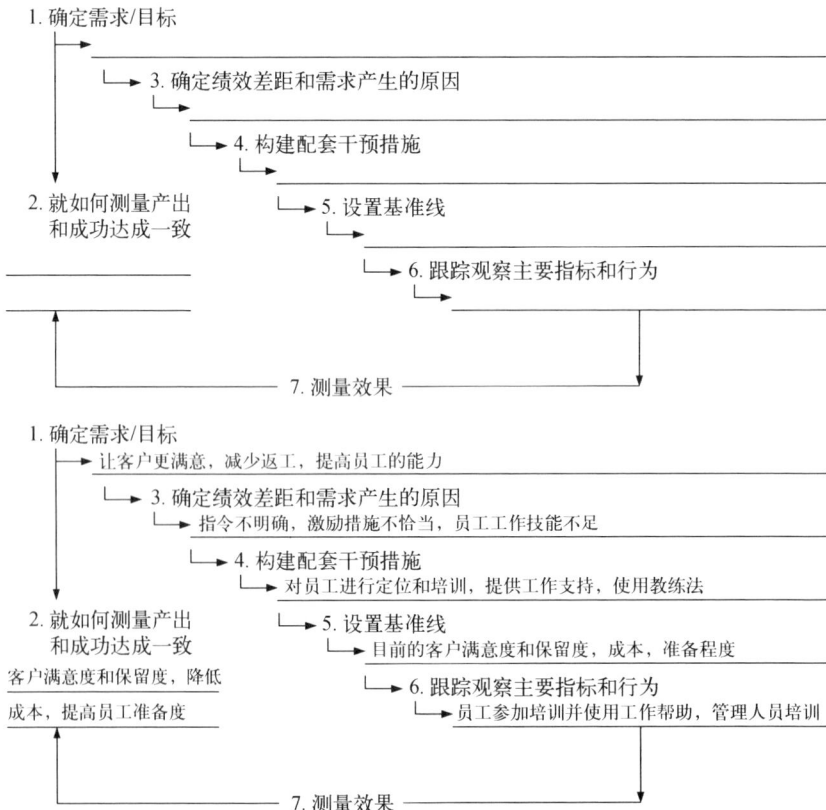

图 1 - 16　有内容的逻辑链

逻辑链可以帮助人们开展对话，就如何开展项目进行协商，划分岗位与职责，明确所要测量的数据，并说明已完成的工作和已达成的业绩。逻辑链的具体使用步骤如下：

1. 确定目标或需求。目标与需求虽然相似但并不总是相同的，人们常常将它们与改进现状的解决方案或策略相混淆。比如说，需求可能是减少医院犯错误的数量或缩短销售周期。那么，目标则是"通过减少犯错误的数量来降低保健成本"或"通过缩短销售周期来改善资金流"。让我们对这两个例子中客户对问题的假设进行初步处理，来分析一下哪些是客户作为存在问题的依据，哪些是客户决定必须要做的事。客户可能认为减少医院犯错误的数量可以降低成本，例如改善病人健康状况、救死扶伤、缩短病人的住院时间、避免被病人起诉等等。与之类似，缩短销售周期事实上是由于人们认为其可以改善资金流而采取的策略。

有时候，客户会要求你开发一套解决方案，如一个培训项目；或者客户会要求你采购一套解决方法，如一套软件或硬件。在这两个例子中，客户并没有说明他们的问题或需求。然而，客户迟早会要求你论证干预措施的有效性或资源使用的正确性。因此，本步骤要做的就是对客户的设想进行初步处理并使其明确化，这样做可以对客户的设想加以验证并帮助其就做什么能够成功做出更明智的决策。使用逻辑链要从以下问题开始："我们试图解决的问题是什么？"或"我们要达成如何的业绩"。该步骤可以帮助客户区分需求、目标和达成目标的可能策略。

2. 就如何测量成果和成功达成一致。接下来的一个步骤为：客户根据哪些因素来确定已达成目标或满足需求，也就是测量是否成功。在该步骤中，你仍会发现客户用于支持问题存在的依据和用于验证问题已解决的依据。

与此同时，你应识别出用于获得证据的已有流程以及客户对于这些信息的信任程度。组织中往往已经有获取数据的流程。比如，审计流程可以跟踪发现医院中的"错误"。在另一个例子中，财务流程可以跟踪发现现金流，而市场流程可以监测销售周期。在图 1-16 中，预期成果是客户满意度和忠实度，市场流程可以监测这些信息。财务流程常常用于监测成本。员工准备度则可能较难确定。因为（员工准备度）需要人们就目前如何评价准备度，将来如何评价准备度，哪些影响改进准备度等问题需要解决展开热烈的讨论。

3. 确定绩效差距和需求产生的原因。当与客户就目标和期望结果达成一致时，你应调查需求产生的原因以及为达成期望结果需要做些什么。例如，有很多原因可能造成医院犯错误，如设备的使用说明不明了、医生的指令不清楚、未能遵守卫生条例。同样，医院所犯的错误也有不同的种类，一些错误的后果比其他错误的后果严重得多。本步骤可以鼓励人们就对事态的了解和客户对于自己对事态理解的信心展开讨论，其目的是让人们协商出能够验证的假想和能够识别的根本原因。

一旦弄清楚问题产生的原因，你就可以了解为改进绩效需要做些什么，确定指令是否清楚、划分岗位与职责、改进工作程序和流程、明确工作帮助等。我们可以发现大多数问题是多种因素共同产生的结果，这将引领我们到下一步骤——构建配套干预措施。

4. 构建配套干预措施。研究表明：绝大多数问题都是多种因素共同作用所产生的结果。较为频繁出现的绩效问题产生原因包括：模糊的（不恰当的、相互矛盾的）期望，不恰当的（无法获取的、不准确的）信息，不恰当的（无法获取的）资源，不恰当的（缺乏）激励以及缺少（陈旧的）知识与技能。这就意味着仅仅使用一个干预措施将不能够达成目标或满足预期结果。在明确问题产生的原因后，你应提出一整套合适的干预措施并讨论决定每个干预措施由谁来实施。

5. 设置基准线。基准线就是当前的状况。它应为客户用于判断事情进展良好还是出现问题的指标。这些指标可以是定量的（如数字、重量）或定性的（如感受、意见），还可以是硬性的（如可直接验证或与补充信息相互验证的）或非硬性的（如无法相互验证的）。重点在于，这些指标必须加以转换使之成为能够显示配套干预措施的影响。这些指标还可以用于确定绩效差距的大小、绩效问题的意义，以及改进到何种程度才能使客户相信形势已得到改善。

6. 跟踪主要指标。主要指标是指：过渡期间那些如果继续或缺失能够直接影响最终成败的测量数据或行为。例如，假设工作帮助是配套干预措施的一部分，那么使用工作帮助的频率有多高时才能直接影响医院犯错误的数量减少或资金流的改进。同样，假设仅有个别人接受了如何减少医院犯错误数量或缩短销售周期的培训，那么培训的缺课率就只是影响或改善当前状况作用很小的一个指标。通常，我们采用监测培训注册率、每月财务报表等类似的常规工作报告来跟踪观察主要指标。此外，你还可以用自我报告的形式询问员工是否使用某一资源或遵从某一程序，甚至通过老板的观察来跟踪主要指标。该步骤的目的是确认配套干预措施是否起作用，以便客户提前采取纠正措施而不是眼巴巴地等很久再看绩效改进效果。与其他步骤相同，该步骤应辅助人们就哪些信息可以加以跟踪观察，谁来进行跟踪观察，以及跟踪观察的结果如何应用于监测干预措施的有效性进行讨论。

7. 测量变革或效果。跟踪主要指标是测量配套干预措施带来变革或产生效果的方法之一。在预先达成一致的情况下，编纂最初结果的有关数据并完成相关评价。这种评价所需要的精确程度取决于客户对数据的信心。

第二章　从培训管理到绩效改进

第一节　传统培训中遇到的难题

进入二十世纪八十年代，教学设计在美国私营企业中的优势逐渐开始显现，特别是在商业和工业部门，这与当时美国各类组织中员工培训的稳步增长是相一致的。据美国人才发展协会（ATD）的工业报告显示：美国1985 年用于培训的费用约为 300 亿美元，1990 年约为 450 亿美元，到了1999 年上升为 625 亿美元，这些还只是几百人以上组织用于正规培训的直接花费，不包含非正规及众多小企业的培训费用。再来看看美国人才发展协会（ATD）早在 2000 年发布的两组统计数据。

美国工业企业：

- 每年工资总额中有 2.0%～3.6%用于培训；
- 每个员工每年花费在培训上的时间约为 28.9～57.5 小时；
- 每个员工每年花费在培训上的费用大约为 770～1 616 美元；
- 70%～79%的培训时间是在教室里度过的；
- 11%～13%的培训内容与信息技术有关。

对于教室集中花费的统计（以美国某电信公司为例）：

- 每年用于教室集中培训的费用超过 500 万美元，其中受训学员的花费为 45 万美元，培训教师的花费为 50 万美元；

● 每年超过 30 万学时用于对新员工、市场拓展和软件方面的教室培训；

● 受训人员每小时平均工资和福利为 14.5 美元；

● 培训教师每小时平均工资和福利为 25 美元；

培训似乎已经成为各个组织解决问题理所当然的选择，人们总是对培训抱有很高的期望，因此不惜重金投入培训。在中国培训作为人力资源管理的一项重要内容，近年来也是越来越受到一些企业的重视，尤其是一些民营企业，更是把它看作企业在竞争中取得胜利的法宝。于是，他们不惜花重金组织员工进行培训，有的还出巨资把员工送到国外进行深造。作为员工，不仅积极主动地参加培训学习，而且更是把培训学习机会看作企业给自己的一项福利待遇，有的中高层人才在择业时，也把企业是否提供培训当作个人选择企业的一项必要条件。所有这些，都足以说明企业和员工对培训工作的重要性的认识。

然而培训所投入与花费的效果如何？是否真正改进了员工的工作绩效？既然培训这么重要，为什么在企业遇到经济危机需要开源节流的时候，通常都会把培训费用给砍掉呢？

早在 1988 年，鲍尔温（Baldwin）和福德（Ford）就通过对培训的广泛研究得出以下结论：美国工业界每年花费在培训上的费用超过 1 亿美元，而其中只有 10% 在实际工作中起到了作用。之后，有更多的研究都相继发现，大多数培训都无法迁移到实际工作中。1997 年艾斯克（Esque）和莫考邹（McCaus）对英特尔公司的一门主要培训课程进行了研究，发现在参与培训的 600 名管理人员当中，其迁移率低于 1%。斯托克洛维奇（（Harold D. Stolovitch)在 1992 年对各类文献进行系统分析和自己多年对企业培训研究与实践的基础上，提出了培训绩效曲线图，如图 2-1 所示。

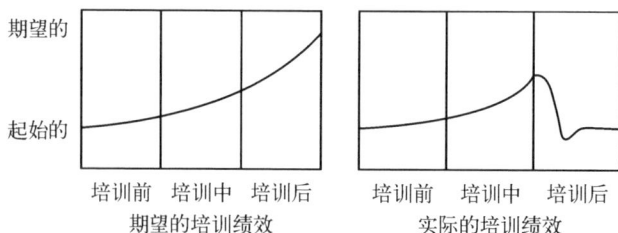

图 2-1　培训绩效曲线

　　研究者明确指出，以往对于培训的很多认识和观念都是缺乏科学依据的。实际上，期望的培训绩效和实际的培训绩效之间存在很大差别，这往往是人们所忽视的。即使受训者在培训过程中表现非常好，期望绩效与实际绩效之间的巨大差距仍然客观存在。研究者又进一步指出，在受训者回到工作岗位后，如果缺乏必要的管理和行政支持，培训的绩效会迅速下滑，有时甚至会低于参加培训前的水平，受训者很快就会退回到培训前长期以来已经形成和适应的工作行为与习惯，严重阻碍了培训后绩效的改进。①

　　培训到底是哪里出了问题呢？我希望在这里能为大家解答这个问题。

　　众所周知，企业培训的目的是让员工工作的更好，从而让企业的业绩也能有所提升，换句话说就是：改变行为，达成绩效。但是改变成什么样的行为可以有助于绩效的达成呢？这就要从影响培训的三个关键环节说起，分别是：发现方法、学习方法、运用方法，如图 2-2 所示。

　　在传统的培训中，培训工作者往往在"学习方法"和"运用方法"上做了很多的努力和尝试。比如：在第二个环节"学习方法"中，通过教学系统设计方法，使课程的教学方法更有效，找更好的老师，使学员在课堂上学得更多更好；在第三个环节"运用方法"中，使用行动学习和辅导跟踪的方式，来促进所学内容和方法的应用，并取得了很大进展。然而，第

─────────────

① 梁林梅　叶涛. 从培训向绩效技术的转变 [J]. 中国电化教育，2003（12）：P28

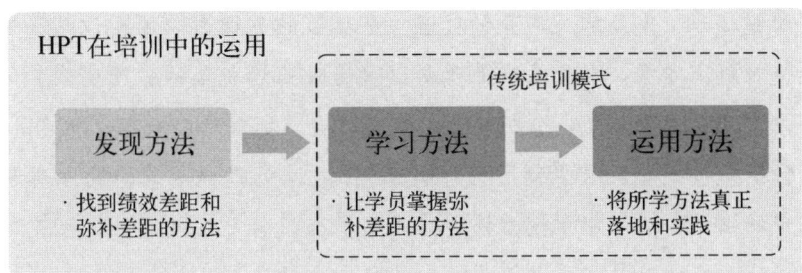

图 2-2　HPT 在培训中的运用

一个环节"发现方法"常常被人们所忽视,这就导致了培训工作者虽然做了很多授课方式和应用方面的努力,却不能保证培训所学的内容和方法是真正有助于提升企业绩效的。由此我们不难得出一个重要的结论:绩效改进倡导的针对企业绩效差距的根本原因分析,正好弥补了培训要素中缺失的"发现方法"这一关键环节,并引导培训工作者同时注意到这三个环节,让"学习方法"和"运用方法"真正促成绩效目标的达成。这里为大家介绍一个企业案例,进一步说明"发现方法"的重要性。

某全球领先的眼睛护理企业(以下简称"B公司")因其优良品质和顶尖品牌而得到用户认可与经销商(眼镜店)的依赖。然而一次眼药水质量事件导致经销商对其失去信心,销售额大幅下滑。为了重塑与经销商之间的关系,B公司计划对全国经销商进行一轮大规模培训。

项目竞标中,大部分投标者建议采用现有眼镜行业的成熟课程实施培训,而华商基业的绩效改进方案在竞标中脱颖而出。因为经过前期充分的调研和访谈,华商基业认为B公司需要解决的真正问题不仅仅是与经销商沟通,也不是简单地通过行业现有培训课程达成宣传品牌和产品的目的,而是运用专业能力帮助眼镜店突破业绩瓶颈,从而重塑品牌和产品在经销商心目中的地位。基于这个核心问题,依据零售终端关键价值链公式:店面销售额＝进店人流×成交比×单次购买额×重复购买次数,通过深入地调研分析,华商基业将眼镜店的绩效关键锁定在以下四个环节:吸引客户、验光环节、配镜环节、重复购买，并针对这四个环节的关键影响因素设计了突破性的绩效解决方案，在此基础上开发出《突破业绩瓶颈的管理实践》的课程。方案的核心要点是：分析机会、创造机会、抓住机会及扩大机会。

分析机会——变"坐商"为"行商"：通过对眼镜店周边商业环境分析与市场细分，运用印章模型找到店面现状与目标之间的差距，制定改善计划，从而变被动等客户进门为主动招客户进门；

创造机会——变"服务"为"销售"：通过对进店客户的免费服务，如清洗、维护等，挖掘客户需求，将客户转换到验光环节，通过专业的服务，激发客户的购买欲望，从而实现销售达成；

抓住机会——变"平行"为"交叉"：通过对消费习惯的分析，找到了隐形和框架之间的联系，改变经销商对隐形和框架冲突的观念，运用交叉销售的方法，提高了客户的单次购买额。

扩大机会——变"单次"为"重复"：通过对隐形眼镜具有重复消费的特点分析，运用优质售后服务，增强客户黏性，从而将单次购买客户更多的转化为重复购买客户。

该课程一经推出，课堂现场就有经销商提出，将该品牌全线产品在所有店面上齐。全国大范围实施后，该品牌恢复了和经销商之间的信任关系，重塑了专业形象，提升了产品销售额。当年年底，该项目即获得B公司全球总部大奖；次年，该课程被翻译为英文，并在全球进行推广。

第二节　让培训从被动变主动

近年来，人力资源开发、企业员工培训越来越受到中国企业的重视。然而，企业培训的低效却让经营管理者失望，培训工作者因此承受着来自企业各方的压力。企业开始反思，这样的培训是企业需要的吗？培训到底能解决什么问题？培训的效果如何衡量？企业培训工作者也开始反思，改进员工绩效是通过一次次的培训就可以实现的吗?

究其根本,企业是一个组织系统,如果是因为激励、工作环境、工作流程等问题,导致员工和组织绩效低下,那么,显然单纯依靠培训是无法解决问题的。

也正因如此,培训工作者如何转变成绩效工作者,成为近来培训领域越来越受关注的话题。

改进的三条道路

提升组织业绩是企业改进过程中始终不渝的追求目标。企业所有的工作都围绕着战略目标,企业经营管理活动首先是力争实现符合战略目标的绩效目标。因此,人们在追求企业不断发展的道路上,从不同的领域探索着绩效改进的方法和途径。

追求组织绩效持续改进的道路多如牛毛,其中,三条"高速路"不能不提。

第一条就是全面质量管理,"PDCA 戴明环"与"朱兰质量管理三部曲"在企业界几乎无人不知。全面质量管理不仅提高了产品与服务的质量,而且还在企业文化改造与重组的层面上,对企业产生了深刻影响,使企业获得了持久的竞争力。

第二条是作为人力资源管理核心的绩效管理。上世纪 90 年代,中国企业加速引进和学习欧美的管理工具,其中,目标管理、360 度考核、平衡计分卡等绩效管理工具很快在中国很多企业中得到推广。传统的绩效考核将员工视为同机器设备一样的成本,是创造利润的工具。而平衡计分卡则将静态的结果(财务指标)和动态的行为过程(非财务指标)二者有机地结合起来,目的是克服以财务为核心的绩效管理系统的缺陷,帮助企业改善业绩。

第三条则是随着科技与生产的进步、企业规模的扩张、国际化进程的加速,管理者在不断遇到新问题和解决问题的过程中,逐渐认识到人力要素的重要性。企业培训作为人力资源开发的重要手段走到了企业经营管理舞台的前台。企业期望着科学的、讲究方式方法的"教"可以提高员工的素质、能力、工作绩效，从而发挥出员工最大的潜力，提高个人和组织的业绩。如今，系统工程学、传播学、学习心理学、技术为一体的 ISD（教学系统设计）理论与 ADDIE 模型在培训领域已成为人们耳熟能详的理论。

改进之路的交汇点——绩效改进

以产品为核心的企业，在抓产品质量的同时，发现人同样是不可忽视的重要因素。于是，企业设定了动作标准和指标，并责成企业的人力资源部门按照标准进行考核。企业会对考核结果不甚理想的人进行培训，让其按照企业的标准和要求做事，并且在"教"的方法上不断推陈出新，以实现个人与组织的绩效目标。遗憾的是，结果并不尽如人意，问题在哪里呢？

绩效改进顾问认为，在改进员工工作之前，首先要根据企业制定的目标和标准来识别问题，找出问题，由此选择和设计解决问题的方法，并将解决问题的方法落实到工作中，使工作成果最终达到企业标准，实现企业目标。比如，如果因工作流程的问题而导致员工绩效不达标，那么，再严密的绩效管理，投入再多的培训资源也解决不了问题。解决问题的措施就必须依靠流程改进或再造。

绩效改进顾问采用的思路和方法就是绩效改进，它要求一切从问题出发，以达成最终结果为目标。同时，绩效改进打通了原本各成体系、各自为阵的管理体系和手段，使"各家之长"在绩效改进这个共同的平台上得以充分施展。绩效改进会采用最适当的解决问题的方法，比如全面质量管理、绩效管理、员工培训、流程改造、产品创新等。

所以，在追求提高组织绩效为目标的道路上，质量管理、绩效管理、教学系统设计这些方法虽然各自切入的角度不同，但最终这几条原本并行发展的道路在绩效改进这个"环岛"上交汇了。

绩效改进——培训工作者的新挑战

从关注培训本身转向关注绩效改进，可以使培训工作者不再只局限于员工的学习和课堂教学，而是站在企业战略的高度、着眼于企业的实际经营业绩、以组织绩效为依据设计和规划员工培训。从培训向绩效改进转变的过程，是一个组织变革的过程，也是一个长期而复杂的过程。转变的实现不是一蹴而就的，需要培训工作者在绩效改进的基本理论上达成共识，需要具有系统思考能力的专业人员进行现场指导。

这里特别想介绍两个案例，说明培训工作者从关注"学什么"到"做什么"的必要性。

第一个案例是一家通信公司。因为他需要全套课程开发和讲师培养的方案，所以想和我们合作一个内训师培养的项目。我就问他是哪个部门提出来的需求，那位负责人告诉我是一个分公司的农村市场的营销团队提出的。为了更好地了解情况，我们进行了三方通话，对方分公司负责农村市场的副总也加入了进来。为了明确需求，我先把我理解的项目要求和这位副总简单地说了一下。没想到这位副总给我的第一个回复是："我根本就不要什么内训师"，听到这个回复，我当时就懵了……这位副总补充说，"我只要三件事"：1. 市场占有率提高；2. 产品卖得多；3. 使用流量增加。

我们发现，这位副总要的全是业务结果。说完这三点，这位副总还加了一句："他们说内训师能解决这些事"。我相信，如果你是这家公司的培训负责人，听到这样一番话，也会有些尴尬。确实，培训部门很多时候都被业务部门这样瞧不上。这也不能说业务部门太拽，因为传统内训师培训的"编、导、演"的方法可能确实不能解决问题。

最后，我们变换了方式方法，先从当地农村市场的现状入手，找到了三个关键群体：门店经理、渠道经理和促销员，针对这三类人在工作当中的关键点、机会点和短板，进行了课程开发，再将这些课程交给内训师。仅仅学会这些课程还不够，内训师还被要求会向这三个关键群体的员工一样工作，并且比这些员工做得更好，同时还要能够发现这三个关键群体在工作中出现的问题。能达到上述要求后，再让这些内训师去做培训工作。

培训结束后，当地农村门店的销量同比增长超过260%，销售人员个人业绩最高提升了300%，平均提高了205%。

从数据我们能看出，培训是真的可以帮到业务部门的，但关键是怎么帮。如果还是把眼光放在学什么课程上，那肯定不行。需要把眼光放在做什么事情上，针对实际所做的事情，才是最重要的。必须根据实际工作，再去设计学什么。

在这个案例中，我们不仅是关注做什么再设计课程，还关注了培养的内训师需要做什么。以往只是简单讲课的内训师也明显不能满足业务部门的需求了，内训师对讲授的内容自己能做，且能做好，并知道怎么做是不对的，这也很重要。

其实，我们很多内部课程开发和内训，可以依照这个案例中的内容自查一下，看看自己的课程中间有多少是切切实实能提高实际工作中的效果的，也就是所谓的"干货"，或者叫把握住了"痛点"；有多少课程只是为了开发而开发，为了学习而学习。

再说一个案例。我们曾经和一家电子产品企业的技术大咖们一起开发售后服务与技术保障的课程。这些大咖们表示，以前他们就讲这门课，而且可以不看PPT讲两天两夜。我就问他们以前都讲什么，大咖们告诉我很多专业内容，比如电路原理、二极管、三极管等等。我就问他们，那讲完这些课程之后，学员需要做什么呢？大咖们告诉我，就做两件事：1. 上门安装和调试；2. 故障检测和维修。于是我接着问，这两件事的重点、难点在哪里？大咖们告诉我，第一件事几乎没有难点，因为上门安装都是标准动作，新的东西也不太可能坏，所以调试过程也很简单，即使遇到坏的，也会马上调换。难的是第二件事，怎么能在现场就给客户维修好。因为一旦现场维修不好要发回厂家，这件事就是双输。客户会觉得维修人员水平不行，或者东西质量太差没办法马上修好，拿回去换上的零件也不知道是新是旧；厂家认为他们需要负担中间各种物流、服务等等的费用，结果客户还不领情。所以，尽可能地减少返厂维修就成了这个环节中，售后服务与技术保障人员最关键的事。所以我又问他们，怎么才能减少发回厂家的概率呢？大咖们总结回答地也很好，故障就三类：

第一类，假的。顾客没有操作好，实际不存在故障。

第二类，软的。软件问题，只需要重新安装或者修复一下就好了。

第三类，硬的。硬件问题，而且硬件故障又分为常坏件和非常坏件。常坏件都是会随身带的。这就意味着只有遇到非常坏件问题的时候才需要返厂。

大咖们讲完这些，就豁然开朗了。他们意识到，以前就算那些技术上的各种知识讲得再好、再多，但是却和售后技术人员的工作是脱节的。于是，针对售后技术人员实际工作中的关键点，我们一起又开发了一版课程。这一版的课程里还是会有各种专业的技术名词和概念，但是只是在需要用到的时候才讲，而不是上来不管三七二十一就先灌输这些内容。

两个月后，这些大咖们欣喜地告诉我，以前他们只是觉得那些知识都要学，但是教完之后，学员都没什么感觉。现在他们新版课程不仅受到学员好评，还把公司售后的技术人员做了工作细分：新进的技术相对弱的那部分人只需要上门安装；技术最强的负责上门维修；技术一般的在厂里维修。这样薪资体系、职业生涯就都清楚了，一个课程开发能做成这样，我相信任何一个业务部门都会非常满意，这就是以绩效改进为导向的课程开发带来的成效。

通过以上两个案例，可以看出培训管理者从关注"学什么"到关注"做什么"的好处。

回到绩效改进，对于培训工作者的挑战，我们会看到，在发现和分析绩效问题、规划和开发整体绩效改进方案、实施和评估绩效改进的过程中，需要应用多种相关理论知识，也需要依赖在企业经营与管理的实践工作中积累的经验。因此，要成为绩效改进的专业人员，需掌握绩效改进方法，即绩效改进技术，需要沉淀专业工作经验，还需要具备从事绩效改进的专业能力。

第三节　今天你简单了么

绩效改进合力矩阵

在传统的培训过程中，无论是管理者还是培训工作者，我们最关注的都是学员能力的提升。因为只有学员学到东西，能力提升了，到工作岗位中才能运用知识和能力，熟能生巧，最终提升个人乃至组织的绩效。在第一章中，我们已经通过行为工程模型，阐述了影响绩效的关键因素除了员工个人的知识、能力有关的因素外，还有环境因素。据统计，环境因素导致的绩效差距占了75%，只有25%的绩效差距是由个人因素造成的，如图2-2所示。

环境因素	数据、信息	35%
环境因素	资源、流程和工具	26%
环境因素	后果、激励和奖励	14%
个体因素	知识技能	11%
个体因素	天赋潜能	8%
个体因素	态度动机	6%

图 2-2　影响绩效的因素

无独有偶，著名的质量管理专家戴明也说过："组织中遇到的问题85%都不是员工的问题。"尽管两者在数据上不完全相同，但这两个数字至少说明了一件事，仅仅靠传统培训是不够的，它只能解决一小部分问题。

要想更好地提升绩效，我们必须使用合力。如图2-3绩效改进合力矩阵所示。

图2-3　绩效改进合力矩阵

导致绩效现状不佳的情况有两种：一种员工个人因素，可以简单认为是人员能力低；另一种是环境因素，也可以简单看作工作方法老旧。面对这两种情况，自然有两种应对方式：提升能力和改进方法。因为任何一个绩效差距的产生都不会是单方面的，想要达成绩效，这两方面只在某一方面着力是不够的。所以我们要形成合力，既改进方法又提升能力。

如何做到形成合力，就是要"先技控再人控"，这样既简单，又有效。

先技控再人控

两千多年前的阿基米德曾经说过：如果给我一个支点我可以撬动地球。如果把企业的绩效目标或结果比作地球，那么只要找准支点，就可以轻松撬起企业的绩效结果。其关键在于支点是什么？支点是思维方式，杠杆是用巧劲，就是绩效改进中系统的工具和方法。在本书后面的章节中，我们会详细介绍工具和方法，这里想和大家聊一聊"支点"——思维方式。

以前，如果问大家，今天你（用的方法）简单了么？可能很多人会反问：用什么样的方法才会简单呢？这个问题困扰了我们很长时间，但是现在有了吉尔伯特的行为工程模型。这个模型让我们正确找到了撬动绩效结果的这个支点，就是技控。而我们的着力点是人控。技控指的就是行为工程模型中有关环境的因素，也就是信息、资源、工具、激励等；人控就是员工个体因素，知识、技能、动机、能力等等。"先技控再人控"的意思就是，我们应该按照行为工程模型的要求，依次设计改进方案。

需要注意的是，这里我们并不是让管理者不关注员工，而是如何能让绩效结果的达成更简单。只有把一些工作做得更简单了，才有可能更好地去关注员工和关心员工。

第一章里提到要选对，找到正确的目标和方法都不容易。回顾吉尔伯特的行为工程模型，相信大家都看到了绩效改进的方法。改变一个人的态度是一件非常困难的事情，但是如果可以从数据方法着手，从流程着手，那么就有可能出现短期有效的结果。

本书第一章中讲到绩效改进的概念时提到，绩效改进简言之就是：运用系统的工具和方法达成更佳的结果。包括先前举过的一些例子，通过这些我们会发现，在设计干预方案时，首先应该考虑的事情是运用工具或者方法，使得绩效结果更快更好地达成。在运用工具和方法的时候，我们会惊喜地发现，原先的工作变得简单、高效了。可能大家对此还没有什么概念，这里再介绍几个案例。

上一章中，关于店长的店面危机管理的项目，cakeboss 蛋糕店的案例，都是运用"话术"来提高组织绩效的典型案例，这里的"话术"就是行为工程模型中的工具。

再举一个关于工具的例子,我看过一个美食节目,主持人拿出 10 个小西红柿(圣女果)问一个厨艺高手:把这 10 个圣女果切成两半,需要多长时间,对方说 1 分钟吧,于是掐表计时,19 秒,远远快于想像。现场观众发起挑战,于是 15 秒、13 秒,最快的 12 秒。这时主持人说:"我是零厨艺,但我能切得更快。"观众一片哗然。主持人从容不迫地拿出 20 个圣女果,放在一个浅盘中,再在上面盖一个同样的浅盘,用手压住,拿刀从两个盘中一刀划过。整个过程 6 秒,揭开盘,20 个圣女果全都一分为二,这是方法带来的质的变化。

当然,最让人印象深刻的,还是上一章人大附中的老师如何帮助学生提高总体考试成绩的例子。它正好和绩效改进的过程不谋而合。这里,再举一个人大附中老师教学生写作文的例子。这个例子恰巧说明了工具、方法的作用,说明了"先技控再人控"的有效性。

右图在一般孩子的眼里就是一张稿纸,左边二十乘二十,右边二十乘二十,一共八百字,这就是一个中考的作文字数。在人大附中孩子的眼中它长啥样呢?如图 2-4 所示。

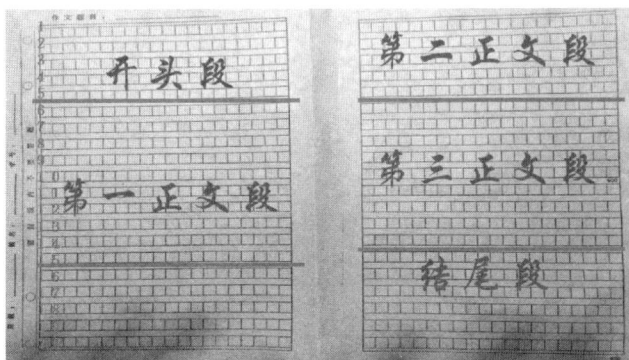

图 2-4 人大附中学生眼中的作文纸

这是一张经过后期加工的普通作文纸,被分成了开头四到五行,结尾四到五行,中间每十行一段,总共五段。所以也就意味着,在一般孩子眼中的一篇大作文，在人大附中的孩子眼里就变成了五段小文。如果一篇大文不好写，那么五段小文可能就好写很多了。这个方法特别像工作中的任务分解，就是把一个大的任务分解成小任务来完成，就减少了实现的难度，所以老师就一段一段地教。首先是开篇，有一种方法，如果学生可以把这种方法学好练好，那么很可能开篇就能得高分，这种开篇是场景式开头法。比如：月黑风高的一个晚上，一个身影走过，冷冷地扔下一句话。大家觉得场景出来了吗？

再举一个例子。"炮火硝烟的地方，一个声音高声喊道：'同志们冲啊!'这就是我最喜欢的电视连续剧《亮剑》的主人公李云龙。"如果开篇写成：我最喜欢的电视连续剧是《亮剑》，《亮剑》的主人公是李云龙。这样的开篇就得不了高分。所以老师非常清楚地教给大家，什么样的开篇是可以得高分的。而且这样的开篇能写好，大家想想第二段、第三段、第四段这三个大段如何。其实这三大段就是对人物的心理、行为、环境和情绪的描写。这些细节的描写，如果开篇能用场景写好，中间三段就没问题了，那么这样的一个方法其实解决了四个部分的问题。那结尾怎么办？如果是一个以"爱"为题目的作文，那么结尾写成："人间有爱，生活才能更加充实有意义，生命才有价值，我们要做充满爱心的人，不仅对社会有价值，也让自己生活更加丰富多彩!"如果你是阅卷子老师，同样满分是 50 分，你能给多少分？恩，是的。基本能给到 40 分。可是老师说，写成这样的结尾还不够，我们至少要做一个修辞手法的变化。可以在这句话后面再加上一句"有爱，生命才有无尽的价值，有爱，生活才有无穷的意义，有爱，人间更加丰富多彩!"多了一个排比句在后面。大家都会发现，同样的意思用排比表达出来，在语言的冲击上就会更强。所以加上排比的结尾就会比上面的结尾得分会更高。当然，老师说了这样的结尾还是不行，必须能够写出这样的结尾："懂得爱，看鲟鱼在激流中逆水直上会有一份抗争命运的感悟；懂得爱，望雄鹰在蓝天上御风翱翔会生一种志当凌云的豪气；懂得爱，即使是偶遇山花在孤岭侧尽情地绽放也会触摸到一种生命的律动。"大家看了这样的结尾，相信我们一样也会有不同的感受。这两种结尾最大的不同就是喊口号。后者从三个非常具体的场景中去提炼、去升华、去感悟，从而表现出爱的意义和价值。这种得分一定要比前一种高很多。能写出这种结尾的孩子，其实你会发现他/她更文艺范儿，更作家范儿。那么问题是，能写出刚才这种结尾孩子，他们在能力上和前面能写出排比句的结尾的孩子会有什么不同？

其实我们会发现，写出这两种结尾的孩子的能力差别很大。第二种结尾，其实需要孩子不仅要阅读大量的文学作品、好文好句、美文美句，同时还需要阅读大量的科普知识。如果连鲟鱼都不知道，怎么可能写得出来呢？

那其实就写到这儿老师说还不够。因为他的目标是满分，所以老师说如果想要得满分作文。在这个时候你还可以甩出一个小句子。什么是小句子呢？两个特点：第一是短；第二，要结在省略号上。可以在"生命的律动"后面再加上"爱浓浓的……，爱涌动着……，爱满溢着……"

到这里，相信大家都能非常清楚地看到人大附中的老师是怎么教孩子满分作文的。其实是给了孩子方法、工具，让孩子们知道满分作文长啥样？怎么写？怎么做？先技控，保证每个孩子都能拿高分。在技控之后，根据孩子能力的不同，再有满分作文。

不仅仅是工具和方法，很多时候只是改变流程就比通过人的经验、能力去解决问题的方式，都会更简单、高效。第一章我们介绍过关于流程的案例，但有一件事给我的印象很深。有一次我在酒店上课，酒店的早餐是自助餐，自己特别喜欢点面条。于是我告诉服务员需要什么面，需要什么菜，服务员给我拿好了，就下锅煮。但是这样的流程下，就会出现服务员给我拿的面或多或少的现象，拿的菜的分量也不是我想要的，我和服务员沟通分量的时候他还显得特别不耐烦。这个服务员既需要拿菜，又需要煮面。可能是因为要做的工作太多，最后搞错了，还把我的面给了别人。其实这里可能只需要简单地改变一下工作流程，服务员就不用那么麻烦了。我在很多酒店的自助餐厅看到，他们的做法是让顾客自己拿好不同种类和分量的面，以及配菜，再交给服务员，服务员只要做好煮这一个动作就好了。就是这样流程上的改变既减少了顾客和服务员之间的摩擦点，又减少了服务员的工作任务，避免犯错。有些酒店为了防止顾客拿错自己的面，还会在煮面的时候在上面夹一个号码，并且给顾客一个号码牌，最后顾客凭号码牌拿面，也不会出错。这个关于号码牌的方法，实际也是使用了工具。

通过第一章中的行为工程模型，以及上述例子，不难看出，技控就是从工作环境出发，帮助员工改进绩效。在做的过程中可以从行为工程模型的环境因素角度出发，也可以从四个维度来思考：一是数据、信息；二是工具、方法；三是工作、流程；四是激励、奖励。

常言道："铁打的营盘流水的兵"，铁打营盘就是这样建成的，首先关注技控层面，再让员工更好地学习和使用这些技控的方法，而这恰恰是绩效改进最基础的运用：即找到、开发出或选择让员工提高绩效的方法和工具，让员工的行为快速转变，表现出符合企业要求的行为，从而达成组织目标。所以在设计干预方案时，我们也应首先考虑技控而非人控。

把资源用在正确的地方

第一章通过人大附中的成绩表来讲解前端分析。这里继续那张表，如表2-1所示。

表 2－1 考卷扣分点分析

题目	8月摸底 53.5+43		10月考 61+38		期中考 63.5+43		11月考 56.5+43		12月期末 60+41		2月摸底 55.5+44		3月月考 58+43	
1	1字音	2－2	1字音	2满	1字音	2满	1字音	满	1字音	2满	1字音	2满	1字音	满
2	2错字	满	2错字	2满	2错字	2满	2错字	满	2字意	2满	2字意	2－2	2字意	满
3	3用词	满	3用词	2满	3用词	2满	3用词	满	3用词	2满	3用词	2满	3用词	满
4	4标点	2－2	4病句	2满	4病句	2满	4病句	－3	4排序	2满	4排序	2满	4排序	满
5	5修辞	满	5关联词	2满	5排序	2满	5关联词	满	5标点	2－2	5标点	2满	5标点	满
6	6排序	满	6排序	2满	6文常	2满	6排序	满	6修辞	2满	6修辞	2－2	6修辞	满
7	7默写	5－1	7默写	5－1	7默写	5满	7默写	满	7默写	5满	7默写	5满	7默写	满
8	8名著	4满	8名著	4－1	8名著	3－1	8名著	3－2	8名著	3满	8名著	3－0.5	8名著	4－2
9	9综合1	3－2	9综合1	4－1	9综合1	4－1	9文言	满	9综合1	4满	9综合1	4满	9综合1	3－1
10	10综合2	4－2	10综合2	2满	10综合2	4－0.5	10文言	满	10综合2	4满	10综合2	4满	10综合2	3－1
11	11综合3	2满	11综合3	3满	11综合3	3满	11文言	满	11综合3	3－0.5	11综合3	3－1	11综合3	4－1.5
12	12文言文字	2－2	12文言文字	2满	12文言文字	2满	12文言	－1	12文言文字	2满	12文言文字	2－0.5	12文言文字	满
13	13文言文句	4－2	13文言文句	2满	13文言文句	2满	13记叙	满	13文言文句	2满	13文言文句	4满	13文言文句	满
14	14问答	3满	14问答	4满	14文问答	4满	14记叙	－2	14问答	4－1	14问答	2满	14问答	满
15	15记1填表	4满	15文问答	3－0.5	15表格	4－1	15记叙	－3	15记情节	－0.5	15记填表	－0.5	15记叙表	5－2
16	16记叙文2	4－1	16表格	6－1	16记叙	4－1	16说明	满	16记叙文	4－1	16记叙文2	满	16记叙文2	4－0.5
17	17记叙文	7满	17散文	3－1.5	17记叙	7满	17说明	满	17记作文	7－0.5	17记作文	－3	17记作文	6－3
18	18说明文	3－1	18分析	6满	18说明文	3满	18议论	3－1	18说明文	4满	18说明文1	－1	18说明文1	满

我们来看前 7 道题，可以看出孩子基本上是满分，偶尔扣分。这意味着孩子这个部分学得特别好，如果是学得特别好、特别扎实的部分，使劲儿复习会是什么结果呢？实际上，如果孩子使劲复习，也就是满分，而作为家长，孩子在复习的时候，会对孩子说什么？对了，我相信很多人都是这样说的："宝啊，全面复习别落项。"但是老师认为不用，这个部分每个月看一次就够了，这样就帮孩子省下了 29 天，孩子就会有更多的时间放在他有问题的地方。再来看第 8、9 题，这两道题孩子的错误比较多，通常都会被扣分，这个可能就是孩子的问题点。那我们想想，如果找到孩子的问题点之后一般都会做哪些事情呢？用什么方法改呢？

家长的方法基本上是两种：第一种就是上补习班；第二种就是请家教。但是老师说："别着急，给大家看一张表。"表上反映的是全班 50 个孩子在这道题上错误的情况，在这道题上，80%～90% 的孩子都错，实际就意味着这是难点、易错点，甚至是老师没教好的点。老师是这样说的："如果你们都得满分，那老师干什么呀？"设想一下，有没有那种老师故意让孩子错的题？当然有，而且老师想给孩子挖坑，挖一个是一个。老师说，这个部分家长就不用管了，学校的老师会选择集体攻坚、统一解决。什么是集体攻坚呢？别的孩子能学会，你家孩子也能学会；别的孩子错，你家孩子错，其实也没问题。这就可以让大家知道，老师找到了看似是孩子问题而实际不是孩子问题的地方，并揭示出来了。

那家长又赶紧往下找，找孩子其他的错的更多的地方。再看 15、16、17 题这也是孩子错得最多的地方。全班只有 20%～30% 的孩子在这个地方扣分，这就说明是孩子的问题点，找到了孩子的问题，家长的办法可能又是找补习班、请家教了。但老师说且慢，接着给你打开另一张表，老师说：这几个部分是记叙文，在记叙文中有四个得分点，除了刚才讲到的开篇、中间和结尾三个之外，还有一个就是扣题。我们发现孩子的得分，开篇、中间和结尾都不扣分，就在扣题部分扣分，那就说明扣题是孩子作文扣分的原因。这个时候老师又给了你一张纸，纸上是一堆作文题目，老师说你一定要从这些作文题目里面选题来给孩子，因为这里都是易跑题的题目，然后用拆字扣题法来训练孩子每天说一篇文，练习20天，比如"我今天特别开心"。孩子开头用场景法，中间展开描写：人物外表、语言、行为、心里、情绪等细节，结尾一排排比句，最后甩出个小句子"我今天很开心……"

家长就要和孩子核对，这篇文里有"我"，有"今天"，有"开心"，但没有什么呢，没有"特别"。老师说要想写出特别来就两种方法：一种是和自己比：我以前如何，我今天如何，就显得特别了；第二种是和别人比，别人今天如何，我今天如何，就显得特别了。如果没有写出这两种不同中的一种，就不"特别"，扣题这个点就不能得分。

回到绩效改进，人大附中的这个例子对于我们意味着什么，对于我们管理者的启发是什么呢？我想有这么几点：

第一，少把时间花在已经做得很好的事情上。比如孩子每次都是满分的题目，复习的时候就可以少花点时间和精力。

第二，找到真正的问题点。比如所有孩子都会错的地方，可能就不是孩子的问题。

第三，花时间在真正问题的原因和解决方案上。比如作文扣分的原因，就需要找到真正原因是没有扣题，那么如何扣题、怎么训练学会扣题，才是我们真正需要花时间的地方。

绩效改进也是这样，第一章里有关绩效改进的定义是运用选择简单有效的工具和方法，改变固有的行为模式，达成组织目标。那么，我们就要问自己：今天我简单了么？先技控再人控了么？多问自己这两个问题，简单有效地改变行为，达成绩效，就不再是一句空话了。

第四节　绩效改进顾问的利器

当前，"绩效改进"的管理思想与方法正在被包括中国在内的全球企业所理解和实践。而绩效改进顾问作为绩效改进的实践者，也在各种组织的包括培训在内的关键领域发挥着越来越重要的作用。人们惊奇地发现，那些不断强调"系统思考、持续改进、工作结果、组织绩效"的绩效改进顾问正在成为企业里冉冉升起的新星。

那么，绩效改进顾问到底挥舞着什么样的魔术棒来实现培训成效提升、绩效持续改进的呢？本节我们将和大家分享相关内容。

企业管理者和培训管理者最经常提到的一句话是："授人以鱼，亦授人以渔"。授人以"渔"的实现，不仅需要有目标与技能，更需要掌握钓鱼的方法和工具。绩效改进顾问的"方法和工具"就是绩效技术。

自二十世纪五十年代以来，来自不同领域的绩效改进专家们在实践中发现，即使绩效改进的目标已经明确，但如果缺乏具体实用的工具与方法，绩效改进的实践活动仍然难以保证成功，更加难以被广泛应用。王石曾提出要"像生产汽车那样造房子"，造汽车与造房子的共同之处是，大规模生产必须以统一规范的流程、方法和工具为基础。同样，绩效改进的质量保证与推广也依赖于具体的方法和工具。

实践的问题，其答案必来自于实践。随着绩效改进经验的持续积累和研究，绩效改进顾问们逐渐开发总结了系统、实用的绩效改进工具。绩效技术的出现使"渔"者找到了鱼竿，绩效改进顾问从此以绩效改进的理念为脑，以绩效改进的"能力"为心脏，以"绩效改进的方法"为四肢，在绩效改进之路上加速前行。

理论基础： 绩效技术的结构模型

绩效技术到底是什么呢？国际绩效改进协会（ISPI）对于绩效技术的定义得到大多数绩效改进顾问的认同："绩效技术是使用从其他学科（行为心理学、教学系统设计、组织发展、人力资源管理等）引入的各种问题解决方案，来解决组织中的绩效问题。它强调对绩效的期望状态和实际状态进行严格分析，进而识别引发绩效差距的原因，并提供多种问题解决方案，对变革过程进行管理，并对变革的结果进行评价。"

国际绩效改进协会（ISPI）更进一步构建了绩效技术结构模型，这一模型描绘了绩效技术的基本方法及其内涵，并对上述"绩效改进"的定义做出了清晰阐释，如图 2-5 所示。

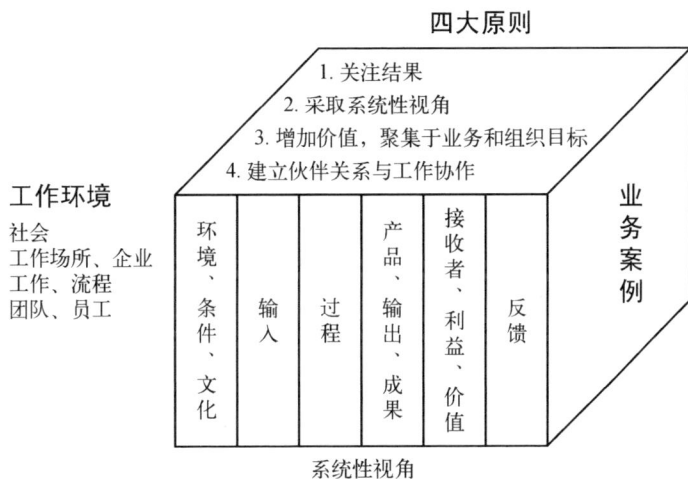

图 2-5　ISPI 绩效技术结构模型

国际绩效改进协会（ISPI）的绩效改进结构模型之所以被广大绩效改进顾问推崇为最经典的绩效改进工具，是因为它结合全球经典案例，不仅总结精炼出绩效技术的四大原则①，而且基于"输入、过程、输出"的价值生成模式提供了具体详细的"系统思考"视角与方法，使得系统思考变得具体可行。更为显著的特点是，该模型将影响绩效的关键因素划分为员工、工作、企业、社会等四大维度，其中社会因素对企业内的所有要素都可能造成影响，而企业的组织结构、文化氛围等因素直接影响流程设置与工作标准，后者又会导致员工的技能、态度的改变。四个维度揭示了不同维度之间依次递进、相互影响的紧密关系，它们帮助培训管理等领域的工作者打破固有的、基于本岗位的思维局限，拓展了思考和解决绩效问题的视野。

上世纪90年代末，北美一家地区银行的安全主管发现，银行运钞工（将现钞搬上搬下运钞车的工人）的单次搬运时间是制度规定时间的1.3倍，这样不仅降低了工作效率，而且还增加了运钞过程的安全隐患。针对这个问题，安全主管要求培训部组织一次搬运技能培训。接到需求的培训部门参考上述四个维度去了解导致搬运效率下降的真正原因。一个来自保健部门的电话使他们了解到，这些运钞工大部分患有明显的腰肌劳损……腰肌劳损与搬运时间之间是否存在着某种关系呢？进一步的调查中，运钞工们纷纷反映运送钞票的袋子太重，搬运到一半的时候他们就明显感觉到腰肌劳累，然后每次弯腰的动作越来越慢，长此以往甚至形成了疾病……很显然，这已经不是单纯的员工层面的问题。在接下来的调查中，事情的真相进一步明晰：银行的运钞袋体积以及相应的搬运时间标准都是60年代制定的，那时的运钞工都是膀阔腰圆的男性工人，而随着男女就业比例以及招聘标准的改变，现在的搬运工包括了很多女性员工以及不同体格的男员工，过去的运钞袋对他们来说实在过于沉重。毫无疑问，这已经涉及到社会环境和企业标准对绩效的影响。最后，培训部门建议安全部门将运钞袋换成小号的，使得运钞工每次搬运的重量

---

① 即：关注结果，系统思考，增加价值，伙伴合作。具体介绍请见本书第一章第三节。

更加符合他们的身体条件——绩效问题的最终解决方案，来源于对工作工具的改善，而不是员工本身！

实战利器： 绩效改进罗盘

国际绩效改进协会（ISPI）所开发的绩效技术结构模型指明了绩效技术的原则和基本方法，但由于不同领域和文化背景下的组织的绩效改进需求、环境、历史等要素千差万别，因此 ISPI 鼓励不同领域的绩效技术顾问在绩效技术基本原则的指导下开发更清晰、实用的绩效技术流程、方法和工具。北京华商基业管理咨询公司作为国际绩效改进协会在中国独家合作伙伴，结合国内外绩效技术理论、最佳绩效改进实践与中国本土特点，开发出适合中国企业与员工的绩效技术工具——绩效改进罗盘，如图 2-6 所示。

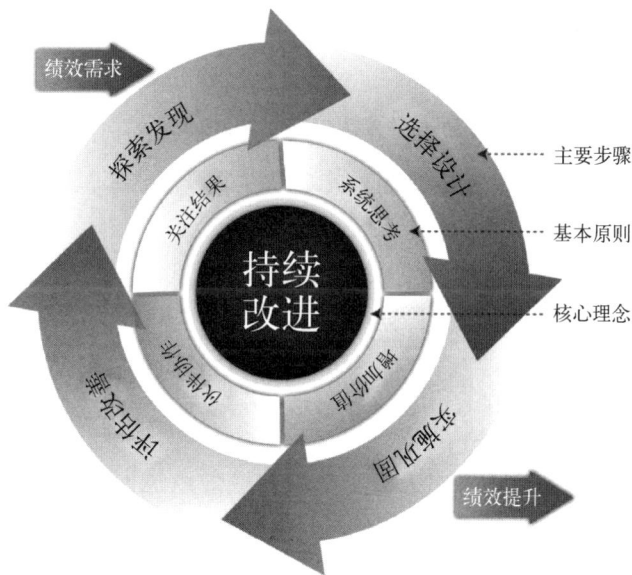

图 2-6　绩效改进罗盘

上述绩效改进罗盘在继承 ISPI 绩效改进结构模型的基础上，进一步明确提出"持续改进"的核心理念，揭示了企业实施"绩效改进"的动力和企业生存发展的意义；同时围绕"持续改进"的核心理念将绩效技术四大原则整合为一个系统性、逻辑性的有机整体，以指导绩效改进顾问更好地理解和运用绩效四大原则；另外，该罗盘还提出了运用绩效技术实现绩效改进的四大具体步骤及其相应流程、工具，从而进一步提升了绩效技术的规范性与实用价值。

具体来说，华商基业的绩效改进罗盘具有以下特点：

■ 以"持续改进"作为绩效改进的核心理念与原动力

持续改进最初是一个日本管理概念，指逐渐、连续地增加改善。日本持续改进之父今井正明在《改善——日本企业成功的关键》一书中提出的，持续改进意味着改进，涉及每一个人、每一环节的连续不断的改进：从最高的管理部门、管理人员到工人。持续改进的策略是日本企业中最重要的理念，是日本人竞争成功的关键。半个多世纪以来，日韩等亚洲企业依靠持续改善的经营哲学与方法使他们超越欧美传统优势企业，而使自己的汽车、电子产品、精密零部件、家电遍及全球每一个角落，以此为基础而发展的全面质量管理等理念正在被全球优秀企业所学习与实践。持续改进不仅是企业形成差异化、逐步积聚竞争优势的重要途径，更是企业生存乃至发展壮大的意义所在。

华商基业的绩效改进罗盘围绕"成功就是在正确的方向上持续积累"的管理哲学，构建了系统全面的绩效技术理念、流程、方法和工具，揭示了绩效技术之所以出现、发展并迅速普及的根本原因，并为绩效改进顾问指明了工作意义和终极目标。

■ 以"持续改进"为中心，有机整合绩效改进四大原则

绩效改进的四大原则是绩效改进活动取得成功的"四条军规"。每一项原则像人体四肢一样能够发挥独立作用，而协调运用则能发挥更加巨大的功效。然而四大原则相互之间密不可分的关系，却不容易被理解和运用。华商基业的绩效技术罗盘围绕"持续改进"为核心，清晰阐明了四大原则的相互关系：

●"关注结果"是持续改进的目标，是贯穿整个绩效改进活动的指南，也是衡量绩效改进成败的标准；

●"系统思考"是持续改进的方法，它是我们发现、思考和解决问题的法则，也是绩效改进所倡导的工作方式；

●"增加价值"是持续改进的焦点；绩效改进顾问需要始终关注每一个方案、每一个动作和每一个结果带给客户的价值；

●"伙伴协作"是持续改进的基础，绩效改进顾问在运用绩效改进过程中与专家、客户紧密合作，是绩效改进活动得以成功的基本保证。

■ **提出了运用绩效改进的四大步骤，使其实施过程更易于管理**

绩效改进罗盘将绩效技术实施过程划分为独立清晰、相互关联的"探索发现，设计开发，实施巩固，评估改善"四大步骤，从而指导绩效改进顾问更加明确、具体地对不同的工作阶段进行分工和管理。

绩效改进顾问对绩效问题的咨询活动，与医生对病人的治疗过程颇为相似，医生将就诊过程划分为"诊断，处方，治疗，复诊"四个阶段，针对不同的病例特点采用分阶段、分人员、分工具的流程化处理方式，从而保证了医疗过程的及时性、规范化和专业化。本绩效改进罗盘所划分的实施步骤与就诊过程不谋而合，同时还进一步明确了每个步骤中的工作流程和具体工具、方法，以及绩效改进顾问在每个步骤中需要掌握和运用的关键能力，从而将绩效改进与绩效改进顾问核心能力有效融合，为绩效改进顾问装备了强大的战斗武器。

第五节　绩效改进顾问的胜任力

从传统培训向绩效改进转变，已成为时代对培训行业提出的必然要求。众所周知，绩效改进需求的提出从这样一个简单的问题开始，即"为什么员工和组织未能获得期望的绩效成果"，这个问题答案的核心在于找到提升员工和组织绩效的根本性方法。当企业没有达到他们期望的经营目标时，既可能是因为员工缺乏必备的知识、技能和能力，也可能是因为管理者在员工可接受的情况下监督不力，还可能是组织的流程不合理，或者组织没有创造出良好的工作氛围等等。因此企业需要专业人士，采用绩效改进技术，通过系统的方法来揭示绩效低下、经营不善的原因并提供解决这些问题的方案。正是这一角色的存在，才使得绩效改进与一般的咨询项目或人才培养项目有了本质的区别，这位专业人士就是——绩效改进顾问！

绩效改进顾问的由来①

在本章第二节中我们详细讨论了追求组织持续改进的三条高速路，他们分别是全面质量管理、绩效管理和企业培训。虽然三个不同领域的工作目标都是提高组织绩效，但三条高速公路在"绩效改进"这个"环岛"交汇之前，由于切入角度各不相同，致使各领域的专业人员在工作过程中都有一定的局限性。比如质量管理领域的专家关注产品质量、绩效管理领域的专家关注绩效指标、企业培训的专家关注员工学习。他们都没能以系统思维来分析和解决组织的绩效问题。随着各个领域逐渐意识到这些局限，绩效改进顾问这一专业角色也开始在不同的领域中逐渐的走到人们的视野之中。

最初，只有国际绩效改进协会（ISPI）对绩效改进顾问进行资格认证。到 2003 年，美国人才发展协会（ATD）、美国认证协会（American Certification Institute，ACI）、美国生产力和质量中心（American Productivity and Quality Center，APQC）等三个机构也先后得到 ISPI 的授权，可以对绩效改进顾问进行资格认证。

截止到 2016 年，全世界已有 1 400 多位经过认证的绩效改进顾问，这

---

① 这部分在本书的第一章第二节中《国际注册绩效改进顾问（CPT）》有详细阐述。

些绩效改进顾问大多来自美国、加拿大，中国籍的绩效改进顾问屈指所数。华商基业管理咨询有限公司作为国际绩效改进协会在中国的独家合作伙伴，联合了国际、国内众多知名的专家对绩效改进顾问的培养进行了深入的本土化研究，正式将"绩效改进顾问"引入到中国。

绩效改进顾问的职责与角色

绩效改进顾问是掌握绩效改进理念，熟练运用绩效改进的流程和方法，组织专家等相关资源或亲自实施绩效改进的专业人员。在这一过程中，绩效改进顾问需要扮演多种角色，其中绩效改进专家、项目管理专家和变革管理专家为最主要的三个角色，如图2-7所示。

1. 绩效改进专家：绩效改进顾问必须具备绩效改进的专业知识，运用绩效技术为客户提供建议。绩效改进顾问需要帮助组织界定需要解决的绩效问题，判断能够满足企业需要的理想绩效和实际绩效间的差距，确定绩效差距的根本原因，从而为组织消除绩效障碍提供对症下药的解决方案，并在项目实施的过程中进行持续的绩效评估，评价实施方案对于个体绩效和组织有效性的影响等。

2. 项目管理专家：每个绩效改进的干预都是一个项目。因此，绩效改进顾问需要担当项目管理专家的角色，从头到尾引导整个项目以确保项目按预算、计划如期完成。他们需要撰写建议书，分析项目完成的风险，制定应急计划以减少风险。通过协调专家等相关资源并与业务部门建立伙伴关系，以共同实施能够满足经营需求的绩效项目。

3. 变革管理专家：每次绩效改进，都会产生一种新的工作方式，变革可能对某些员工产生巨大的影响。为了减少变革的阻力，同时营造一个有助于实施变革的氛围，绩效改进顾问必须争取项目负责人、倡导者、早期接受者、团队成员和其他参与者的支持和合作。绩效改进顾问需要明确变革的各个阶段，在每一个阶段采用适当的策略。

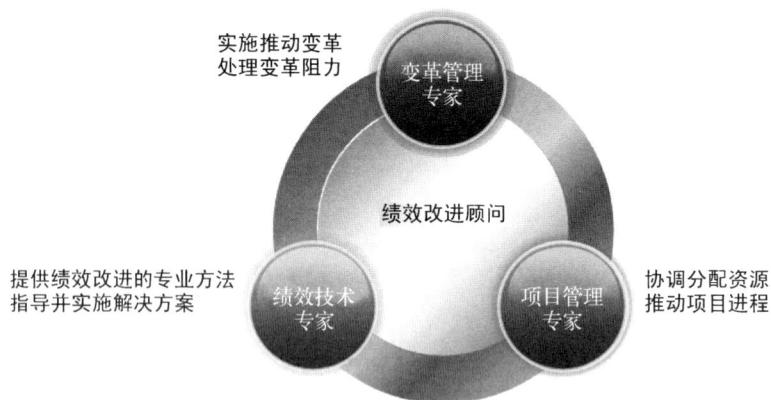

图 2-7 绩效改进顾问的职责和角色

绩效改进顾问的八大核心技能

在具备绩效改进顾问特有的信念基础上，成为一名优秀的绩效改进顾问，还需要掌握系统思考、以终为始、评估测量、表达影响、沟通协调、变革管理、信息处理、结构思维等八大核心技能，如图 2-8 所示。

图 2-8 绩效改进顾问的八大核心技能

1. 系统思维：指绩效改进顾问在分析和解决绩效问题时，不仅关注自身的专业领域，更关注组织整体，不仅关注问题的表象，更关注问题的根源，不仅关注方案，更关注落实，不仅关注过程，更关注结果。通过系统性工作，绩效改进顾问将"系统思考"的理念体现在"绩效改进"的每个细节；

2. 以终为始：指绩效改进顾问将"改进绩效"的目标贯穿于工作始终。他特别关注需要解决的"真实的"绩效问题，帮助客户挖掘问题背后的绩效原因；他特别关注客户当前最重要的绩效差距，通过有效的解决方案帮助客户将"速胜"与"常胜"相结合；特别关注解决方案的针对性和实用性，以"落地生效"为项目的核心目标，并持续跟踪、纠偏、优化以达至善。

3. 评估测量：评估测量是指绩效改进顾问掌握测量或帮助他人测量实际绩效与理想绩效的差距，测评绩效改进项目的过程与结果是否符合目标要求。通过客观、科学与持续的评估测量工作而保证绩效改进项目以结果为导向，并通过提供丰富信息而为客户的有效经营分析与决策提供价值。

4. 表达影响：表达影响是绩效改进顾问有效推动项目、顺利实施变革的关键能力。绩效改进顾问通过有效表达，清晰准确地阐述绩效改进的理念与思路以及解决绩效问题的方法，发挥影响力争取变革相关人的支持与投入，同时作为倡导者与实践者而引领、影响企业建立"绩效改进"的企业文化。

5. 沟通协调：沟通协调能力是绩效改进顾问工作中的润滑剂。绩效改进过程就是团队合作的过程，在此过程中绩效改进顾问必须有效整合专家、客户、合作伙伴等资源，推动绩效改进团队的日常工作与合作，激励相关人员工作热情，从而实现合作共赢。

6. 变革管理：变革管理是指绩效改进顾问能够理解变革的本质，并实施和推进变革取得成功的能力。如管理变革计划、鼓励相关人参与、平衡个人和组织需求、解决分歧和矛盾、处理变革阻力、沟通宣传变革信息等。

7. 信息处理：信息处理是指绩效改进顾问掌握信息收集的常用方法，建立信息收集渠道，完成信息收集的基础上采取分析、整理、汇总等方法对信息进行处理，从而发现信息背后的绩效动因，发现影响项目成败的关键因素，并有效衡量项目成果的能力。

8. 结构思维：结构思维是指绩效改进顾问具备的结构化分析问题和表达呈现的能力。建立结构化思维的能力将帮助绩效改进顾问有效地分析绩效问题、清晰准确地分析并表达思路，更重要的是通过结构化思维科学、合理、快速地设计开发绩效问题的解决方案。

绩效改进顾问的能力模型

基于上文中发表在《培训》绩效改进顾问的八大核心技能，作者在日后的实践中又进一步做了细分，整理出了绩效改进顾问的能力模型，如图2-9所示。

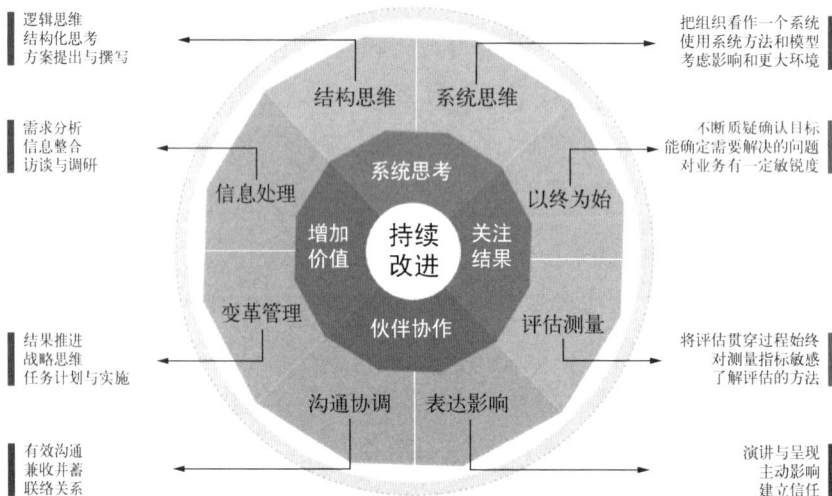

图2-9 绩效改进顾问的能力模型

绩效改进顾问能力模型各项说明如表2-2所示。

表 2 - 2　绩效改进顾问能力模型的说明

基本原则	核心能力	胜任力	具体表现
关注结果	以终为始	不断质疑确认目标	能够在项目过程中不断质疑和确认目标，以保证项目朝着既定的目标前进。
		能够确定需要解决的问题	企业在运行过程中会遇到很多问题，绩效改进顾问应当会确定当下最需要解决和能够解决的问题。
		对业务有一定敏锐度	只有对业务有一定的敏锐度，才能更好的确定需要解决的问题，更好的实现企业的业务目标。
	评估测量	将评估贯穿过程始终	清楚地知道绩效改进的每一个阶段都需要进行评估，并切实做到。
		对测量指标敏感	对测量指标敏感不仅可以更好的评估，也能在过程中把握关键点。
		了解评估的方法	评估方法多种多样，需要根据项目的实际情况进行适合的评估。
系统思考	系统思维	把组织看做一个系统	运用系统观，将企业组织视作系统，综合考虑它与内外部的联系与制约。
		使用系统方法和模型	能够使用科学、系统的方法和模型来完成绩效改进项目，而不是东一榔头西一棒子。
		考虑影响和大环境	企业的终极价值是实现社会价值，因此在改进中需要考虑到与社会和大环境之间的相互影响。
	结构思维	逻辑思维	有条理、有根据的思考，运用概念、判断、推理等思维形式和比较、分析、综合、抽象、概括等方法。
		结构化思考	能够在思考或表达时做到结论先行、以上统下、分类归组、逻辑递进。
		方案提出与撰写	会将逻辑思维与结构化思考的内容以 PPT 或书面形式呈现，便于影响和沟通。

基本原则	核心能力	胜任力	具体表现
伙伴协作	表达影响	演讲与呈现	需要在项目汇报或关键节点沟通时,展现出演讲与呈现技能,以体现顾问的专业性。
		主动影响	有意识的主动影响项目的利益相关者,包括:客户、员工、专家等,而不是被动地参与项目。
		建立信任	绩效改进顾问应当从内而外的做好包装,包括形象设计、谈吐言行,以让利益相关者对其充分信任。
	沟通协调	有效沟通	改进项目有多个环节,也涉及众多人员、物资、时间点,需要有效沟通才能更好实施。
		兼收并蓄	绩效改进顾问不会是所有方面的专家,也不会永远正确,需要兼收并蓄听取更多方面的意见和建议。
		联络关系	有效沟通是一方面,能够适时的与内外部合作者联络感情、保持关系,是项目顺利推进的润滑剂。
增加价值	变革管理	结果推进	改进的期间遇到阻力是不可避免的,那如何减少阻力,推动项目朝着结果前进是应该具备的能力。
		战略思维	能够从全局的、长远的、根本性角度对整个绩效改进项目的重大问题的谋划。
		任务计划与实施	制定合理的项目计划,为参与人员安排合适的任务,对项目的实施有很大的帮助。
	信息处理	需求分析	客户的要求可能不够清楚,如何从其中找到客户真正的需求点,需要顾问筛选有用信息,进行分析。
		信息整合	改进过程中需要收集大量信息、数据,翻阅大量文件、资料,必须会将信息进行整合、分类和传播。
		访谈与调研	除了翻阅资料,我们更多的信息是通过访谈和调研得来的,所以这是顾问必备的技能之一。

罗思韦尔的绩效改进顾问胜任力[①]

除了作者以外，很多从事绩效改进的专家都为绩效改进顾问构建了胜任力模型，其中最为著名的当属罗思韦尔（Rothwell）构建的这一模型，为了能使读者更好地了解绩效改进，并对绩效改进顾问有更加全面的认识，作者对其进行了摘录，如表 2-3。

表 2-3　罗思韦尔的绩效改进顾问胜任力

核心胜任能力	输出结果
行业认知：了解一个公司的愿景、战略、目标和文化，将绩效改进方案与组织目标相联系。	▪ 行业/组织状况的整体描述。
领导力技能：知道如何领导或积极地影响他人以取得期望的工作成果。	▪ 对他人的积极的影响。
人际关系技能：有效地与他人一起完成共同的目标并实践有效的人际间的影响。	▪ 与客户、负责人及决策者建立并保持良好的关系。
技术认知与理解：使用现有的或新的技术及不同的软件、硬件，了解绩效支撑系统并正确地应用。	▪ 灵活使用技术。
解决问题技能：检定绩效差距并且帮助他人发现缩小目前或未来的绩效差距。	▪ 帮助部门、团队或个人发现目前或潜在绩效差距的策略。 ▪ 来确定特殊或一般原因的质量工具的应用（柱状图、趋势图等）。 ▪ 对当事人、当事人管理人员、流程管理者或其他负责人的书面或口头的关于绩效差距的简要描述。 ▪ 引导当事人、当事人管理人员、流程管理者或其他利益相关人发现/预测各种方案对于流程、个人或组织的影响。

[①] 资料来源：Rothwell，W.（1996）. STD Modles for Human Performance Improvement：Roles，Competencies，and Outputs. Alexandria，VA：The American Society for Training and Development. Used by permission of the American Society for Training and Development.

续表

核心胜任能力	输出结果
系统考虑及了解：确定一个子系统或系统的输入、过程及输出，并且应用这些信息改进员工绩效；认识到解决方案对组织、流程或个人的多方面含义并且阐明 HPI 方案的副作用。	■ 展示方案对于流程、个人或组织的影响的系统流程图。
绩效理解：区分行动和结果，认可含义、输出结果和后果。	■ 绩效的书面或口头描述。 ■ 形象的绩效展示的图表。
方案的知识：展示员工绩效的改进可以有多种途径；介绍如何应用具体的 HPI 方案，缩小现存的和预期的绩效差距。	■ 员工招聘项目。 ■ 新员工培训项目。 ■ 系统的员工培训项目。 ■ 建立学习型组织。 ■ 员工绩效评估实践项目。 ■ 职业发展项目。 ■ 组织发展方案。 ■ 补偿、薪资、奖励与激励项目。 ■ 员工反馈项目。 ■ 员工纪律项目。 ■ 员工辅导项目。 ■ 安全项目。 ■ 改进的工具与设备。 ■ 改进的在岗培训。 ■ 工作描述。 ■ 组织设计。 ■ 工作设计。 ■ 任务设计。 ■ 环境改进。 ■ 改进的人员计划与预期项目。 ■ 其他绩效改进策略/方案。
业务知识：证明对内部业务部门的认知及业务决策如何对工作结果产生的财务的及非财务的影响。(Mclagan, 1989)	■ 工作过程流程图。 ■ 组织运作/关系流程图。 ■ 与客户或其他负责人交互的流程图。 ■ 现金流量表。 ■ 预算文件。 ■ 损益表和资产负债表。

续表

核心胜任能力	输出结果
组织结构的了解：将组织看为一个拥有多个目标的动态的、政治的、经济的和社会的系统，用这些大量的观察作为框架了解并影响事件和变革。（Mclagan，1989）	■ 有关组织文化、历史和经验的描述。 ■ 可能发生的变革对组织、工作流程或个人在不同方面的影响的描述。
谈判/签约技能：组织、准备、检查并评估供应商、临时员工或外包商的工作。	■ 建议书的要求。 ■ 给管理层或客户的书面的或口头的建议书。 ■ 书面的或口头的协议。 ■ 监督供应商、临时员工或外包代理的管理计划。
认同/拥护技能：建立主人公责任感或支持影响个人、团队或其他相关人员的变革。	■ 行动计划。 ■ 行动计划的协议。 ■ 获得当事人、当事人管理人员、流程管理者和其他负责人的支持。
善于处理：知道如何处理不明确的时间并且知道如何处理由变革产生的压力，同时形成多种可选方法。	■ 管理压力和不明确事物的策略。 ■ 帮助他人管理压力和不明确事物的策略。 ■ 管理抵抗变革的策略。
宏观思考的能力：越过细节看长远目标和结果。	■ 绩效改进策略对组织计划、工作流程和个人产生的影响的描述。
咨询技能：理解利益相关人想要的结果，遇见可能取得的结果的有效性。	■ 流程图。 ■ 政策和程序的准备。 ■ 书面政策。 ■ 书面程序。 ■ 工作标准/期望的准备。
项目管理技能：计划、预算、组织、调配资源和管理复杂项目。	■ 绩效合同。 ■ 项目目标。 ■ 项目任务条款。 ■ 项目里程表。 ■ 项目时间表。 ■ 项目资源需求。 ■ 资源管理。 ■ 项目预算。

在"伙伴协作"这一原则中我们曾说道，绩效改进顾问不可能是每一个方面的专家，面对以上的能力要求，我们也不可能要求一名绩效改进顾问全都具备，所以罗思韦尔将绩效改进顾问分为：分析专员、方案专员、变革管理人以及评估专员四个角色，并为每个角色都设计了相对应的胜任力，如表2-4所示。各位读者也可以了解一下，看看自己适合哪一个角色，或更倾向于做哪一个角色。

表2-4　各类绩效改进顾问能力分析

分析专员角色	最终输出结果
发现并解决问题，找出导致员工绩效差距的原因；确定HPI的领域。	■ 给利益相关人的关于过去、现在和将来的绩效差距及差距原因的有说服力的报告。
分析专员的胜任能力	**辅助输出结果**
1. 绩效分析技能（前端分析）：比较现实绩效和理想绩效以确定差距和机遇。	■ 发现员工绩效差距问题的模型和计划。 ■ 引导绩效分析和工作计划。 ■ 影响显存的或潜在的绩效差距的信息。 ■ 任务分析。 ■ 工作分析。 ■ 观察资料（报告）。
2. 设计和开发需求分析调查的技能（前端的、有组织的）：用开放式的（评论）和封闭式的（打分）的问题准备书面的（邮件）、口头的（电话）或者电子的（电子邮件）调查问卷。	■ 书面（邮件）调查问卷。 ■ 口头（电话）调查问卷。 ■ 电子（电子邮件）调查问卷。 ■ 调查研究管理计划。 ■ 调查问卷设计。 ■ 数据分析及计划。 ■ 需求分析调查的报告。 ■ 需求分析结果的统计摘要。 ■ 需求分析结果的内容分析摘要。

分析专员的胜任能力	辅助输出结果
3. 确定胜任能力的技能：确定团队、工作、任务角色的指标及技能要求。（Mclagan, 1989）	▪ 工作类别。 ▪ 工作描述。 ▪ 面试指导。 ▪ 书面的关键事件调查问卷。 ▪ 数据智能、流程、组织或工作类型划分的能力模型。 ▪ 360度评估。
4. 提问技能：通过应用面试和其他调查方法收集有关的信息以增加对个人和团队的洞察力。	▪ 面试指南。 ▪ 面试管理计划。 ▪ 面试结果的内容分析。 ▪ 团队会议日程及计划。 ▪ 特别小组。 ▪ 面试。
5. 分析技能（综合的）：将重大的、复杂的事情细分为不同的组成部分并重新组合达到改进员工绩效的目的。	▪ 分析绩效差距根本原因的策略。 ▪ 鱼骨图。 ▪ 问题的情节串联图。
6. 工作环境分析技能：调查影响员工绩效的工作环境的问题和特征。	▪ 环境分析。 ▪ 业务/组织计划。 ▪ 团队/部门计划。 ▪ 流程改变战略/计划。

方案专员角色	最终输出结果
选择能够解决绩效差距的根本原因的适当方案。	▪ 给利益相关人的关于缩小过去、现在和将来的绩效差距的方案的有说服力的报告。

方案专员角色	辅助输出结果
1. 解释绩效信息的技能：从绩效分析的结果中发现有用的改进途径并且帮助操作者及其管理人员、流程管理者和其他利益相关人实施该方案。	▪ 给当事人及其管理人员、流程管理者和其他负责人的关于绩效分析和原因分析结果的书面或口头摘要。 ▪ 从绩效和原因分析中找到的有用信息。

续表

方案专员角色	辅助输出结果
2. 方案选择技能：选择绩效改进方案，这个方案说明解决造成绩效问题的根本原因的不适征兆或副作用。	■ 可供选择的缩小绩效差距的绩效改进方案。
3. 阐明绩效变化的技能：预测和分析方案及其后果的影响。	■ 给当事人及其管理人员、流程管理者和其他负责人的有关流程的、个人的或组织的多种绩效改进方案可能带来的影响的书面或口头的摘要。 ■ 问题解决活动；引导当事人及其管理人员、流程管理者和其他负责人发现/预测流程的、个人的或组织的绩效改进方案带来的影响。
4. 测评方案设计的各方面关系的技能：检查HPI方案对一个组织的各层次的影响及其与客户、供应商、分销商和员工的互动作用。	■ 给当事人及其管理人员、流程管理者和其他负责人的有关流程的、个人的或组织的多种绩效改进方案可能带来的影响的书面或口头的摘要。 ■ 问题解决活动；引导当事人及其管理人员、流程管理者和其他负责人发现/预测流程的、个人的或组织的多种绩效改进方案带来的影响。
5. 确定关键业务问题及变化的能力：确定关键业务问题并在实施HPI方案时应用这些信息。	■ 组织结构的分析。 ■ 流程分析。 ■ 个人评估。 ■ 关于改进战略的白皮书。 ■ 给当事人及其管理人员、流程管理者和其他负责人的可能的改进方案的书面或口头的摘要。 ■ 客户满意度信息/调查结果。
6. 解释目标的技能：保证目标可以被有效地转化为行动方案以缩小绩效差距；得到最终结果不管是否缺少资源，与其他优先事情冲突或不清晰。	■ HPI的书面或口头的目标。 ■ 解决方案的绩效目标。 ■ 清晰的绩效目标。

变革管理人员角色	最终输出结果
保证方案得以连续性的实施，同时为个人和团队提供帮助以获得预期结果	■ 与参与者及利益相关人一起有效地监督绩效改进方案。 ■ 与方案参与者及利益相关人之间的有效合作与交流。 ■ 比较实际和理想绩效，改进绩效的进程或者了解绩效机会的追踪系统。 ■ 大多数利益相关人同意的绩效改进结果的口头或书面协议。 ■ 实施方案期间或之后所取得的可测量的财务或财务目标。
变革管理人员的胜任能力	**辅助输出结果**
1. 变革实施技能：理解个人和组织变革的本质，应用这些知识有效的领导组织通过变革取得成功。	■ 管理变革的计划。 ■ 利益相关人的有效参与。 ■ 个人和组织需求的平衡。 ■ 用于解决分歧的矛盾解决方案。 ■ 遇到问题的流程。 ■ 管理层了解变革的动态。
2. 变革推动技能：决定组织应该如何做以解决现在或未来存在的员工绩效差距的原因。	■ 说明变革需求的有说服力的案例。 ■ 确定并获得组织的赞助。 ■ 获得资源支持承诺的证据。 ■ 介绍/统一方案的设计/行动计划。 ■ 减少方案阻力的行动计划。 ■ 有关在介绍/统一变革时管理层的责任的建议。 ■ 有关在介绍/统一变革时员工的责任的建议。
3. 沟通渠道、非正式关系网和联盟：了解组织中的各种沟通渠道、关系网和联盟，建立这些渠道、关系和联盟以取得产能及绩效的改进。	■ 绩效改进方案实施过程中针对员工和管理层的沟通计划。
4. 了解团队的动态流程：了解团队的职能，保证团队、工作或个人的需求被了解并阐述（Mclagan，1989）。	■ 被有效观察的团队。 ■ 基于小团队开发原理/知识制定团队的计划。

变革管理人员的胜任能力	辅助输出结果
5. 流程咨询技能：观察个人和团队的交互作用以及他们的交互作用对他人的影响。	■ 流程观察表格。 ■ 针对团队成员或个人的关于其行为对团队或他人影响的描述。
6. 指导技能：帮助当事人及其管理人员、流程管理者和其他相关人员发现新的问题。	■ 引导团队讨论的计划。 ■ 引导团队决策时和解决问题时的计划。

评估专员角色	最终输出结果
评估方案的影响，跟产生的变革，行始计划和取得的成功以向参与者及利益相关人提供方案进展情况的相关信息。	■ 给参与者和利益相关人的有关方案进展情况的书面或口头报告。 ■ 给组织的关于绩效方面的书面或口头报告。 ■ 给组织的有关方案进展情况的书面或口头报告。 ■ 给小组或团队的关于他们绩效的书面或口头报告。 ■ 给小组或团队的关于方案进展情况的书面或口头报告。 ■ 给管理层的有关绩效的书面或口头报告。 ■ 给管理层的有关绩效方案的书面或口头报告。

评估专员的胜任能力	辅助输出结果
1. 绩效差距评估技能：测量或帮助他人测量实际绩效与理想绩效的差别。	■ 绩效改进评估目标。 ■ 绩效改进评估的设计和计划。 ■ 绩效改进评估工具。 ■ 员工绩效前期和后期测量。 ■ 评估发现、结论和建议。 ■ 给管理层和员工的关于绩效改进战略结果的报告。

续表

评估专员的胜任能力	辅助输出结果
2. 评估组织目标与结果的能力：测评绩效改进项目的结果是否符合目标要求。	■ 使绩效改进方案与组织内其他变革活动相联系。 ■ 使每一个绩效改进方案与其他改进方案相联系。 ■ 使绩效改进方案与组织计划和目标相联系。 ■ 使绩效改进方案与业务/组织需求相联系。
3. 标准设定技能：测量组织、流程或个人期望的结果，帮助他人建立和测量工作标准。	■ 工作标准/期望值的建立。 ■ 工作标准/期望值的沟通。
4. 测评企业文化影响的能力：考察组织中员工绩效差距和绩效改进方案对于组织行为中"对"与"错"的信念的影响。	■ 使绩效改进方案与公司文化相联系。
5. 检查绩效改进方案的技能：找到在方案实施前及实施过程中评估和持续改进的方案。	■ 给参与者和利益相关人的关于绩效改进进展情况的报告。
6. 反馈技能：收集关于绩效的信息，并对受影响的个人或团队清晰、详细、及时地反馈（Mclagan，1989）。	■ 给组织的关于绩效的反馈。 ■ 给组织的关于方案进度的反馈。 ■ 给小组或团队的关于绩效的反馈。 ■ 给小组或团队的关于方案进度的反馈。 ■ 给管理层的关于绩效的反馈。 ■ 给管理层的关于方案进度的反馈。

国家绩效改进师的标准

本书第一章中介绍了国家绩效改进师（PIP）的相关内容。既然国家绩效改进师（PIP）是一项职业资质认证，就意味着有一定的认证标准，所以国家绩效改进师（PIP）从初级到高级，从工作原则到改进流程也有相应的标准，如表2-6所示。

表2-6　国家绩效改进师（PIP）认证标准

能力类别	能力素质	描述		行为表现
工作原则	关注结果	在整个项目进行的过程中，不预设解决问题的任何方案，而是始终坚持以最终结果为导向。即以终为始，对症下药。	高级	1. 帮助客户明确其想要达到的目的，并确保组织目标、部门目标和员工行为目标一致。 2. 引导客户把结果转换成可测量的指标或行为术语。 3. 帮助客户关注并找出主要的、本质性的问题。 4. 敢于质疑假设，并能够发现重要的问题。 5. 根据成本、人力和风险确定问题解决的价值。 6. 帮助客户衡量预料之外结果的风险。
			中级	1. 帮助客户明确其想要达到的目的，并确保组织目标、部门目标和员工行为目标一致。 2. 引导客户把结果转换成可测量的指标或行为术语。 3. 帮助客户关注主要的、本质性的问题。 4. 敢于质疑假设，以发现重要的问题。 5. 可根据成本、人力和风险探讨问题解决的价值。
			初级	1. 具有帮助客户明确想要达到的目的，并确保组织目标、部门目标和员工行为目标一致的意识。 2. 引导客户把结果转换成可测量的指标或行为术语。 3. 可根据成本、人力和风险思考问题解决的价值。
	系统思考	以整体的观点看待组织，确定组织各要素间的相互作用和相互依赖的关系，以及组织和环境的关系。考虑到社会、市场、工作场所、工作和员工的动态变化会影响最终想要的结果。	高级	1. 帮助客户认识到组织的各部分职能是如何相互依赖和相互影响的。 2. 帮助客户认识到决策和组织要素间的不一致会影响组织在市场中的竞争力。 3. 帮助客户认识到目标和实践不一致导致的影响。 4. 帮助客户认识到组织内部的实践与市场和社会的关系。 5. 帮助客户区分问题的症状和导致问题的原因。
			中级	1. 帮助客户认识到组织的各部分职能是如何相互依赖和相互影响的。 2. 帮助客户认识到决策和组织要素间的不协调会影响组织在市场中的竞争力的行为。 3. 帮助客户认识到目标和实践不一致会导致不良影响的行为。 4. 帮助客户认识组织内部的实践与市场和社会的关系的行为。 5. 能帮助客户区分问题的症状和导致问题的原因。
			初级	1. 认识到组织的各部分职能是如何相互依赖和相互影响的。 2. 认识到目标和实践不一致导致的影响。 3. 认识到组织内部的实践与市场和社会的关系。 4. 认识到问题的症状和产生问题原因的区别。

能力类别	能力素质	描述		行为表现
工作原则	增加价值	运用专业知识，促进绩效改进过程，以形成更好的决策、高质量的团队工作和高质量的产品。	高级	1. 确保解决问题的方案符合组织长期的发展战略和市场与社会的未来发展趋势。 2. 确保项目组在行动前就考虑清楚可能的解决方案及其意义，并和利益相关者保持沟通。 3. 帮助客户和利益相关者比较诸如设计、开发、实施、维护或持续执行一个解决方案的费用，或者所提出的解决方案的成本和风险等因素。 4. 帮助客户讨论并理解诸如采纳新行为的可能性，达到想要的结果的概率，对利益相关者的意义或可能的影响，组织持续执行这个解决方案的能力等。 5. 尊重事实，不介意返工，挑战假设。 6. 如实地表现自己，不刻意夸大自己的能力。 7. 在责任范围内有效地管理时间和资源。
			中级	1. 理解解决问题的方案必须符合组织长期的发展战略和市场与社会的未来发展趋势。 2. 确保项目组在行动前就考虑清楚可能的解决方案及其意义，并和利益相关者保持沟通。 3. 与客户和利益相关者一起比较诸如设计、开发、实施、维护或持续执行一个解决方案的费用，或者所提出的解决方案的成本和风险等因素。 4. 与客户一起讨论诸如采纳新行为的可能性，达到想要的结果的概率，对利益相关者的意义或可能的影响，组织持续执行这个解决方案的能力等。 5. 尊重事实，不介意返工，挑战假设。 6. 如实地表现自己，不刻意夸大自己的能力。 7. 在责任范围内有效地管理时间和资源。
			初级	1. 明确解决问题的方案本身要符合组织长期的发展战略和市场与社会的未来发展趋势。 2. 明确项目组在行动前就考虑清楚可能的解决方案及其意义，并和利益相关者保持沟通。 3. 参与和客户和利益相关者的讨论与比较，诸如：设计、开发、实施、维护或维持一个解决方案的费用，或者提出的解决方案的成本和风险等因素。 4. 参与和客户一起的讨论并理解诸如采纳新行为的可能性，达到想要的结果的概率，对利益相关者的意义或可能的影响，组织维持这个解决方案的能力等。 5. 尊重事实，不介意返工，挑战假设。 6. 如实地表现自己，不刻意夸大自己的能力。 7. 在责任范围内有效地管理时间和资源。

续表

能力类别	能力素质	描述		行为表现
工作原则	协同工作	与客户和利益相关者建立合作关系，成为值得信赖的战略合作伙伴。	高级	1. 促成客户和所有利益相关者都参与到绩效改进项目过程中每个阶段的决策中来。 2. 随着需要，邀请专家参与进项目中来。 3. 仔细听取客户的意见，诚实对待客户，建立合作关系。 4. 确保听取所有利益相关者的意见并整合到解决方案的设计当中。 5. 肯定每一个对绩效改进项目做出贡献的人。 6. 培育组内和组间的开放式交流。
			中级	1. 推动客户和所有利益相关者尽量参与到绩效改进项目过程中每个阶段的决策中来。 2. 随着需要，邀请专家参与进项目中来。 3. 仔细听取客户的意见，诚实对待客户，建立合作关系。 4. 确保听取所有利益相关者的意见并整合到解决方案的设计当中。 5. 感谢每一个对绩效改进项目做出贡献的人。 6. 培育组内和组间的开放式交流。
			初级	1. 随着需要，协调邀请专家参与项目的相关事宜。 2. 充当项目组成员与客户的沟通桥梁。 3. 协助安排项目组与所有利益相关者的沟通会。
伦理道德	循证实践	在绩效改进策略制定时利用并促进经过验证的有效实践。如果不存在经过验证的实践，就尽量与客户共享信息，应用和现有理论、研究体系、实践知识保持一致的实践。	高级	1. 致力于既承载社会责任又能对组织起到积极财政影响的实践。 2. 熟练运用能产生积极价值的活动、方法和程序，并运用正强化促进好的绩效改进实践。 3. 从事对客户有益的、需要大量新技术知识的研究，并将研究成果应用于解决方案的制定。 4. 基于数据与研究成果澄清目的，预期成果，发现并分析改进人力绩效的机会，评价干预措施的影响，并最终做出决策。
			中级	1. 明确从事既承载社会责任又能对组织起到积极财政影响的实践。 2. 运用能产生积极价值的活动、方法和程序，并运用正强化促进好的绩效改进实践。 3. 尽量基于数据与研究成果澄清目的，预期成果，发现并分析改进人力绩效的机会，评价干预措施的影响，并最终做出决策。
			初级	1. 了解组织应当从事既应承载社会责任又有积极经济效益的实践。 2. 理解基于数据、研究成果等做决策对形成绩效改进方案的重要意义。

续表

能力类别	能力素质	描述		行为表现
伦理道德	持续改进	在绩效改进领域不断提高自己，精益求精。	高级	1. 时常评估自己的绩效改进知识与技能。 2. 询问客户应如何进一步提高服务的有效性，总结做绩效改进项目的经验和教训。 3. 研究对客户有益的新知识、方法、工具、策略和技术。 4. 促进绩效改进的应用。
			中级	1. 时常评估自己的绩效改进知识与技能。 2. 询问客户应如何进一步提高服务的有效性。 3. 探索对客户有益的新知识、方法、工具、策略和技术。 4. 促进绩效改进的应用。
			初级	1. 时常评估自己的绩效改进知识与技能。 2. 询问客户应如何进一步提高服务的有效性。 3. 持续学习对客户有益的新知识、方法、工具、策略和技术。 4. 促进绩效改进的应用。
	诚实正直	坦诚、真实地与客户、同事以及在进行绩效改进项目过程中可能打交道的任何人交流。	高级	1. 告知可能让自己违背客观性原则的任何因素，以便客户能做出保证其最大利益的决策。 2. 仅接受自己的经验和能力能够胜任的业务。 3. 以最高的专业水平客观地收集、评价和报告正在接受检验的有关活动、过程，或取得结果的信息。 4. 当确信客户走错方向的时候，如实告诉他们。 5. 要承认别人的功劳。 6. 使用信息时，不能为个人私利，或违反法律，也不能损害客户组织的合法及伦理目标。 7. 承担或承认与自己的努力直接相关的责任和/或功劳；不能宣扬与自己的工作不相关的业绩。
			中级	1. 告知可能让自己违背客观性的任何因素，以便客户能做出保证其最大利益的决策。 2. 仅接受自己的经验和能力能够胜任的业务。 3. 以最高的专业水平客观地收集、评价和报告正在接受检验的有关活动、过程，或取得结果的信息。 4. 当确信客户走错方向的时候，如实告诉他们。 5. 要承认别人的功劳。 6. 使用信息时，不能为个人私利，或违反法律，也不能损害客户组织的合法及伦理目标。 7. 承担或承认与自己的努力直接相关的责任和/或功劳；不能宣扬与自己的工作不相关的业绩。

能力类别	能力素质	描述		行为表现
伦理道德	诚实正直		初级	1. 告知可能让自己违背客观性的任何因素，以便客户能做出保证其最大利益的决策。 2. 仅接受自己的经验和能力能够胜任的业务。 3. 以最高的专业水平客观地收集、评价和报告正在接受检验的有关活动、过程，或取得结果的信息。 4. 当确信客户走错方向的时候，如实告诉他们。 5. 要承认别人的功劳。 6. 使用信息时，不能为个人私利，或违反法律，也不能损害客户组织的合法及伦理目标。 7. 承担或承认与自己的努力直接相关的责任和/或功劳；不能宣扬与你自己工作不相关的业绩。
	保守秘密	承担保守客户秘密的责任，不允许任何有对你和他人有利但却有损客户利益的事件发生。	高级	1. 尊重客户、其他咨询公司和从业者的知识产权，未经许可不能使用具有产权的信息或方法。 2. 尊重并重视所得信息的所有权。 3. 未经授权不得披露信息。
			中级	1. 尊重客户、其他咨询公司和从业者的知识产权，未经许可不能使用具有产权的信息或方法。 2. 尊重并重视所得信息的所有权。 3. 未经授权不得披露信息。
			初级	1. 尊重客户、其他咨询公司和从业者的知识产权，未经许可不能使用具有产权的信息或方法。 2. 尊重并重视所得信息的所有权。 3. 未经授权不得披露信息。
绩效改进流程	确定需求和机会	设计并实施调查确定期望绩效和现状绩效之间的绩效差距。	高级	1. 与客户主动讨论，澄清调查的意图。 2. 确定调查的范围。 3. 选择合适的分析方法。 4. 确定收集数据的最好方法，收集素材，分析数据。 5. 确定差距的大小。 6. 报告调查结果，并提出建议。 7. 为客户解释调查结果。

能力类别	能力素质	描述		行为表现
绩效改进流程	确定需求和机会		中级	1. 与客户主动讨论，澄清调查的意图。 2. 确定调查的范围。 3. 选择合适的分析方法。 4. 确定收集数据的最好方法，收集数据，分析数据。 5. 确定差距的大小。 6. 报告调查结果，并提出建议。 7. 为客户解释调查结果。
			初级	1. 理解确定需求或机会的整个分析过程。 2. 会用工具收集和分析相关数据。 3. 为收集和分析数据协调相关会议。
	寻找潜在原因	设计并实施调查，查明期望绩效和实际绩效之间存在差距的根本原因。	高级	1. 调查中至少考虑以下因素中的三个方面：社会和文化（世界）因素；市场（世界）因素；工作场所因素；工作因素；员工因素。 2. 选择合适的分析方法。 3. 确定获得数据的最好方法，收集数据，分析数据。 4. 确定根本原因。 5. 报告调查成果，并提出建议。 6. 主动和客户讨论并理解起作用的原因。 7. 跟客户解释调查结果。
			中级	1. 调查中至少考虑以下因素中的三个方面：社会和文化（世界）因素；市场（世界）因素；工作场所因素；工作因素；员工因素。 2. 选择合适的分析方法。 3. 确定获得数据的最好方法，收集数据，分析数据。 4. 确定根本原因。 5. 报告调查成果，并提出建议。 6. 主动和客户讨论并理解起作用的原因。 7. 跟客户解释调查结果。
			初级	1. 理解确定绩效差距原因的整个过程。 2. 会用确定绩效差距原因的几种方法。 3. 协调确定绩效差距原因的相关会议。

能力类别	能力素质	描述		行为表现
绩效改进流程	设计解决方案	设计解决方案，并兼顾考虑实施和评估环节。	高级	1. 根据绩效差距原因分析报告，从干预措施列表中选择相应的各种干预措施。 2. 分析和预测各干预措施及其后果的影响，评估多个干预措施之间的关系。 3. 对干预措施的优先级进行排序，选择最优干预措施，形成综合的解决问题方案。 4. 再评估解决方案中干预措施间的协调性和综合方案的可行性。 5. 详细列出设计方案的进度规划和时间表，以及需要的资源等。 6. 详细列出所期待的绩效改进指标，并形成监督和检测绩效改进的方法。 7. 取得客户对综合的解决问题设计方案的认可。
			中级	1. 根据绩效差距原因分析报告，从干预措施列表中选择相应的各种干预措施集合。 2. 有预测各干预措施及其后果的影响，评估多个干预措施之间关系的行为。 3. 对干预措施的优先级进行排序，选择最优干预措施，形成综合的解决问题方案。 4. 有评估解决方案中干预措施间的协调性和综合方案的可行性的行为。 5. 详细列出设计方案的进度规划和时间表，以及需要的资源等。 6. 详细列出所期待的绩效改进指标，并形成监督和检测绩效改进的方法。 7. 取得客户对综合的解决问题设计方案的认可。
			初级	1. 理解干预措施的主要类别及其对应的原因情境。 2. 了解设计干预措施并形成综合的解决问题方案的过程。
	开发解决方案	开发某些干预措施，或成为开发团队中的一员，并确保解决方案的一致性和可行性	高级	1. 根据详细的设计说明与解决方案中的各个组成部分进行对照。 2. 确保解决方案中的各组成部分是经过开发测试的。 3. 确保解决问题的方案是可行的，并像预期一样发挥作用。 4. 安排整个方案的小规模测试。 5. 根据测试结果，审查改进效果，并进行修改完善。
			中级	1. 开发可能的干预措施。 2. 提出改进绩效的综合建议方案。 3. 与客户交流综合建议方案并获得认可。
			初级	1. 参与开发可能的干预措施。 2. 协调有关测试或沟通会议。

能力类别	能力素质	描述		行为表现
绩效改进流程	实施方案	为客户设计策略以支持并持续实施变革。	高级	1. 在项目开始前建立由项目组成员和客户方必要的变革代理人组成的项目小组,确保变革管理的持续进行。 2. 开发用于客户交流正做什么,为什么要做和什么时候做,进展如何,有问题到哪里寻求帮助等的信息表单。 3. 开发工具和建立反馈机制,以便人们能够监控自己的进展。 4. 发起如何解决偏离变革管理实施方案的讨论。 5. 对客户在实践中管理变革给出建议,以便持续获得收益。
			中级	1. 在项目开始前建立由项目组成员和客户方必要的变革代理人组成的项目小组,确保变革管理的持续进行。 2. 开发用于客户交流正做什么,为什么要做和什么时候做,进展如何,有问题到哪里寻求帮助等的信息表单。 3. 开发工具和建立反馈机制,以便人们能够监控自己的进展。 4. 发起如何解决偏离变革管理实施方案的讨论。 5. 对客户在实践中管理变革给出建议,以便持续获得收益。
			初级	1. 了解变革管理的影响因素。 2. 了解变革管理的过程和方法。 3. 认识到变革中可能存在的各种阻力。
	评价结果	帮助客户测量解决问题方案的影响。	高级	1. 帮助客户选择合适的测量方法。 2. 开发测量的策略,包括:已有的标杆数据,收集数据,分析数据,总结和报告数据结果。 3. 帮助开发测试工具和方法。 4. 解释数据的意义,并促使对数据代表意义和有效利用的讨论。
			中级	1. 帮助客户选择合适的测量方法。 2. 开发测量的策略,包括:已经有的标杆数据,收集数据,分析数据,总结和报告数据结果。 3. 帮助开发测试工具和方法。 4. 解释数据的意义,并推动对数据代表意义和有效利用的讨论
			初级	1. 了解绩效改进项目的评估种类。 2. 理解各类评估对绩效改进项目的重要作用。 3. 会开发并使用测量的各种方法和工具。

第三章　探索发现

第一节　眼见未必为实

有这样一则故事：孔子周游列国被困于陈蔡国境之间，七日未进食。弟子颜回讨到一些米来煮饭。饭熟了，孔子看到颜回从锅里抓饭吃，当颜回把饭端来时，孔子佯装没看见刚才的事，说道：我方才睡着，梦见先君，他说只有清洁的食物才可送给人吃。颜回知道老师在怀疑自己偷饭吃，便禀明老师，刚才是柴灰落进锅里，挑不出来，弃之可惜，学生就把那点儿脏了的饭抓来吃了。孔子这才发现错怪了自己的学生，慨叹道："人们都相信自己的眼睛，看来眼见的也未必都真实啊！"

这个小故事蕴涵着一个道理：仅从看到表面现象来判断事情，是很容易失误的。

我们再来看一张图片：

在这一张图中你看到了什么？左边好像有一个人，手里拿着刀，正要刺向右边的人。这幅图是截取的监视屏幕当中的一个短暂的画面，那真实的情况到底是怎样的呢？我们再来看下面这一张图：

和摄像机监视器中的画面完全相反，实际情况是我们看到的左边这个人的刀只是他的鞋子而已，反倒是我们先前以为的右边的被害者拿着刀追着左边的这位。

这两幅图告诉我们：仅从看到的局部判断来判断，是不可靠的。

以上两则例子让我们知道：眼见不一定为实，从表象或局部来对某件事物进行判断都是不可靠的。生活中是这样，在绩效改进的过程中更是如此。当我们看到某个员工在某个时间没有把某件事做好的时候，我们的第一反应可能是：哦，他不会做！他这方面的能力不行。但现实情况确有可能是：在这件事之前还有更重要的基础工作需要完成，为了更好的完成这件事，他先去做基础工作了，或者做不好的原因并不是他的能力不行，或许做这件事对他的激励就不够，他缺乏做好的动机，更有可能是我们根本就没有告诉他如何去做这件事，做好的标准是什么，亦或者是我们提供的资源和工具不足以让他很好的完成这件事。

再举个例子，有一家花店的玫瑰卖得特别好，这家店的名字叫 Roseonly。大多数人认为它的营销做得特别好，它不仅卖的是花，还在卖爱情的概念。但是仅仅是表面上营销做得好的公司刚开始的时候很多，为什么 Roseonly 能做得这么好呢？再去深究其背后的原因发现，它们不仅仅是靠营销，还有很多产品上的创新。这种创新表现为有长方形的花盒，有高品质的永生花、七彩玫瑰，再深入研究发现，他家的玫瑰经得起长途运输，不会在盒子中散落，并持久锁水。

所以面对以上种种可能，我们在进行绩效改进时不能只凭自己眼睛看到的以及自己的经验来判断，探索现实的绩效差距，发现真实的原因所在，是成功绩效改进的第一步，也算是基础。

第二节　找到绩效改进的机会

传统的培训人员，关注企业员工在技能方面的提升，以及通过什么方式实现这种提升。绩效改进顾问关注的重点是如何实现企业的绩效目标，以及为实现目标，企业员工必须做些什么。两者追求的目标不同，因此在针对某一问题的理解上以及所采取的行动上，也会存在很大的不同。培训业发展至今，已由当初的能力提升、解决问题为目标发展到现在的以绩效改进为目标。时代的发展要求培训管理者必须要去关注组织的绩效，并在这一原则的指导下去发现问题、设计方法、达成绩效目标。

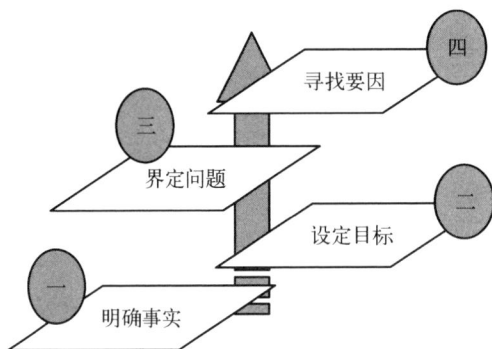

图 3 - 1　"探索发现"阶段的四个工作步骤

"工欲善其事，必先利其器"。在本节中，我们将着重探讨绩效改进罗盘的第一步，即发现问题的方法，通过这样的方法保证企业的培训向着绩效改进的方向迈进。我们将这一步骤命名为"探索发现"，在大步骤下又包含有四个细化的步骤，分别是：明确事实、设定目标、界定问题、寻找要因，如图 3 - 1 所示。

明确事实

事实是常常频繁地出现在我们的日常交流、工作和辩论中。人们举出事实是为了达到某种目的，而不只是为了举出事实而举出事实。当事实作为辩论的组成部分而被推出来时，它们就永远不能够被客观地对待。所以我们迫切指出："请只讲事实，不要辩论。"不幸的是，带有辩论习性的人的思维总是先给出结论，然后再列举支持这一结论的一系列事实。相反，我倡导的构造地图型思维是先画地图，再选择路线。这就是说，我们必须先搞清事实。

作为企业的绩效改进咨询顾问，我们经常遇到这样的问题：当我们和销售部门的管理者进行交流，寻求他们需要改进的目标时，他们经常会说马上要推出一项新的产品，这项产品已经有明确的考核指标，如针对这些产品的收入指标、成交率指标、增长率指标、利润指标等，因此他们迫切地希望渠道商和销售人员能快速有效的销售这款产品，并实现企业的既定目标，他们也非常希望企业的培训部门能够提供相应的帮助。同样，当我们与培训部门的管理者进行交流，寻找他们需要改进的目标时，他们会认为，员工的能力需要进一步的提升，培训方案的设计需要进一步的加强系统性，需要引入市场上更优秀的课程或培训项目。通过这样的事例我们不难发现，业务部门需要得到的培训和培训部门所提供的培训之间存在着不小的鸿沟，虽然每个部门都很努力，但是从企业的整体来看，各部门并没有在统一的方向上以统一的方法进行发力。

类似的案例在企业中不胜枚举，这样的案例导致的最终结果就是，培训部门做了大量工作但是得不到业务部门的认可，培训被很多员工当成了一种负担。部门间要么在一团和气中逐渐疏远，要么在互相争吵中损耗内力。揭开这些案例的表象，其实能够发现一个本质的问题，那就是各部门之间的目标是割裂的，没有统一到改进绩效的这个原则上来。培训部门追求的是培训课程、培训管理的质量如何提高，业务部门追求的如何通过培训让销售人员售出更多的产品或服务。当部门间没有在统一的认知平台上进行对话时，自然会产生"话不投机"、南辕北辙的情形。由此，当企业设计培训方案时，必须先要明确，企业自身当前所处的绩效现状是什么，没有绩效现状作为基础，后面的工作都无从谈起。

企业的发展是一个迭代进步、螺旋上升的过程，在此过程中会伴随着众多的事件发生。当企业需要对某些绩效目标进行改进之时，首先要做的工作就是必须清晰地描述现状。描述一个绩效事实的现状，看似简单，但要完整准确地将它表达出来，并不是一件容易的事。因为人们描述事实时，往往受自己的职责、视野、情绪的影响，而难以对现状进行准确的描述。企业绩效现状的描述，要求我们排除个人情绪的干扰，用事实、数字、图表等信息对绩效现状进行展示。正如风靡全球的管理思维著作《六顶思考帽》中所说的那样，用"白帽子"思维进行描述。白色是中立而客观的。戴上白色思考帽，人们关注客观的事实和数据。大家可能做过这样的游戏：从两幅极其相似的画中找出几处不同的地方。这就需要很强观察力。再比如两种红色怎么区别呢？用色谱可以非常客观、非常理性地确定每一种红色是几号红。所以说，描述与事实之间的差异越小越好。用白色帽子思考就是要求尽可能接近事实本身，用最精确的语言描述事实，而不能加上自己的主观想象和判断。

除了客观地描述事实，在明确事实的过程中，各部门之间也必须达成一致，要把企业的绩效事实做全面的呈现，避免出现一叶障目、盲人摸象的情况。

设定期望或设定目标

如果有了为企业各部门所接受的绩效现状，接下来要做的工作就是要对企业的绩效目标进行设定。企业面对的绩效目标一般包括两类：一类是"需要改变"的问题，即现实出现了不正常的情况，需要绩效改进顾问想办法来改变它。例如企业的客户在快速流失，我们如何立即改变这一现状。另一类是"需要实现"的目标，此时绩效改进顾问要面对的不是某个需要解决的问题，而是设定或被指定了一个需要达到的目标。例如公司下一季度的销售目标是什么。

无论是哪种类型的绩效问题，都需要企业的绩效改进顾问对未来的预期有一个清晰的判断。只有预期是清晰的，才能够为后面的工作奠定扎实的基础。界定绩效目标，需要在目标的具体化、可实现性、时间限制、责任人等方面做出界定，也即是要应用 SMART 原则来描述出绩效目标，即：

目标必须是**具体**的（Specific）：目标要用具体的语言清楚地说明要达成的行为标准，不能模棱两可。比如"增强客户意识"这一描述就很不明确，因为增强客户意识有许多具体做法，如：可以具体到减少客户投诉，过去客户投诉率是 3%，把它减低到 1.5% 或者 1%，还有提升服务的速度、使用规范礼貌的用语、采用规范的服务流程，也是客户意识的一个方面。

目标必须是**可以衡量**的（Measurable）：目标应当是数量化或者行为化的，验证这些目标的数据或者信息是可以获得的。比如"为所有的新员工安排进一步的管理培训"。"进一步"既不明确也不容易衡量，是不是只要安排了这个培训，不管谁讲，也不管效果好坏都叫"进一步"？显然不是。我们改进一下：在什么时间完成对所有新员工关于某个主题的培训，并且在这个课程结束后，学员的评分在 80 分以上，低于 80 分就认为效果不理想，高于 80 分就是所期待的结果。这样，目标变得可以衡量。

目标必须是**可以达到**的（Attainable）：目标应当是在付出努力的情况下可以实现，同时又是能被大家所接受的，避免设立过高或过低的目标，也避免上司利用一些行政手段，利用权力性的影响力一厢情愿地把自己所制定的目标强压给下属。设置可达到的目标要坚持员工参与、上下左右沟通，使拟定的工作目标在组织及个人之间达成一致，这样既可以跳起来"摘桃"，又不会像"摘星星"那么困难。

目标要与其他目标具有一定的**相关性**（Relevant）：一个目标的制定与其他目标相关联。如果实现了这个目标，但对其他的目标完全不相关，或者相关度很低，那这个目标即使被达到了，意义也不是很大。比如让一个行政人员学 excel 表格的使用，也许哪一天他制表的时候能用得上，这时候 excel 的使用水平和行政人员后台支持的质量有关联。若你让她去学习六西格玛，就不太合适了，因为行政人员学习六西格玛这一目标与提高行政工作这一目标相关度很低。

目标必须具有**明确的截止期限**（Time-bound）：完成目标要有特定期限。根据目标的轻重缓急，拟定出完成目标的时间要求，定期检查项目的完成进度，及时掌握项目进展的变化情况，以便于及时地进行工作指导，以及根据工作计划的异常情况变化及时地调整工作计划。

如同上文提到的案例，绩效改进目标是设定为员工销售能力的提高呢？还是设定为收入增长率的提高程度呢？提高到多少？什么时间完成？这些都要明确。因为目标的不同直接影响到对绩效问题的确认以及后续行动方案的采取，所以这一步骤务必要做到准确清晰。

"准确清晰"说起来很容易，但实际操作起来并不是这样。举一个简单的例子：有人说我的目标是减肥，减 10 斤。这个目标看似很准确、很清晰了，但仔细的、深入的想想却不是这样，这背后还有更深层次的目标。因为，有的人减肥是为了健康，他现在实在太胖了，影响了一些身体指标，如果不减肥，很有可能引发疾病；而有的人减肥是为了更美，他们可能是模特，可能是演员，可能是些爱美的姑娘。因为深层的目标有差别，所以未来所采取的措施也会不一样，为了健康的那部分人就不能采取一些极端的牺牲了健康的手段来减肥，而为了美的那部分人则可以适当采用一些极端方式。所以说，我们一定要在定目标的时候，再多想一想，仔细、深入的想一想，别把目标定错了、定模糊了。

三层级目标设定

上文说要设定目标，以及如何设定目标，那么要设定什么样的目标呢？如小标题所示，绩效改进中的一个目标应当至少包含三个不同层级：组织目标、流程目标和工作目标。

组织目标是指一个组织未来一段时间内要实现的目的，是组织的宗旨或纲领。

流程目标是在组织目标的指导下，再制定出的每类业务或单位流程的目标。

工作目标是针对每类业务或流程中具体的工作内容所制定的目标。

光看概念可能不好理解，这里给大家举一个例子：

"提高流程效率和客户满意度"这样的目标是一个空洞的目标，我们也可以把它看做是组织目标，因为很多组织都需要实现这样一个目标。于是"提高流程效率和客户满意度"就成为了组织一段时间内的行动纲领或指导方向。

但同样的组织目标应用到不同的企业当中，具体流程目标可能就会不一样，比如"提高流程效率和客户满意度"这样的组织目标，针对餐饮企业的流程目标可能就是每日客户投诉率降低，每桌上菜速率提高；针对银行某部门的流程目标可能就是 24 小时内对收到票据准确地进行信用审核，柜台操作失误次数降低；针对客服人员的流程目标可能就是 5 星好评的数量增加，差评数量减少等等。这里，我们就可以看出组织目标和流程目标之间的差别了，组织目标更大，流程目标是其中某一类业务的目标，流程目标的实现都是组织目标实现的一部分。

那么再往下一层，工作目标就更小了，会具体到实际工作中的某一个动作。以"银行某部门 24 小时内对收到票据准确地进行信用审核"这个流程目标为例，具体到工作目标就会有：24 小时内 100%完成对收到票据的信用审核；信用等级较差的票据要全部退回给销售代表解决；通过审核的客户未结款项不能高于所有款项的 1%。这样一些具体动作就说明了什么样的表现是"24 小时内对收到票据准确地进行信用审核"。这里也能看出工作目标的实现都是流程目标实现的一部分。

不知道大家对于这三层目标是不是有所理解，这里还可以再给大家举一个例子，如下图所示：

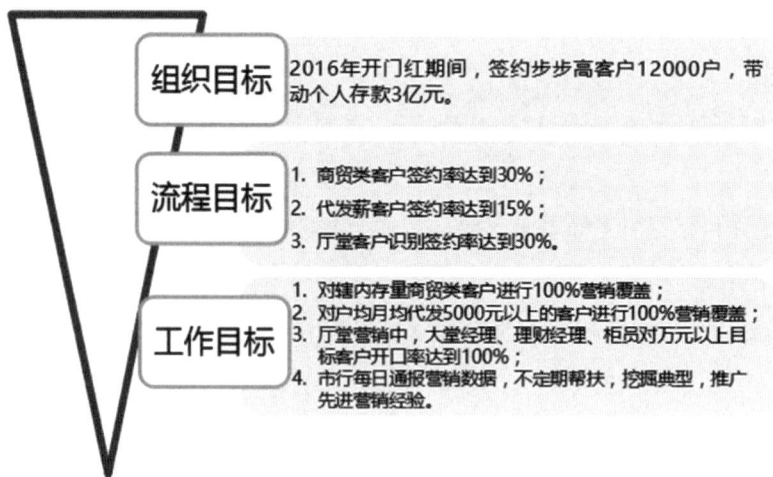

图 3 - 2

从组织目标、流程目标、工作目标这三个层级，我们不难发现，只有把目标从大到小，从组织目标，通过流程目标，最终细化到工作目标，我们才能说是切切实实定下来落地的目标，而不是只是"假大空"的目标。

寻找差距、界定问题

完成了对现状的描述和对绩效目标的界定，就可以发现在二者间存在的差距。一般来说，寻找差距有两种方法，一是关键价值链中，特别是关键价值链的底端去寻找；二是依据 4W 模型，我们可以把实际情况分类，并逐一分析找到差距。（有关关键价值链和 4W 模型，后面会有详细介绍）。如果这个差距足够引起关注并需要加以解决，就构成了我们要解决的绩效问题。

在界定问题或者说差距前，我们需要知道差距的不同类型。

从是否量化的角度，我们可以把差距分为已量化差距和未量化差距。针对这两种不同的差距，我们需要做两个动作，一是优先寻找可量化的差距，二是把未量化的差距进行量化，三是为不能量化的差距分层级，找出自己所在层级和更高层级间实际的差别，也就是差距了。之所以要把差距量化，因为只有把差距量化了，我们才能更好的去弥补差距。简单来说就是，如果我们仅仅说考试考得不好和考好，这样的差距，就是没有量化，那什么叫好，什么叫不好呢？但是量化以后就不一样了，只考了 60 分，可以说考得不好，下次要考好，考到 90 分。那么中间的 30 分就是差距，并且是量化了的差距。

以上这种考试的差距是可以量化的，但是还有一些差距没办法量化，这时就需要设法分层级，从中寻找差距。比如说客户关系是一种很难量化的关系，我们几乎没有办法给出一个数字说我和客户的关系到了这个分数。所以我想办法把客户关系分成了五级，从低到高依次为：了解客户基本资料、了解客户隐私信息、能够投其所好、客户找我帮忙和我找客户帮忙。这五级中又有一些具体的表现和动作，比如了解客户基本资料里，必须有的一个动作就是和客户加了微信，这个年代没加过微信怎么能算和这个客户有联系呢。再比如了解客户隐私资料，又可以细化到了解客户个人的隐私，例如，爱好、家庭关系等等；还需要了解客户公司隐私，例如，谁能拍板、同事关系等等。

你们看，一旦我把客户关系分了层级，我就会自然而然地知道我在哪一个层级，我希望到哪一个层级，中间这些差距，我需要如何去努力和弥补。

以上是从是否可以量化来为差距做的分类，换一个角度，从绩效现状与目标之间的关系来看，我们可以把差距分为三级，我又把它称作差距三级跳，如下图所示：

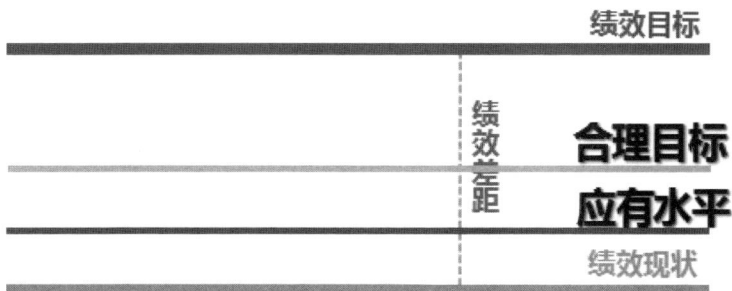

绩效目标

绩效差距

合理目标

应有水平

绩效现状

图 3 - 3

我们知道绩效现状和绩效目标之间的差距是绩效差距，但是要想达到绩效目标这一层，这中间还有两层需要特别关注，分别是：应有水平和合理目标。还是以考试为例，假设我这次考试考了60分，那么绩效现状就是60分，我的绩效目标是90分。应有水平意思就是，这次考试中间，我有很多粗心大意做错了的地方或者因为迟到了没能做完，部分可能被扣了10分，实际上以我的实力，至少是可以考70分的，这个70分就是我的应有水平。合理目标指的是，离下一次考试只有不到一个月的时间，这一个月我再怎么努力也达不到90分的，毕竟90分已经是全班数一数二的成绩了，但是我不能因为达不到90分就放弃，我可以先给自己定一个合理目标，先考到80分，先从下游水平提升到中游。

如上所述，绩效现状和应有水平之间的绩效差距是一个层级，和合理目标之间的差距又是一个层级，和最终的绩效目标之间的差距还有一个层级。在实际工作中我们很难一口吃成一个胖子，从绩效现状一下子跳到绩效目标。那不妨一个层级一个层级的跳，先达到应有水平，再达到合理目标，和绩效目标之间不断缩小差距，最终实现绩效目标，来个"差距三级跳"。

在确定差距之后，就需要对于绩效问题进行描述。这时候也可以应用SMART的原则来描述绩效问题，还如上面提到的案例，那个企业所面对的绩效问题不是如何增加培训的次数、不是如何提高课程的满意度，而是如何达成销售部门的绩效目标，如何依托培训提升销售人员的销售技能并进而提高销售业绩。

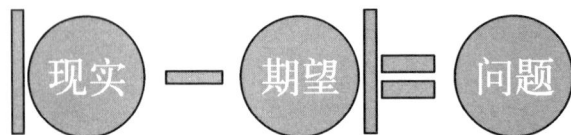

图3-4　问题的界定

但有些时候，一个绩效问题往往由众多因素相互交织在一起，不是很容易表达清楚，同时如果绩效问题被界定的太广，也会增加问题解决的难度。在这种情况下，则需要对这个复杂的问题进行再分解，将其分解成相互独立的问题，并确定最亟需被解决的问题。在这一过程中，绩效问题优选矩阵是一个很有效的应用工具。

优先矩阵可以根据公司的实际情况或者需求来设定相关的维度。比如从实施难度、对业务或结果影响程度进行优先排序，从而实现优先解决实施难度小、对结果影响大的问题或目标，把实施难度小、对业务影响小的问题或目标和实施难度大、对业务影响大的问题或目标作为中期改善目标，而把实施难度大、对业务影响小的问题或目标作为长期改善目标。（如图3－5）

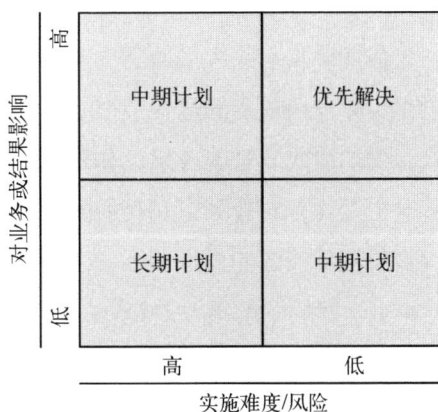

图 3－5 绩效问题优选矩阵

绩效差距优先矩阵还有另一种表现形式，如表3－1所示：

表 3－1 绩效问题优先矩阵的表格形式

绩效差距	关键性（差距的重要性）	复杂性（缩小差距的难度）	频率（差距发生的经常）	合计	排序
差距 1					
差距 2					
差距 3					
……					
差距 n					

我们可以按照差距的重要性（关键性）、缩小差距的难度（复杂性）以及差距发生的经常性（频率），对它们排出符合组织目标的优先顺序，从而有针对性地去解决。

绩效差距整理表

除了优先矩阵，绩效差距整理表是我认为非常有用的一个工具。组织经常会面对各种综合因素的考验，包括客户满意度、经济回报、市场份额、人员发展及产品性能等等。而这些综合因素都有可能出现绩效差距，我们在实际发现差距的过程中很有可能只关注到一个或两个点，而这样只会限制我们绩效改进的成果，和未来的竞争力。所以我们需要绩效差距整理表这个工具，它有如下对我们的帮助：

判断不良绩效的成本

● 更全面的了解绩效差距

● 快速判断需要进一步调查的绩效差距

● 明确评估差距和未来改进的标准和指标

● 将培训等项目与组织需要联系起来

这下面给出了两个绩效差距整理表：一个是空白的绩效差距整理表，一个是填入内容的示例。具体使用哪一个表格取决于你的具体情境。

空白的绩效差距整理表包含了这样一些需要填写的信息，见表3-2：

● 第一栏：关键举措。这些经常被称为目标或策略，比如"增加市场份额"、"减少人员流动率"、"降低成本"以及"提高销售量"。它们都是组织（不管是大业务单位，如一个部门，还是小业务单位，如一个任务小组）所关注的。

● 第二栏：指标。这些是组织追踪的数据，并将它看作目标达成的依据。有时，这些措施得到完好的记录和理解，有时，管理者光凭直觉做些记录。不管这些指标是如何被确定的，你都需要把它们全部找出来。

● 第三栏：标准或目标与实际绩效的对照。这指的是绩效差距：组织目前的状况与期望之间的差距。有些组织追踪绩效差距的系统已经成熟，而其他组织则不尽然。所以，你有必要了解你的客户是否有评估绩效的能力。如果有的话，就要弄明白他们是如何一步步达到绩效目标的。如果组织没有合适的系统评估绩效，那么他们是依据不完整的数据信息做出决定的。关于这一点，你也要有所了解。

● 第四栏：评估。这指的是组织怎样获取数据，这些数据可以用来找出绩效差距的原因，并评测差距的大小。使用该栏来确定已经获取了哪些信息，在哪里获取的这些信息，谁获取的这些信息，有哪些其他的信息是有用的，如何获得这些有用的信息。进行数据分析，得到的结果有助于你确定合适的干预措施。

● 第五栏：评估结果。在实施一项干预措施的前后都要评估结果。使用该栏是为了明确要作出什么样的改变才会使客户认为实施干预是成功的、值得的，即你开始讨论客户必须获得多大的利益才可以抵消他们采取行动花费的成本。在完成干预后，你可以检查并展示真正改变的是什么，它产生了多大的改变，以及改变的成本是多少。

表 3－2　绩效差距整理（空白样表）

目标：获取对组织来说重要的信息。绩效差距整理表能用来帮助你和客户讨论对彼此的期望。				
1. 关键举措、策略或目标：客户会关注和重视的事情	2. 指标：我们要追踪什么数据来评估绩效	3. 标准或目标与实际绩效的对照：客户的期望与现实的差距	4. 评估：如何获得确定绩效差距原因的数据	5. 评估结果：需要做出什么改变才能使得干预成功、有价值

绩效差距整理表其实非常有价值，当我们想要实施一个需要大笔投资的项目时，比如说一个认证项目或混合性学习课程，就会用到这个绩效差距整理表。绩效差距整理表帮助我们理解为什么需要为项目建立项目以及

如何建立。

为了便于大家理解每一项要填写的内容，更直观的认识到绩效差距整理表的价值，我们再看看这个填入内容的绩效差距整理表的示例（见表3-3）：

表3-3 填入内容的绩效差距整理表

目标：展示主动采取的举措与业务指标是如何联系的。此整理表有助于你向别人传达工作中存在或不存在哪些信息；组织会追踪或不追踪哪些数据；在哪里进行深度分析是有价值的。你也可以用此整理表促进有关依据的讨论——依据是什么，如何获得这些依据				
1. 关键举措、策略或目标：客户会关注和重视的事情	2. 指标：客户会依据什么来衡量绩效	3. 标准或目标与实际绩效的对照：客户的期望与现实；差距	4. 评估：如何获得确定绩效差距原因的数据	5. 评估结果：需要做出什么改变才能使得干预成功、有价值
客户满意度、员工满意度	等级、投诉量	目标：4.2 实际：3.7	数据调查、小组座谈、访问	等级较高、投诉较少
市场份额	实际百分比与潜在百分比	由比较产生的差距	市场调查	份额提高
员工绩效：时间、数量、频率、返工和浪费	完成过程所需时间、周期、每个时间段的电话或拜访量	非附加值低于X%，X%的比率；每个时间段的数量；浪费低于X%或X美元	时间表、访谈、产业指标、工作表、观察报告	产品、员工、过程绩效的改进；较少的浪费
财务绩效：成本、成本收益、销售收入、现金流	固定可变资本、投资回报、资产收益、资本收益、边际收益、增长比例	单价、销售电话或客户建议、销售成本要低于X美元或成本的X%，X%的销售增加值，X%的增长	日常报告、实际与预算差距、营业额分析	提高收益率、降低成本、高利润、高收入、增加现金流
产品绩效：准确性、一致性、合格率	次品率、收益率、计划外服务、正式档案	零缺陷、次品率低于X%、计划外服务与计划内服务的比率	控制统计过程的数据、质量控制报告、投诉电话和传讯	较少缺陷、较高成效、较高收益、更好的比率、有关问题产品的报告减少

这个绩效差距整理表包含了一些常见的组织主动采取的举措，公司如何评估这些举措的绩效，不同绩效差距的大小，如何确定这些绩效差距的成因，组织会接受的改进绩效的依据。在使用绩效差距整理表时，我们会问哪些事例与我们的工作相关，哪些事例与我们的工作无关，针对我们的工作应该怎样修改绩效差距整理表。大家回答使我们对大家认为的重要的东西有了更深的了解。

绩效差距整理表会使组织明白他们真正知道什么，需要在哪里更明确定义期望，当前绩效和不足之处。

分析问题产生的原因

基于已确认的绩效问题，常见的做法是寻找解决问题的方案。但是依据绩效改进罗盘或相关模型的方法，接下来要做的动作是要对问题背后的原因进行分析，从中找到关键要素。西方有著名的"蝴蝶效应"，东方也有"飓风起于青萍之末"的古语，这些都说明我们看到的往往只是一些表象或结果，只有真正找到导致问题产生的核心原因，才能够有助于最优的解决绩效问题，做到事半功倍；反之，如果抓不到核心原因，后续的解决方案就往往会出现不能深入、以偏概全、张冠李戴的情况。

如前文案例的所提到的企业，培训管理者最初认为销售部门绩效不高的原因是因为销售人员的能力不够，因此就组织一次销售技巧与销售能力提升的课程，但是培训过后对新产品的销售绩效帮助并不明显，后来经过深入研究发现，新推产品的收入增长率不高，是因为销售人员对如何销售这款产品的方法不知道，自己以前掌握的销售技巧对其他产品是有效的，但对于这款产品是无效的。经过这样的分析，培训部门确定要开发一门针对本款产品的销售技巧课程，找住了这个核心要因，采取了新的培训方法，终于带来销售业绩的大幅提升，这样的行动也得到了销售部门的高度认可。

问题要因分析，需要绩效改进顾问围绕组织、流程、人员三个关键方面进行展开，寻找关键因素，在这样的过程中，头脑风暴、鱼骨图、MECE原则、why-why图等分析工具将会起到很好的帮助效果。

第三节　组织分析——确定绩效目标

"请你告诉我，我该走哪条路？"

"那要看你想去哪里？"猫说。

"去哪儿无所谓。"爱丽丝说。

"那么走哪条路也就无所谓了。"猫说。

——刘易斯·卡罗尔《爱丽丝漫游奇境记》

与上一段话有着异曲同工之妙的是一句谚语："如果你不知道要去哪里，那么你最终会到达一个你不想去的地方。"同样的道理，如果我们连组织的目标都不清楚，那又何谈绩效改进的目标和方向？前文中也各种提到过，目标不清是导致绩效不佳的主要原因之一。所以我们第一步要做的是进行组织分析，以帮助我们确定目标。

什么是组织分析

组织分析作为绩效改进的第一步就是要对这一阶段组织的愿景、使命、价值观、目标、战略及关键问题等核心内容进行检验和分析，以确定组织的商业目标，以及在此目标下什么才是重要的，又会有那些因素对其产生了重要作用。

组织分析的要素

在进行分析前，首先让我们明确组织分析的核心内容。

■ 愿　景

愿景通常是由组织内部的成员所制订，借由团队讨论，获得组织一致的共识，形成大家愿意全力以赴的未来方向。愿景是企业最高层次的追求，是组织对其最终所期望状态的长远眼光，是组织希望自我转变的形态，是对组织独特的核心价值观和原则的描述。

愿景目前已经成为企业领导者所必须的一种职业期许，企业领导者具备了并树立自己的愿景才能让员工更好的得到一种发展的设想与空间，才能更好的建立团队稳定性与战斗力，从一定程度上延长团队寿命。例如：麦当劳的愿景是"成为世界上服务最快、最好的餐厅"，迪斯尼公司的愿景是"成为全球的超级娱乐公司"。

有没有共同愿景对于员工的行为来说，具有看起来微小实际却十分重大的差别。比如员工的奉献精神便与组织的共同愿景息息相关。而如果没有共同愿景，那么奉献的行为不仅不会产生，连真正遵从的行为也不可能。在《第五项修炼》中，彼得·圣吉博士精微地分析了奉献、投入、遵从之间的区别，他引用基佛的话"投入是一种选择成为某个事物一部分的过程"，"奉献是形容一种境界，不仅只是投入，而且心中觉得必须为愿景的实现负完全责任"，进而认为没有共同愿景的组织往往只会导致员工对上级对组织的被动式的遵从，而决不会导致对组织的真诚奉献。

■ 使　命

使命就是企业生产经营的哲学定位，也就是经营观念，具体来说企业在社会进步和社会、经济发展中所应担当的角色和责任。使命是建立在企业远景的基础之上的，它具体地定义了企业在全社会经济领域中所经营的活动范围和层次，具体地表述了企业在社会经济活动中的身份或角色。它包括企业的经营哲学，企业的宗旨和企业的形象。

组织使命受到市场需求、生产能力、自然资源、监管行为、技术、经销方法、所提供的产品和服务等类似因素的驱动。比如："致力于提供使工作、学习、生活更加方便、丰富的个人电脑软件"是微软公司的使命，"帮助杰出的公司和政府更为成功"是麦肯锡公司的使命。

美国著名管理学家彼得·德鲁克认为，为了从战略角度明确企业的使命，应系统的回答下列问题：

(1) 我们的事业是什么？

(2) 我们的顾客群是谁？

(3) 顾客的需要是什么？

(4) 我们用什么特殊的能力来满足顾客的需求？

(5) 如何看待股东、客户、员工、社会的利益？

■ **价值观**

价值观是组织长久的核心理念，是企业及其员工的价值取向，是指企业在追求经营成功过程中所推崇的基本信念和奉行的目标。价值观促使组织更好发展并实现其愿景。价值观对于组织而言具有深层次的意义，并在组织品牌、营销和财务评估中发挥巨大作用。美国加利福利亚大学的菲利普·塞尔兹尼克（Philip Selznick）曾说："一个组织的建立，是靠决策者对价值观念的执着，也就是决策者在决定企业的性质、特殊目标、经营方式和角色时所做的选择。通常这些价值观并没有形成文字，也可能不是有意形成的。不论如何，组织中的领导者，必须善于推动、保护这些价值，若是只注意守成，那是会失败的。总之，组织的生存，其实就是价值观的维系，以及大家对价值观的认同。"

海尔公司把价值观定为"真诚到永远"，IBM提出"最佳服务精神"，无论具体表述如何，他们都把为顾客提供世界上第一流的服务作为最高的价值信念。

实际上，企业文化就是以价值观为核心的，价值观是把所有员工联系到一起的精神纽带；价值观是企业生存、发展的内在动力；价值观是企业行为规范制度的基础。价值观包含四个方面的内容：

(1) 它是判断善恶的标准；

(2) 核心价值观是这个群体对事业和目标的认同，尤其是认同企业的追求和愿景；

(3) 在这种认同的基础上形成对目标的追求；

(4) 形成一种共同的境界。

■ 目　标

目标指组织希望未来一段时间内要实现的目的、取得的结果，是即将实现，或能够通过努力实现的规划。它是管理者和组织中一切成员的行动指南，是组织决策、效率评价、协调和考核的基本依据。目标必须与组织的愿景、使命和价值观保持一致。与愿景和使命不同，目标是在近一段时间内可以通过努力实现的，愿景有助于确定目标，目标为实现愿景服务。

本章第二节中，我们也相对详细的阐述过目标相关的内容，这里再补充一些。目标按时间分可分为：近期目标（1 年以内）、短期目标（1～3 年）、中期目标（3～5 年）、长期目标（5 年以上）；按整体与局部可分为：整体目标、部门目标；按职能也可分为：营销目标、销售目标、财务目标、生产目标、人力资源目标、研发目标等等；按管理层级由低到高可分为：基层作业目标、中层职能目标、高层战略目标。

■ 战　略

战略是组织为促进经营发展而制定的，是企业根据环境的变化、本身的资源和实力选择适合的经营领域和产品，形成自己的核心竞争力，并通过差异化参与市场竞争的谋略。战略的作用是确定组织的市场定位、发现和培植客户、在全球环境下与其他组织竞争、发展竞争优势、实现广泛的目标和目的等等。

战略包括：企业从事生产经营活动的领域，资源、技术配置所达到的水平和模式，在市场上形成的与其竞争对手不同的竞争地位，以及对已有的设备、专利、生产技术、销售网络、商标等，进行合理组合等。

战略具有六大主要特征：

（1）指导性：界定了企业的经营方向，明确了企业的经营方针和行动指南，并筹划了实现目标的发展轨迹及指导性的措施、对策，在企业经营管理活动中起着导向的作用。

（2）全局性：立足于未来，通过对国际、国家的政治、经济、文化及行业等经营环境的深入分析，结合自身资源，站在系统管理高度，对企业的远景发展轨迹进行了全面的规划。

（3）长远性：着眼于长期生存和长远发展的思考，并且必须经历一个持续、长远的奋斗过程，除根据市场变化进行必要的调整外，战略通常不能朝夕令改，具有长效的稳定性。

（4）竞争性：因为有了竞争才确立了战略在经营管理中的主导地位。战略在进行内外分析，明确自身优势的基础上，通过设计适合的经营模式，形成特色，增强企业的竞争力。

（5）系统性：战略通常由决策层战略、事业单位战略、职能部门战略三个层级构成，这三个层级环环相扣。事业单位和职能部门的战略需要遵从决策层的战略，职能部门的战略也要结合事业单位的战略，并侧重分工。

（6）风险性：企业做出任何一项决策都存在风险，战略决策也不例外。仅凭个人主观判断市场，过于理想或对行业发展预测偏差，制定的战略就会产生管理误导，甚至带来破产的风险。

■ 关键问题

关键问题，又称为关键业务问题或关键成功问题，是指对组织经营的成败有重大影响的事项，以及组织内存在的急需解决的问题或机遇。

关键问题的典型事例包括增加销售额、提升客户满意度、扩大市场份额、降低或消除过度浪费等等。

以上就是我们在进行组织分析时需要确定的六个核心内容，确定了分析的内容后，我们就需要知道如何对这些内容进行分析。

组织分析的方法

绩效改进顾问开始企业组织分析时通常有三个步骤：

1. 首先审查已有的文档，例如企业组织的战略计划、历史记录、规章制度、董事会议记录、年会报告和新员工培训资料等等。

2. 绩效改进顾问应该尽可能地通过访谈、问卷调查、小组活动等方法收集内部、外部利益相关者的感受和意见。

3. 在通过以上两步收集到相关信息后，绩效改进顾问还需要将这些现有信息归纳整理，最后与组织高层达成一致，以便形成和确认最终的绩效目标。

在本书的第一章中，我们提到，根据后来对于行为工程模型的研究和实践，大量的证据证明，我们有 80% 的绩效问题是目标、标准和反馈这三个因素导致的。同样的以往绩效改进顾问的经验告诉我们，组织分析时通常会遇到与"目标"有关的两个问题：

1. 组织的核心问题没有一一理清。例如，一个企业制定了使命、目标和战略，但是企业的领导认为他们不需要详细解释组织的愿景或价值观。然而这些核心内容从不同层次反映了组织目标，唯有清楚每一个问题才能更好地得出绩效改进的方向和目标，同时也在设计和实施时能够更加贴近组织，减少阻力。

2. 组织成员对组织核心问题理解不一。例如，组织的三个战略制定者对组织的愿景、使命和目标理解各不相同。这样的问题会导致绩效改进的目标不统一，或是在未来实施时遇到组织部分高层管理者的抵制，从而导致项目失败。

所以读者在未来工作中进行组织分析时，务必和组织高层确认这两个问题不会出现，以防止在未来的工作中出现目标缺失或目标不一的情况，导致更多的问题。

组织分析的案例

K公司是一家为中老年人提供健康咨询和医疗服务的组织，2011年的时候，该公司准备对组织的核心内容重新进行定义，原因是公司的客户数量不断减少，并且客户反馈表上的信息说明该公司没有能够满足客户的目标和期望。

该公司之前没有对愿景、使命、价值观及目标作出过明确的定义。公司董事长决定聘请外部顾问，在下一次董事会前明确组织的核心内容。这一决定获得了董事会的一致认可。

于是公司请来了绩效改进顾问为公司进行诊断。为了深入了解该公司的期望和实际绩效，绩效改进顾问首先进行了组织分析，审查了公司相关的历史文件，包括：董事会会议记录、客户资料、客户会议反馈以及销售和客服部门的报告，等等。接着，绩效改进顾问提出召集公司董事会，召开为期一天的会议，在会议上绩效改进顾问会和董事会成员合作确定企业组织的战略方向。

会议一开始，公司代表向董事会成员介绍了参与本次项目的绩效改进顾问，接下来绩效改进顾问简短地介绍了经过他们收集和整理的核心内容。之后，绩效改进顾问让董事会成员完成一个游戏，目的大致包括：

（1）引起董事会成员对组织六个核心内容的关注。

（2）让董事会成员清晰的知道组织六个核心内容的定义。

（3）帮助董事会成员在定义上达成共识。

游戏结束后，董事会决定这一天的会议会专注于讨论使命、愿景、价值观和目标。如果时间允许的话，再集体讨论下一个会员年的战略。随后董事会12名成员分成三组，每组4个人。每个小组都拿到绩效改进顾问整理和分析的报告，小组成员开始分别根据组织过去和现在的实际情况以及未来的发展趋势为组织做一份愿景声明。每个小组在白板上写下各自的愿景声明。然后整个董事会一起讨论这三个愿景声明，并选择或综合一个作为组织的愿景声明。

使命和价值观的确定同样遵循上述程序。在接下来的时间里，绩效改进顾问努力让董事会成员在一天会议的最后时间中保持热情，根据已确定的使命陈述讨论出一系列初步目标。因为没有体现"目标是什么"的核心内容是没有意义的，所有的努力都将付诸东流。

但是绩效改进顾问很难确定董事会讨论出的核心内容与客户的期望有多大的差距，所以这之后绩效改进顾问又让一些公司重要的战略客户参与了进来，对他们进行了访谈，听取了他们的意见和建议。最终确定了 K 公司的核心内容，并在下一次董事会前提交了报告，交由董事会通过。

如同案例最后分析的那样："如果没有体现'目标是什么'，那么所有的努力都将付诸东流。"本节的开始我们也提到："如果我们连组织的目标都不清楚，那又何谈绩效改进的目标和方向？"所以绩效改进顾问第一步要做的就是进行组织分析，以帮助组织确定相关核心内容，并从中找到绩效目标，保证绩效目标与组织发展的愿景、使命、目标等相一致。

第四节　关键价值链的重要作用

我们知道，万事万物都是有联系的，当我们发现了之间的联系，并有针对性的做改变时，就会更加有效，更容易看到我们想要的结果。关键价值链就是这样一个发现或者说是展现"联系"的工具。前文说到，关键价值链是寻找差距的方法之一，所以它也是绩效分析、现状分析的工具。

目标清楚了，现状怎么看清楚？大家平时看现状都看哪些指标呢？比如要看某某行业门店产能的现状，有人说那看看每个产品的产能是多少；每个营业员的产能是多少。这些指标其实都是滞后性指标。那看门店的产能到底要怎么看才能看得系统全面呢？

看现状其实就是建立现状数据和目标之间的关联性，看哪些现状和目标有直接关系？哪个出现了问题？哪个是机会点？价值链有很多条，我们要找到关键的那一条，这是特别重要的。

价值链就是要把影响因素中和结果直接的线性影响因素找出来，从而建立结果和影响因素间的关系。所以一个结果涉及的价值链会有好多条，关键价值链就是对结果影响最直接的那条。画关键价值链的过程更是建立数据间紧密联系的一个过程。

以零售终端为例，如果我们不知道零售终端的关键价值链，但又想提高终端的销售业绩，我们需要做什么？可以肯定，大家会七嘴八舌，给出很多的方案来。可能这些方案都会有效，但是如果我们在设计方案之前，先把关键价值链找出来，就能更清楚现状，也更容易分析原因，那么相信所设计的方案就会更有针对性，也更知道去哪里找不足。

如下图所示，零售终端的关键价值链：店面销售额＝店面客流×成交率×平均单价×重复购买次数。

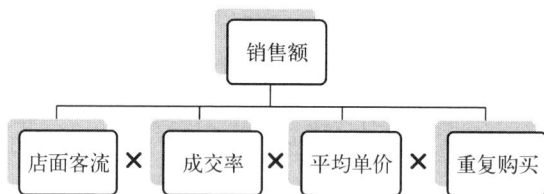

图3-6 零售终端的关键价值链

有了这样一个关键价值链，我们就可以知道从哪里去做工作了，这四个方面都可以着手，提高了任何一项的数据，都可以提高业绩。那这四项相比有没有优先顺序呢？当然是有的，在某一方面特别薄弱或者以前没有关注到的时候，一定是从那一方面着手。如果每一项都差不多的时候呢？一定是从进店客流着手，为什么呢？因为进店是前提条件，没有进店客流，那么其他项目也就无从谈起了。

以店面客流为例，我们看什么信息或者用什么方法可以知道进店客流是否足够或者令人满意呢？前面我们介绍过，工作观察法。其实这个问题很简单，也很好解决，我们只要运用工作观察法，观察每天销售人员每天忙的时候多还是闲的时候多，并进行记录和分析就可以了。如果他们每天都是忙的时候多，这个时候如果还是导客流进去，就会出现接待不了的问题，没准客人还会投诉。如果销售人员每天都很闲，那么很明显，我们需要导流了，得吸引进店客流。

面对店面客流，我们至少有两点需要关注，一是绝对数量，二是分析原因。之所以要关注绝对数量是因为我们要知道，自己期望进店的客流是多少，而实际是多少，也就是绩效目标和绩效现状。如果数量有差异，就证明这中间存在着绩效差距。我们就需要去分析原因了。所以关键价值链帮助我们认清了现状，为发现原因提供了方向。

要做现状分析，就必须更加深入。所以，有了客人进店之后，我们还要看，老客户有多少，新客户有多少，等等。那看这些内容是无端端的，拍脑门子想出来的吗？当然不是。在这之下还有关键价值链。也就是说，我们还可以就某一个指标继续画出关键价值链，比如这里的进店客流。

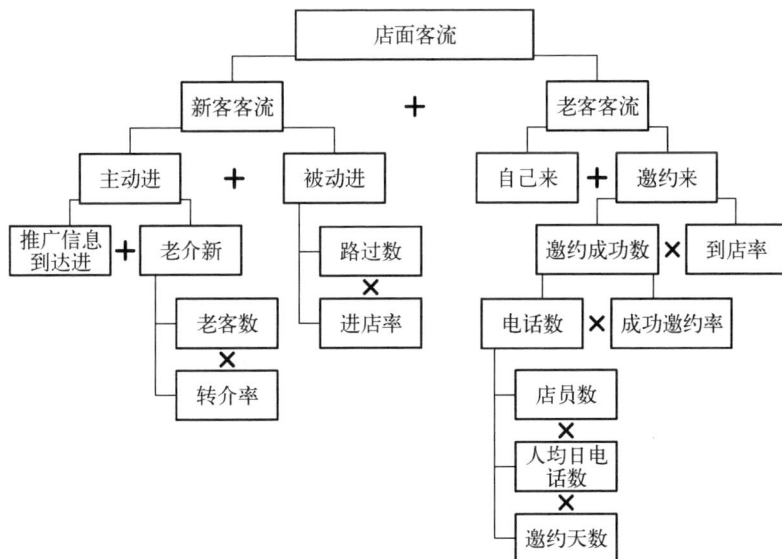

图 3 - 7　进店客流的关键价值链

通过画出进店客流的关键价值链，我们可以看出，进店客流除了新老的差别外，他们进店后的动作或者我们需要吸引他们前来的动作也是不一样的。这个时候我们就可以分析，这些动作有没有做到位，是不是因为这些动作做得不够好，导致了进店客流不足。

所以针对一个问题，我们必须把价值链画得够细，才能做得更对、更好！通常我们提到客流，最先想到的可能是这个店的店面位置。诚然，位置是很重要的影响客流的因素，但是如果我们仔细地思考，深入地去探究他的关键价值链，你就会发现，不是所有的客流都和位置密切相关。比如说新客客流，就又可以分为主动进和被动进，那么什么是主动进呢？比如说我们的培训，上课之前就会通知大家时间、地点，学员就会根据这些信息，主动地找到教室，这种就是主动进。我们会发现，对于主动进的这部分人，店面位置的影响可能就不会很大。但是对于被动进的人来说，位置可能就影响很大了，就是他们走到门口发现，原来这里是卖这个东西的呀，要不进去看看吧。其实在被动进这里，也可以往下继续细化，比如分成自然被动进和拦截被动进，自然被动进就是上面提到的那种。拦截被动进指的就是，商家在门口站一些导购，向路过的人做宣传，并且把他们引导进店里。

关键价值链细化到这里的时候有什么好处呢？我们会发现，比如进店客流下面的指标，我们都可以找到相关的数据或者信息填充进去。一旦填上了数据，关键价值链就变得更加直观了。哪里做的好，数据高，哪里做得不好，数据低，数据和结果之间的关系也十分的清楚。这就又回到了本节开头所说的，关键价值链的重要的作用之一：清楚地了解现状，发现差距。

和进店客流一样，成交率也可以进一步地画出关键价值链来。以上一节中提到的眼镜行业的销售成交率来说，可以如下图所示。

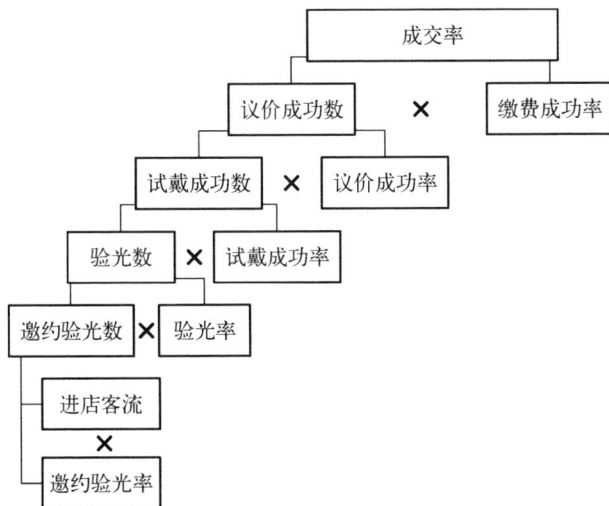

图3-8 眼镜行业的销售成交率

从上面的介绍中，我们不难看出当把关键价值链画得深入且完整的时候，我们就会从中找到提升绩效的痛点，从而帮助我们分析产生绩效差距的原因，和提升绩效的方法。这里所谓的痛点，我觉得包括三个方面：第一，重点，也就是一定要做好，必须做好的事情。第二，短板，就是现阶段做得特别不好的事情。第三，机会，也就是之前可能忽略了，但是如果这件事做好了，会对结果产生正向影响的。在之前的内容中就有说到，之所以叫干预方案而不是解决方案，很重要的一个原因就在于，绩效改进很有可能并不是去解决问题，而是去寻找、发现和利用机会，从而做得更好。所以我认为，在面对重点、短板和机会时，我们更应该去把握机会，而不一定是去补短板。在绩效改进的课程中，我会让学员就自己公司或者工作中实际遇到的问题去尽可能详细地画出关键价值链，其中有不少学员就从画关键价值链的这个过程中，发现了自己工作中的机会，并运用到了自己的实际工作中，最后提升了绩效。大家不妨也去试一试。

给大家一个我们如何帮助客户找到机会点的案例。某保险公司案例，公司电话销售，最下端是"名单量×接通率"，然后往上到实收环节，分了在线、上门和配送三种方式实收成交。顾问老师对此提出问题：1. 客服拿到的客户名单来源相同吗？相同，都是公司给一部分，自己收一部分；2. 不同的名单成交率一样吗？不一样；3. 每个员工的销售能力一样吗？不一样。问到这里，大家发现机会点了吗？做一个调整，就是把质量高的名单分给能力强的员工，同时激励政策做一个调整，质量高的名单奖励变低，质量低的名单奖励变高，这样结果就会大不一样。还有另一个机会点也被挖掘出来，关于实收的三种方式在线，上门. 配送的实收率差距很大，在线占比 8%，实收率 99%；配送占比 70%，实收率 85%；上门占比 22%，实收率 50%；机会点在哪里？三种方式中，线上实收率高，但占比最低，如果把代价最高的上门实收改为发展线上实收，代价会大大降低，比如配送成本的节省，但成交率最高，这样就可以大大提升绩效了。这套方案在该保险公司推行，效果特别好。这就是如何通过价值链看现状数据，找到痛点，更重要是能找到机会点，从而使结果事半功倍。

一般来说，价值链是线性的，只有线性指标才能在价值链中呈现。但如果有非线性的指标但还想分析它，怎么办呢？那就要先把非线性的指标线性化后再来分析。给大家举个非线性指标线性化的例子。比如一个酒店的客户满意度，如何来看现状数据呢？酒店通过制定客户满意度的衡量标准，把客户满意度这个非线性指标线性化，可以有评估数据了。酒店的客户满度度＝暗访满意度（40%）＋会员满意度（40%）＋非会员满意度（20%），前两项占比最高，是因为会员满意度最重要，暗访的人最了解标准，评估数据相对准确。这样评价酒店客户满意度的分析是不是就变得客观公正了呢？

关键价值链除了能让我们更加直观的找到问题所在，也能帮助我们换一个角度去看问题。比如一家南京的企业，先前男性员工的离职率特别高，这可愁坏了公司的 HR，毕竟对于一个重体力的劳动密集型公司来说男性员工是相当重要的。在画出相关的关键价值链，并填入数据后，他们发现，离职比例最高的是当地不住宿的男性员工。经过分析，这部分员工家庭和人脉情况都好过其他员工，所以他们在外面有更多的就业机会，面对重体力劳动时，自然会有所退却。所以在设计干预措施时，HR 并不是针对这部分当地不住宿的男性员工所存在的问题，去采取更多的激励或者福利，而是在招聘时就减少这部分员工的数量。这样一来，离职率这一问题，也就迎刃而解了。

如何画好关键价值链

既然关键价值链这么好用，那么问题来了，如何才能画好关键价值链呢？

第一，关键价值链中的先导性指标必须和结果直接相关。同样是零售终端的关键价值链，如右图所示，我们看和之前的相比有什么不一样的地方？

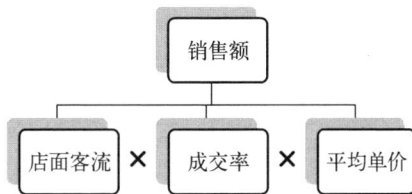

图 3-9

它少了"重复购买"这一项先导指标。为什么呢？什么时候会出现这种情况呢？哪里出现重复购买的可能性极低或者可以忽略不计呢？仔细想想，我们会发现，像机场、火车站这样流动人口比较多的地方，重复购买的顾客可能就比较少。所以在研究这部分店面的时候，重复购买这一项就不需要列进关键价值链中，想办法增加重复购买，也就不是这部分店面所需要做的事情了。

第二，一般关键价值链只有两种类型，一种是业绩结果，一种是流程效率。如果是其他类型，很有可能，你就画错了，或者这个项目不适合用关键价值链去分析。

业务结果的关键价值链很好理解，就是我们上面不断举例的，零售终端销售额的关键价值链。

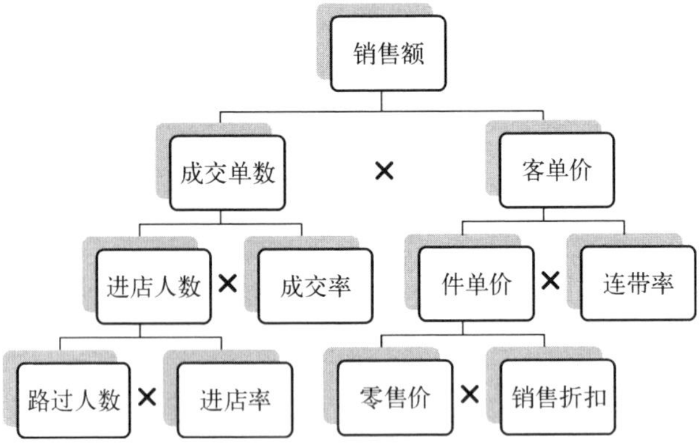

图 3‑10　业务结果的关键价值链

对于业务结果的价值链来说，它的每一个先导指标都反应了影响结果的各个点。一般来讲店铺对"率"的影响力会大于对绝对值的影响力，如我们可能没有办法影响路过人数，但可以想办法提高进店率；没办法提高零售价，但可以控制销售折扣。每项提升 10% 均能提高销售额 10%。

所谓流程效率的关键价值链，就是反应完成一件事，从前到后步骤和顺序的价值链。比如，下图就是一个反映新产品上市的流程效率的关键价值链。

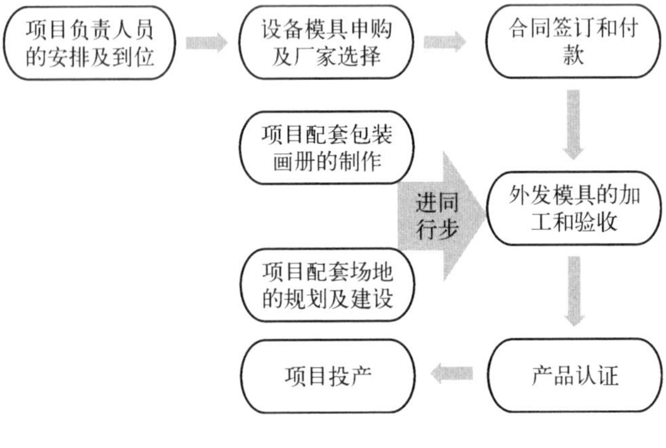

图 3‑11　流程效率的关键价值链

这个价值链几乎完全不同于我们先前看到的关键价值链，在这样的关键价值链中，每一项先导指标都是完成这件工作所遇到的关键节点，或者说是必须完成的动作，并且这些动作的先后顺序运用箭头表示了出来。在这样的关键价值链中，我们只需要把其中一步做得更好，或者把每一个步骤都进行优化，就可以使得最终的结果更完美了。

第三，一个业务结果的关键价值链中的先导性指标之间的关系是线性的。简单来说，就是先导性指标之间通过加减乘除这样的运算，就可以推导出结果。

比方说我们之前举的例子中，进店客流可以通过老客户和新客户的进店客流相加得出，销售额可以通过进店客流、成交率和单价相乘得出。这些我们所需要达成的结果都可以运用关键价值链中的先导指标进行简单计算得到，只有这样，才能简单直观地体现出数据与数据之间的关系，也就是方便我们了解现状，抓到痛点。试想如果一个关键价值链中的数据之间关系特别复杂，甚至是没有什么关系，我们又如何从中得到想要的结果呢？

第四，一个先导指标在一个关键价值链中只能出现一次。怎么理解呢？比如下图，就是课堂上一组学员所画的关键价值链，你们看出其中的问题没有？

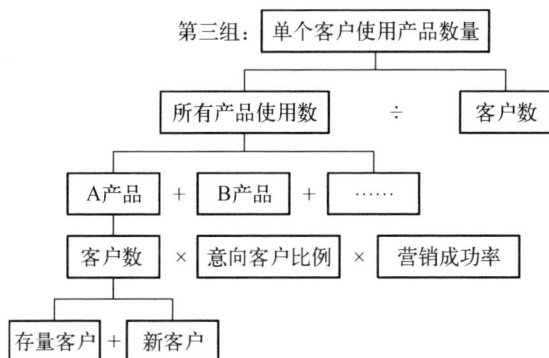

图 3-12　出现重复计算的关键价值链

157

这是一个银行的案例，在这里他们想要研究单个客户使用他们银行产品的数量。我们看第一级的先导指标：所有产品数除以客户数得到单个客户使用的产品数，这个逻辑是对的。然后所有产品又分成了 A、B、C 等等产品，这时候他们想要把每一个产品的使用数计算出来，相加得到所有产品的使用数，这个逻辑也没问题。但是在计算每种产品的使用数时又出现了客户数。当客户数不止一次的在总的关键价值链中出现时，计算就会重复、循环，甚至是混乱，也就得不到满意的结果了。

第五，关键价值链通常有两种画法：还原现有做法和借鉴标杆经验。比如先前举例的新产品上市的流程效率的关键价值链，可能就是还原了该公司现有的做法，可以对现有做法的各个环节进行改进。

但是，对于新成立的公司来说呢？他们没有现有做法。又或者现有做法也许就不对呢？即使对每一步的效率做提升，也不一定能实现最终结果啊，就好像第一章中所说的选对和做对，也许选就选错了，怎么做都不会对。这时候我们就需要画出标杆企业的做法，看看别人的流程效率是怎么做的，他们的业务结果是如何达到的，再对比自己，从而有针对性的改进。

关键价值链说起来简单，但是真正画的时候就会遇到各种各样的问题，比如在研究产品总量时，每种产品的分类就没有分清楚，等等。所以以上五点仅仅是关于画好关键价值链的最最基本的提示，大家还需要在实践中不断去摸索，画出与自己行业、公司或工作相关的正确的关键价值链。

第五节　环境分析——了解组织现状

绩效是由人产生的，所以和人一样，绩效不是凭空就有的，而是存在于一定的环境中，环境既可以反映组织的现状，也可以维持或者提高现有绩效以达到期望的或理想的水平，所以绩效改进顾问需要进行环境分析，根据个人和组织的实际情况来解决工作中的绩效问题。

什么是环境分析

环境分析是一个用来确定现实环境中哪些因素可以支持绩效并对这些因素进行优先级排序的过程。环境分析的目的不是辨别问题，而是评估组织的外部和内部实际正在发生什么，以便我们了解人们行为的原因，就人们做各种事情的原因给出解释。环境分析可以与差距分析同时或在其之后进行。

环境分析的要素

和组织分析一样，在分析前，我们必须知道需要分析什么。那么在进行环境分析时，罗思韦尔（William J. Rothwell）的"绩效环境变量"即"4W"模型（如图 3 - 13 所示）就是我们必须熟知的，它明确地告诉了我们需要分析的要素和层次。在国际绩效改进协会（ISPI）的绩效改进模型，也是以"4W"为基础进行的环境分析。

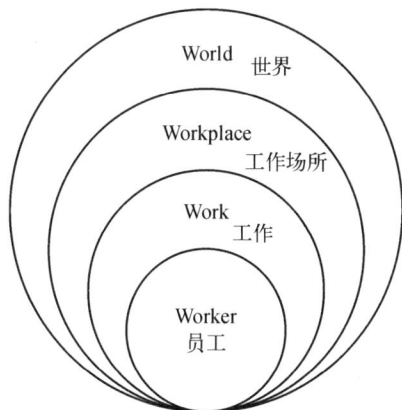

图 3 - 13   "4W"模型

所谓的"4W"即指：World（世界）、Workplace（工作场所）、Work（工作）以及 Worker（员工）这四个部分。

■ 世界（World）

这是一个非常广的范畴，主要包括了文化和社会两个方面，对这两方面社会现实进行分析是为了了解他们是如何影响组织和员工绩效的。在对世界进行分析的过程中，绩效改进顾问需要确定在文化、社会方面，谁是组织的外部的利益相关者（组织的外部利益相关者可能包括客户、供应商、经销商、持股人、行业监管者等等），在这些人中谁对于组织的成功是至关重要的。

对于一个处于当今全球大背景下的负责任的组织而言，其最终目的是通过发挥企业的主动性和参与社会实践来体现其社会价值，推动其社会责任的普及，进而为整个社会做出贡献。所以组织承担着怎样的社会责任，也是我们需要考虑的内容，这对于我们确定绩效差距，制定行动计划有着重要的意义。

另外，分析组织所面临的不断变化的竞争和挑战也是对世界分析的一部分。

■ 工作场所（Workplace）

工作场所分析包括了对组织架构，资源分配、设备工具的使用情况，组织内部利益相关者和竞争等方面进行的分析。对工作场所分析的目的是为了发现上述的组织内部的情况是如何对绩效是起作用的。在分析过程中所获得的信息应该能够回答如下问题：

● 组织中的哪些因素或者实践影响员工工作的效度和效率？

● 组织中的哪些因素或者实践对于获得期望的绩效是至关重要的？

工作场所有特别重要的一点是对人的分析。研究表明，最佳工作场所的五个指标：

可信度，包括沟通、能力和诚实。

尊重，包括支持、合作、关心。

公平，包括平等、公正、正义。

自豪，包括对个人工作、团队、公司的自豪感。

友情，包括热情和团队归属感和亲切感。

对这些指标进行分析可以帮助我们发现工作场所中在"人的一面"存在的不足。

■ 工作（Work）

这一分析的核心是发现有关工作设计或程序层面的问题。每个职位和流程的设置都要能够使绩效的实践者，即员工能够完成期望的绩效目标，所以工作分析主要考察职位的设置和流程的设计是否能够使员工实现理想的绩效。有效且高效的职位设计包括以下几点：

- 分配工作职责以促进而不是阻碍期望目标的达成。
- 与工作相关的活动以及工作流程有一定的逻辑顺序。
- 员工能够获得清楚的定义和记录与工作相关的政策和程序。
- 对工作环境进行有效的工学设计以减少实现目标绩效的障碍。

■ 员工（Worker）

对员工的分析集中在员工的近况方面，更为具体地说，是集中在雇员的知识、技能、能力、动机和期望等方面的问题。对员工的分析是环境分析的最后一个步骤，但这并不意味着它是无关紧要的。员工分析揭示了雇员知道或不知道的事情、完成工作的体能和智力、工作动机以及对完成工作的期望，等等。

环境分析的方法

在对世界进行分析时，绩效改进顾问可以查阅现有文件，如客户调查表，并通过采访、小组活动或者调查的方法来确定组织是如何与其外部环境交互的。也利用互联网或国家相关政策法规来对行业和社会信息进行收集，以了解企业所面临的外部竞争环境和未来趋势。

面对工作场所分析，多渠道的、开放性问题是信息的最佳来源，因此分析过程采用调查、访问以及小组活动等方法。例如：我们去了解组织层面上发生了什么，以及部门、工作团队和工作层面发生了什么。各个级别的管理者、监督者和员工代表均可以回答这些问题，我们也可以从一些拥有不同身份的员工（比如临时员工、刚退休的员工以及那些拥有公司机密和第一手资料的人）那里获取信息，能够拓宽我们分析的视角。

在工作分析中，绩效改进顾问也可以通过采访、问卷调查或小组活动等方式从监督者和员工那里收集信息，或是通过观察和查阅文件，例如质量报告、周期性研究报告、安全报告等，也可以获得有用的信息。

对于员工的分析，绩效改进顾问需要通过观察员工的实际操作以确定其现有技能、知识、能力、动机和期望。或是通过查阅员工的个人档案、观察、采访、问卷调查以及小组活动等方式来获取事实、建议以及员工的感受。

下面重点介绍两种行之有效的方法：观察和问卷调查。

观察法

观察法是指研究者根据一定的研究目的、研究提纲或观察表，用自己的感官和辅助工具去直接观察被研究对象，从而获得资料的一种方法。科学的观察具有目的性和计划性、系统性和可重复性。常见的观察方法有：核对清单法、级别量表法、记叙性描述。观察一般利用眼睛、耳朵等感觉器官去感知观察对象。由于人的感觉器官具有一定的局限性，观察者往往要借助各种现代化的仪器和手段，如照相机、摄像机、显微录像机等来辅助观察。

观察法要求观察者养成观察习惯，形成观察的灵敏性，并且要集中精力、勤奋、全面、多角度进行观察。在观察前应当制定好观察提纲。观察提纲因只供观察者使用，应力求简便，只需列出观察内容、起止时间，观察地点和观察对象即可，为使用方便还可以制成观察表或卡片。观察时按计划（提纲）实行观察，做好详细记录。观察者需要把观察与思考相结合，最后整理、分析、概括观察结果，作出结论。

观察法最常用于对以下内容的观察：

1. 对实际行动和迹象的观察。例如，调查人员通过对顾客购物行为的观察，预测某种商品的销售情况。

2. 对语言行为的观察。例如观察顾客与售货员的谈话。

3. 对表现行为的观察。例如观察顾客谈话时的面部表情等身体语言的表现。

4. 对空间关系和地点的观察。例如利用交通计数器对来往车流量的记录。

5. 对时间的观察。例如观察顾客进出商店以及在商店逗留的时间。

6. 对文字记录的观察。例如观察人们对广告文字内容的反映。

问卷调查法

问卷调查法也称"问卷法"，书面调查法，或填表法。是用书面形式间接搜集研究材料的一种调查手段。通过向调查者发出简明扼要的征询单（表），请示填写对有关问题的意见和建议来间接获得材料和信息的一种方法。研究者将所要研究的问题编制成问题表格，以邮寄、当面作答或者追踪访问的方式填答，从而了解被试对某一现象或问题的看法和意见。

按照问卷填答者的不同，问卷调查可分为自填式问卷调查和代填式问卷调查。自填式问卷调查，按照问卷传递方式的不同，可分为报刊问卷调查、邮政问卷调查和送发问卷调查。代填式问卷调查，按照与被调查者交谈方式的不同，可分为访问问卷调查和电话问卷调查。

问卷法的成功运用，关键在于编制问卷。问卷中要询问的问题，大体上可分为四类：

1. 背景性的问题，主要是被调查者个人的基本情况。

2. 客观性问题，是指已经发生和正在发生的各种事实和行为。

3. 主观性问题，是指人们的思想、感情、态度、愿望等一切主观世界状况方面的问题。

4. 检验性问题，为检验回答是否真实、准确而设计的问题。

要提高问卷回复率、有效率和回答质量，设计问题应遵循以下原则：

1. 客观性原则，即设计的问题必须符合客观实际情况。

2. 必要性原则，即必须围绕调查课题和研究假设设计最必要的问题。

3. 可能性原则，即必须符合被调查者回答问题的能力。凡是超越被调查者理解能力、记忆能力、计算能力、回答能力的问题，都不应该提出。

4. 自愿性原则，即必须考虑被调查者是否自愿真实回答问题。凡被调查者不可能自愿真实回答的问题，都不应该正面提出。

在问题的表述上也应当注意以下7大原则：

1. 具体性原则，即问题的内容要具体，不要提抽象、笼统的问题。

2. 单一性原则，即问题的内容要单一，不要把两个或两个以上的问题合在一起提。

3. 通俗性原则，即表述问题的语言要通俗，不要使用被调查者感到陌生的语言，特别是不要使用过于专业化的术语。

4. 准确性原则，即表述问题的语言要准确，不要使用模棱两可、含混不清或容易产生歧义的语言或概念。

5. 简明性原则，即表述问题的语言应该尽可能简单明确，不要冗长和啰嗦。

6. 客观性原则，即表述问题的态度要客观，不要有诱导性或倾向性语言。

7. 非否定性原则，即要避免使用否定句形式表述问题。

环境分析的案例

小 C 是一家零配件制造公司的培训主管，这一天他接到了来自生产部门的电话，对方一上来就提出需要为质检员开发一门培训课程，并且要求越快越好。这样的要求搞得小 C 也一头雾水，于是他决定先和打电话的这位生产部门的人谈一谈。

于是小 C 在接完电话后，主动来到生产部门的办公室，生产部的领导见到小 C 过来很高兴也很着急地说："客户向销售代表投诉运到他们那儿的配件有缺陷，我们的质检员不知道如何正确的检查这些配件，在我们失去更多的订单前必须对质检员进行培训。"

生产部的领导似乎很清楚目前的问题所在，他认为主要原因是质检员查不出配件问题，导致一些有缺陷的配件也发给了客户。但是作为了解绩效改进的小 C 并不完全赞同这样的说法，他认为应该在设计课程和培训之前进行绩效分析。于是他回答说："我特别理解您现在的心情，我也知道这是个很严重的问题，并且时间紧迫。但是我想我们都希望在有限的时间内尽最大的努力去处理问题，并且确保在一开始就做对的事情。所以我想再多了解一些现状和信息。"生产部的领导也认为小 C 说得不错，所以和小 C 接着聊了下去。

小 C 又向生产部的领导问了一些问题，例如：为什么他想通过培训来改变现状；如果培训成功了他希望会有哪些改变；质检员和他们的主管如何看待没有检验出问题产品这件事；质检员和主管是否认为自己需要培训或已经做好培训的准备。

生产部的领导不知道怎么回答最后两个问题，所以他同意让小 C 再做一些调查。

于是小 C 采用了工作观察法，他参观了质检员的工作环境，观察了质检员的工作过程，并且对一些质检员和主管进行访谈。同时小 C 还查看问题产品的数据，阅读了销售代表提交的客户投诉报告，访谈了一个销售代表和感到不满意的客户。

在参观质检员的工作环境时，小 C 似乎找到了他想找的原因。质检员认为指出由于工作场所的光线太差，他们无法看清楚设备细节以至于他们没有检查出产品的缺陷。一位质检员给他看了向维修部门申请更换工作环境灯光设备的申请单。维修部门的回复是他们所有的电力工程师都被调遣到新工厂的建设中去了，他们会尽快处理申请。单是光线问题已经存在了将近六个月，依旧没有解决。

综合了各方信息，小 C 认为产品出现质量问题可能不是向生产部的领导说的那样："质检员不知道如何正确的检查机械设备"，所以他提出了一些建议：

● 尽快更换检验员所在工作场所的照明设备。

● 在更换后对质检员的工作质量进行为期一个月的监督，看更换设备后问题是否好转。

● 找到照明不足情况下，仍然保持较高质检质量的检验员，请他分享经验，并依此提供一些培训。

小 C 的调查结果和建议得到了质检和生产部门的认可，得到了有效地推行。

从上述案例中，我们不难看出，绩效存在于一定的环境中。客户期望、员工期望、工作环境以及组织资源的分配都会影响现有绩效。所以进行环境分析，了解企业的现状是十分必要的。

本节的最后依然是给大家介绍方法，上文已经提到，无论是对"4W"的哪一层级进行分析，访谈法都是行之有效的方法，所以这里我们就给大家再介绍一些访谈法。这一方法在平时的工作中也非常常见，或者说很多人都觉得自己在运用访谈法，会进行访谈，但是访谈法中很多技巧和需要注意的问题，我们在访谈过程中真的有意识地去注意了么？也许答案并不都是肯定的，那么我们就一起来看一下吧。

访谈法

访谈法（interview）又称"晤谈法"，是指通过访员和受访人面对面地交谈来了解受访人的心理和行为的心理学基本研究方法。因研究问题的性质、目的或对象的不同，访谈法具有不同的形式。访谈有正式的，也有非正式的；有逐一采访询问，即个别访谈，也可以开小型座谈会，进行团体访谈；访谈以一人对一人为主，但也可以在集体中进行。

访谈法也可分为结构型访谈和非结构型访谈，前者的特点是按定向的标准程序进行，通常是采用问卷或调查表；后者指没有定向标准化程序的自由交谈。

访谈法运用面广，能够简单而叙述地收集多方面的工作分析资料，因而深受人们的青睐。

访谈法收集资料的主要形式是"提问"和"倾听"。

"提问"需要做好三个层次的工作：

1. 提问前设计好访谈提纲，即做好准备工作，想问哪些方面的问题，得到哪些方面的答案。

2. 提问中要适时适当的问，注意观察被访谈者的思想和情绪，避免提问引起被访谈者的不适，甚至是反感。

3. 提问后适当的做出回应，让被访谈者觉得这不是生硬的提问和回答，更像是朋友间的聊天。

"倾听"也可以在不同的层面上进行，也包括三个层次：

1. 在态度层面上，访谈者应该是"积极关注的听"，而不应该是"表面的或消极的听"；

2. 在情感层面上，访谈者要"有感情地听"和"共情地听"，避免"无感情地听"；

3. 在认知层面上，要随时将被访谈者所说的话或信息迅速纳入自己的认知结构中加以理解和同化，必要时还要与对方进行对话，与对方进行平等交流，共同建构新的认识和意义。

需要注意的是，访谈的问题或者访谈时不应对被访谈者有偏见，或者对被访谈者进行暗示和诱导，尽量对相同的事情从不同的角度提问，并且能如实准确地记录访谈资料，不曲解被访谈者的回答。

第六节　差距分析——明确改进重点

在对以上"4W"进行环境分析的同时或之后，我们就应当将组织分析确定的目标和环境分析确定的现状加以比较，来确定现在的差距。在本章第二节中，我们也用这样一个公式（如图 3 - 14 所示）来表示我们现在所面临的问题或是差距，在绩效改进中，这一过程也可以被写为：**期望的绩效 - 目前的绩效 = 绩效差距**。

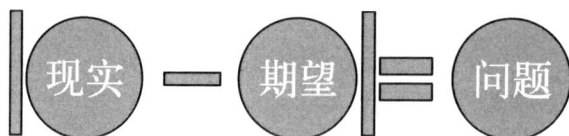

图 3 - 14　问题的界定

既然我们知道了用组织分析来确定绩效目标（期望的绩效），用环境分析来了解组织现状（目前的绩效），那么绩效差距是如何得出的呢？这一节我们就重点为大家说明。

什么是差距分析

差距分析是绩效分析阶段的最后一步，同时也是改进绩效，提高绩效的第一步，我们需要通过差距分析确定绩效改进机会的类型，为原因分析、干预措施的选择或设计等阶段奠定基础。

差距分析的类型

绩效差距分析的目的是确定期望绩效状态和实际绩效状态之间的现存差距和未来差距,以及差距的类型。

绩效差距也被看作是绩效改进机会,通常情况下组织会遇到以下六种差距(如图3-15所示):现状积极的、现状中性的、现状消极的、未来积极的、未来中性的以及未来消极的差距。

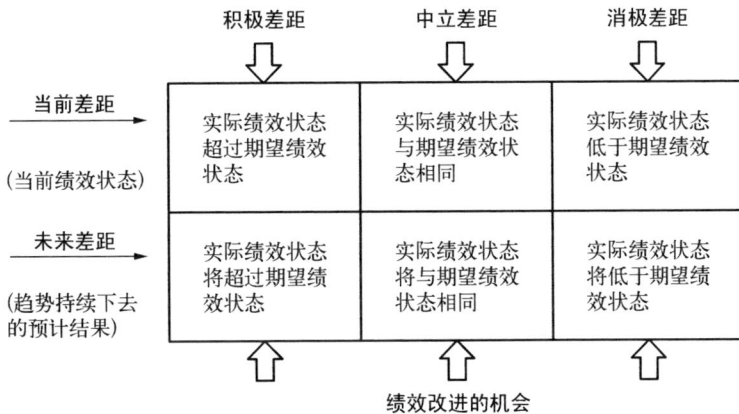

图3-15 差距分析的类型

差距分析的方法

通常绩效改进顾问在差距分析的过程中要做以下三件事:

■ 确定差距

绩效改进顾问需要将之前通过组织分析和环境分析收集到的相关信息进行比较,以判断差距是积极的、中性的还是消极的,是当前差距还是未来差距。

■ 分析类型

当存在当前消极差距时，绩效改进顾问需要关注于解决已有的绩效问题；当不存在当前差距甚至超过了期望状态时，则主动寻求组织发展的机会；如果是未来会产生的消极差距、中立差距或积极差距，绩效改进顾问则需要着手预防或帮助组织提前把握住发展的机会。有时生产效率需要突破和提高的企业，通过对中性的差距采取一定的改进，能够为企业带来转机。

■ 进行排序

根据差距对于实现组织目标的重要性、消除差距的难度或复杂程度以及差距出现的频率，确定解决这些差距的优先次序，为后续原因分析和干预措施的选择提供依据。

差距分析的案例①

一所综合型大学的教师发展中心主任接到一位系主任的电话。据系主任所言，学生（包括主修学生）都向他投诉系里的一位教师。投诉的内容包括以下几个方面：

① 讲课不清晰；② 在课程中运用一些较难的数学方法；③ 作为一名教师，英语技能较差；④ 贬低学生。

在选退课期间，30 名已报名参加该课程的学生中，10 名退课了。于是教师发展中心主任建议这位教师与该学科内容的教师发展专家联系。不久之后，这位教师与专家预约了访谈和课堂观察的时间。专家通过电话采访了这位教师，查看了学生的课程评价以及投诉内容，并且在上课时间观察该教师的行为。

---

① 该案例来自于：Darlene Van Tiem，James L. Moseley，Joan C. Dessinger. Fundamentals of Performance Technology：A Guide to Improving People，Process，and Performance [M]. John Wiley & Sons Inc；2nd Revised edition，2004.

教师发展中心用以下标准来描述教学期望绩效：

● 学科内容的知识和组织：

① 教师要精通课程内容。

② 教师要能够简要地有意义地组织课程内容。

● 讲课技巧：

① 教师要以积极的、非威胁的方式与学生互动。

② 教师与学生的言语交流和非言语交流要为学生创造有助于学习的环境。

③ 教师能够清晰地呈现教学内容。

● 教学媒体的使用：

① 教学媒体要支持教育目标的实现。

② 教学媒体要加强教学内容的学习。

③ 教师要具备使用所选教学媒体的能力。

首次访谈时，专家了解到这位教师在美国已有五年时间，他在从事目前的工作之前，在一所研究型大学做了一学期的教学助理，负责的学生群体较小。这位教师相信自己的教学能力，认为学生才是问题的根源。他坦白自己不喜欢现在的学生，因为他们缺乏学习动机，课堂上态度不端正。在首次访谈和课堂观察过程中，专家都发现了这位教师英语语言交流的问题，包括：

● 枯燥无味的表达（缺乏激情和表现力）。

● 模糊、单调的声音（在课堂中很难听清楚）。

● 语音语调的问题。

● 语言表达水平较低。

● 有限的口语词汇量。

课堂观察的情况表明这位教师虽然掌握了学科内容的知识，但是不能系统地组织内容，缺乏讲课技巧，并且不能恰当地使用教学媒体。专家具体的观察记录如下：

● 学科内容的知识和组织：

　　① 教师似乎对自己掌握的学科内容的知识很有信心。

　　② 教师没有呈现教学内容的整体组织框架（例如，公式之间的转换不恰当）。

● 讲课技巧：

　　① 教师用黑板上的图表向学生解释如何应用某种解决方案，并且总结了教学内容。然而，他没有尝试与学生互动，没有用具体的例子与学生的经验联系。

　　② 在课堂上，教师偶尔停下来询问学生："有问题吗？"然而，他并没有完全理解学生的问题，不理会其他没有被提问到的学生的问题。

● 教学媒体的使用：

　　① 教师在黑板上写下公式，进行数学计算；然而，他经常有书写错误，频繁地擦除重写。

　　② 教师花费了相当大的努力在黑板上画图表，修改图表，用来说明自己的讲课内容；然而，在学生有机会抄写笔记或对该图表有反应之前，教师就擦除了黑板上的公式和板书。

专家给这位教师发了一份书面报告，包括一份总结以及一些建议。报告中指出两个主要的绩效差距：缺乏（英语）交流技巧以及教学技巧。最后该教师同意参加一系列的课程提高自己的英语技能，参加一些咨询会议改善自己的教学技巧。

第七节　原因分析——找到根源所在

从组织分析到环境分析，再到差距分析，虽然每一步后面都带上了分析这个词，但是这几个步骤都是为了关注表面现象和症状，并没有发现导致问题的真正原因。举例来说，如果一个病人去找医生看病，他告诉医生自己头疼，医生会首选询问是头的哪一部位疼？疼得症状是怎样的，一阵阵的疼还是一直疼，是涨疼还是刺疼。医生通过这些询问了解了病人的现状，但是现状不是原因，医生还需要根据这一状况，做一系列相应的检查，直至找到导致头疼的原因，才可以最终帮助病人治好顽疾。

什么是原因分析

原因分析是找到过去、现在或未来产生绩效差距根本原因的过程。

无论是在日常的生活中，还是绩效改进的过程中，我们通常对于自己的判断能力相当自信，在看到差距时就认为自己找到了原因，总是在完成了差距分析，但还未完全明白产生绩效差距的原因时就直接开始选择干预措施了。比如某个组织出现了高流失率的现象，如果不进行原因分析，我们采取的措施往往会是扩大招聘，用更多的新人取代旧人，但是这种做法只能是治标不治本。

除了差距的现象常常被误认为是问题的原因以外，若是对于原因分析没有深入的了解，不知道它是如何影响员工、工作，或工作场所的，那么据此选择的干预措施将是不完善的。还是借用上面的例子，通过分析我们发现，导致高流失率的原因是工作任务太多，员工不堪重负。所以我们为了实现降低流失率的目标，给员工减轻了工作量，但是与此同时，我们并没有想到减轻工作量为公司的收益造成了一定的影响，结果反倒可能是得不偿失。

所以原因分析除了应该确定绩效差距存在的原因，还需要分析绩效差距是如何影响组织的任务、要求和期望的。

原因分析的方法

尽管深入的前端分析得出的是关于组织、环境和绩效差距等方面的有价值的信息，但是通过原因分析才能找出绩效差距存在的原因。如同上文所述的那样，原因分析的不确定性在于我们有可能将表面现象当作原因，或是只发现了一些次要原因，而没有找到根源所在。就好像一首歌唱的那样："如果你愿意一层一层一层的剥开我的心，你会发现你会讶异，你是我最压抑，最深处的秘密。"探寻根本原因的过程也像是一个剥洋葱的过程。洋葱的表皮代表的是我们所观察到的问题的表象，洋葱里面则是问题的根本原因所在，绩效改进顾问们需要用一些时间、一点耐心和一分毅力，一层一层地把洋葱剥开，除了表面现象以外，我们还可能遇到一些无关原因和非根本、非重要的其他原因，直到发现了根本原因，我们的原因分析才算完成，如图 3-16 所示。

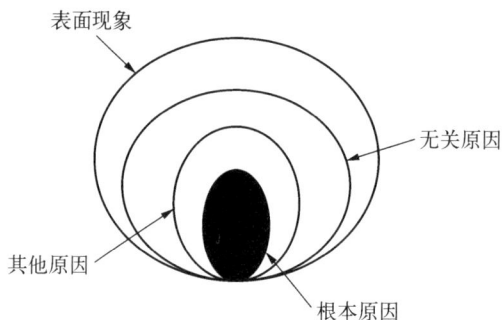

图 3-16　原因分析方法示意图

基于此，作者将原因分析分为了四个步骤：全面罗列、分类补漏、排除无关、挑出重要。下面我们就为大家详细说明这四个步骤是如何实施的：

■ 第一步：全面罗列，运用诊断工具发现可能的原因。

原因分析是以吉尔伯特的行为工程模型为基础的，很多原因分析的工具都是从行为工程模型演变而来的，所以这里我们就列举一下运用行为工程模型来全面罗列原因的例子，如表 3-4 所示。

表 3 - 4　罗列原因示例表

绩效驱动力	导致绩效差距的原因（未完全罗列）
数据、信息、反馈	• 没有获得及时的信息 • 缺乏反馈机制 • 没有记录 • 不存在绩效标准 • 数据与绩效有关系吗
环境支持、资源、工具	• 工效学方面的缺陷 • 工作环境不佳 • 缺乏工具或没有优化配置 • 工作时间不充足
结果、激励、奖励	• 所做工作与组织的使命和需求无关。 • 奖励不是基于绩效的 • 竞争性激励 • 不佳的绩效行为获得了奖励
技能和知识	• 缺乏知识、技能和培训教育 • 无法将知识和技能应用到工作中
个人能力	• 缺乏资质、能力或操作不熟练
动机和期望	• 枯燥乏味和令人疲惫的绩效系统 • 不切实际的报酬要求

以上表格根据行为工程模型，将可能导致绩效差距的原因进行了罗列，我们在实际的使用过程中可以在中间加上一列，变成了表 3 - 5。

表 3 - 5　加上绩效差距的原因罗列（示例）

绩效驱动力	绩效差距	导致绩效差距的原因（未完全罗列）
数据、信息、反馈	员工技能考核的平均分数和目标相差 20 分	• 没有获得及时的信息 • 缺乏反馈机制 • 没有记录 • 不存在绩效标准

这样，我们就可以将差距和原因进行一一对应或一对多的对应。除了利用行为工程模型，鱼骨图也是将原因进行全面罗列的好方法。当然光有上面的工具还不行，毕竟以上所列的原因不可能穷尽，所以在这一步中，头脑风暴法是帮助尽可能罗列原因的非常好的办法。

■ 第二步：分类补漏，应用工具查缺补充。

运用行为工程模型进行对原因进行罗列是一种常见的方法，但是使用一种工具或一种分类方法可能导致罗列的不够全面，所以这个时候我们就需要用其他的方法或工具，将原因再次进行分类，以确定原因罗列足够完全。所以在上一步的基础上，我们可以用"4W 模型"再一次罗列原因，如表3-6所示。

表3-6　用"4W"模型罗列原因

世界	工作环境	工作	员工
竞争对手	资源	职责	能力
行业标准	工具	流程	资质
世界经济	利益相关者	工效	动机
……	……	……	……

我们可以将利用行为工程模型所罗列的原因，再一次按照"4W 模型"进行分类，填入表中，来观察我们是否将某一种可能的原因遗漏，并最终补充完整。

■ 第三步：排除无关，运用方法将无关可能性排除。

可能的原因已经罗列得足够全面了，但是其中肯定有不少原因并不到导致绩效差距的真实原因，所以我们需要将那些无关原因进行排除。工作观察法，深度访谈法，以及重新对文本进行核查，都是我们排除无关原因的可用方法。

■ 第四步：挑出重要，应用工具挑出根本原因。

在明确了原因之后，找到最重要、最根本的原因就是最后一步了。这一步的最终确定建立在包括环境分析、差距分析以及原因的罗列和排除基础之上，往往运用到"排除无关"所收集到的详尽的数据与事实基础之上。绩效改进顾问需要根据先前所搜集到的信息，在伙伴协作的原则下，运用集体的智慧，对导致绩效差距的原因进行分析，找到最根本的，对绩效影响最大的原因。

原因分析的工具

■ **四层次鱼骨图**

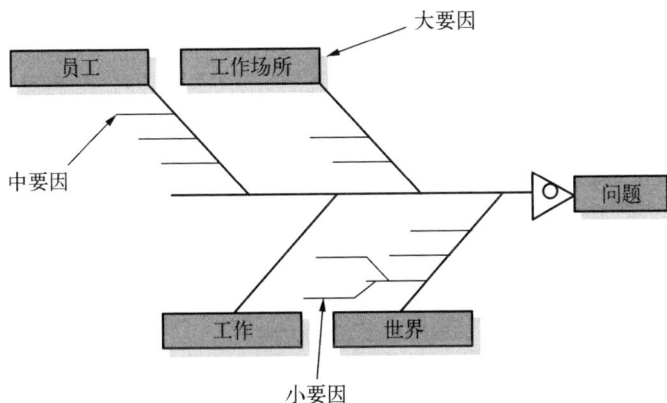

图 3 - 17   四层次鱼骨图

1953 年，日本管理大师石川馨先生所提出的一种把握结果（特性）与原因（影响特性的要因）的极方便而有效的方法，故名"石川图"。因其形状很像鱼骨，是一种发现问题"根本原因"的方法，是一种透过现象看本质的分析方法，所以又称为"鱼骨图"或者"鱼刺图"，如图 3 - 17 所示。使用鱼骨图进行分析通常有以下三步：

1. 确定大要因（大骨）。在面对大的绩效改进项目时，我们通常从"4W"来着手，即："世界、工作场所、工作和员工"。

2. 填写所有可能原因。尽可能多而全地找出所有可能原因，而不仅限于自己能完全掌控或正在执行的内容，中、小要因必须使用价值判断（如……不良）。

3. 选取重要原因。所收集到的详尽的数据与事实基础之上，选取认为是最重要的原因，通常不超过 7 个。

■ **冰山模型**

美国著名心理学家麦克利兰于 1973 年提出了一个著名的素质冰山模型（如图 3-18），所谓"冰山模型"，就是将人员个体素质的不同表现表式划分为表面的——冰山露在水面以上的部分和深藏的——冰山在水面以下的部分。其中，"水面以上的部分"包括基本知识、基本技能，是外在表现，是容易了解与测量的部分，相对而言也比较容易通过培训来改变和发展。而"水面以下的部分"包括社会角色、自我形象、特质和动机，是人内在的、难以测量的部分。它们不太容易通过外界的影响而得到改变，但却对人员的行为与表现起着关键性的作用。

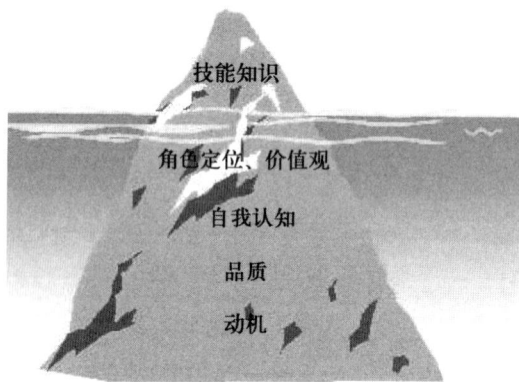

图 3-18　冰山模型

1. 知识（Knowledge）：指个人在某一特定领域拥有的事实型与经验型信息。

2. 技能（Skill）：指结构化地运用知识完成某项具体工作的能力，即对某一特定领域所需技术与知识的掌握情况。

3. 社会角色（SocialRoles）：指一个人基于态度和价值观的行为方式与风格。

4. 自我概念（Self-Conccpt）：指一个人的态度、价值观和自我印象。

5. 特质（Traits）：指个性、身体特征对环境和各种信息所表现出来的持续反应。品质与动机可以预测个人在长期无人监督下的工作状态。

6. 动机（Motives）：指在一个特定领域的自然而持续的想法和偏好（如成就、亲和、影响力），它们将驱动，引导和决定一个人的外在行动。

冰山模型在对员工行为进行原因分析时尤其有效。我们在判断员工绩效不佳的原因时，通常都会把原因归结于水面以上的技能、知识，而忽视了水面以下的那些因素。

■ 比较分析表

比较分析表是通过对比问题的性质、地点、时间和范围来找出差距、确定原因的一种方法，如表 3-7 所示。

表 3-7　比较分析表模板

	遇到问题的事实	比较的事实	偏差
内容比较：是什么 什么出了差错？			
环境比较：在何地 当问题发现时对象在什么地点？ 缺陷出现在对象的什么位置？			
时间比较：在何时 缺陷首先在什么时候被发现？			
人物比较：谁 发生在谁的身上？谁发现的？			
范围比较： 涉及多大范围？ 什么程度？			

比较分析表就是用你观察到的事实来对比，找到偏差，并分析原因的工具。主要对比以下四个方面：

- 性质——发生了什么问题？
- 地点——问题发生在何处？
- 时间——问题发生在何时？
- 范围——问题的程度。

当涉及人的时候，还需要加上人物——问题发生在谁身上或谁发现的？

如果说，以上介绍的两种工具大家都比较熟悉，那么看到比较分析表时，则有可能有很多读者不太清楚，这一张表到底要怎么用，那么下面我们不妨来看一个案例：

附近的公园里有一片小树林，本来郁郁葱葱的，但是有一次去突然发现，很多树的叶子都开始变黄枯萎了，但是有一些树却没有，这是什么原因呢？

这里我们就用比较分析表（见表3-8）来进行一下分析。

表3-8　比较分析表实例

	遇到问题的事实	比较的事实	偏差
是什么	一些树将要枯死	其他大部分没有问题	性质不同
在何地	小河附近的树将要枯死	其他地方的没有问题	位置不同
在何时	自从今年春天开始出现褶皱问题	不是从去年春天开始	时间不同
程度	问题越来越严重	保持不变	趋势不同

所以这么一比较，我们会发现，最重要的不同点在"位置"，于是河的水、河边的土壤成为了我们关注的重点，然后我们会发现"时间"是另一个重要的不同，所以我们还要分析，在去年春天甚至更早些时候小河附近，甚至是上游发生了什么？这样顺着分析下来，发现问题的原因也

就不难了。

所以比较分析表的作用是帮助我们将问题更加聚焦，更容易的发现真实原因所在。

原因分析的案例

A公司是一家从事机械设备生产与装配的大型公司，在中国某西部城市拥有近 10 000 名员工。一般情况下，一个新进的从事装配的一线员工要经过一个月的培训和三个月的试用才能成为正式员工，并胜任工作。由于公司的快速发展，A公司一直在招聘新员工。然而，由于劳动力市场出现供不应求，人力资源部门发现越来越难找到与职位相匹配的合适人选。更糟糕的是，一线的装配员工离职率越来越高。

起初，公司的人力资源部门认为：由于市场上同类职位给到的薪资水平高于A公司，所以一线装配员工开始纷纷跳槽，于是他们给员工增加了工资。但是三个月后，他们发现现状并没有得到改善。于是他们对一些在职和离职的员工进行了访谈，但是结果并不尽如人意，离开的员工都不真实说明自己离开的原因，在职的员工也已反馈现在的工作没什么问题。

最后，公司只好请来了绩效改进顾问帮忙希望能够解决这一问题。在了解了A公司人力资源部门之前所做的努力后，绩效改进顾问决定实地观察和体验一下一线装配工人的工作。于是参与这一改进项目的三位顾问分别去到了三个不同的岗位。并在观察和体验了三天后举行了一次碰头会。这次会议，绩效改进顾问组织了人力资源部门和生产装配部门的负责人一起参加。会上，绩效改进顾问首先说明了他们所观察和体会到的情况：工作乏味，对体力要求高，部分装配需要爬高上低等。然后绩效改进顾问组织了一次头脑风暴活动，希望大家都说说自己认为的离职率高的原因。

综合所有人的意见，最后发现问题所在并不是薪资太低，也不是工作乏味，而是岗位要求很高，例如长期弯着腰工作，在十多米高的装配架上工作等等，但是在招聘时，应聘的员工并不知道这些情况，以至于他们在实际工作时发现自己能力或体力达不到胜任水平，所以最终选择离开。简单来说，就是招聘时没有招对人。

于是人力资源部门进行了有关工作绩效的研究。为每一个职位创建一个文件记录，并在此记录中标明对员工身体的各项要求。通过开发一整套的测试来帮助人力资源部门测试未来求职者是否达到工作时所需的身体素质要求。当求职者通过测试后，就进入工作模拟阶段。让求职者知道实际的工作要求，并在最短的时间内了解自己是否能够胜任。

与此同时，人力资源部门还为目前在岗的一线装配工提供一些与工作要求相匹配的身体锻炼的培训项目和心理辅导，以帮助他们锻炼好身体，克服高空作业的心理畏惧等。

第四章　选择设计

第一节　单一的培训或许不够

无论您是否是企业培训部门的工作人员，都请您跟我们一起来思考一下这个问题："培训部门在企业的地位?"虽然很多培训管理者并不希望如此，但是事实就是这样的，很多人对于第一个问题给到的答案是："辅助地位"，甚至在曾经巡讲的过程中，我还听到了"鸡肋"这样的答案。我想我们作为企业人力资源、培训的负责人或多或少都有过这样的感受：大经济环境好，企业业务发展好的时候，培训工作就会受重视；而一旦经济环境恶化，企业发展遇挫的时候，一般企业都会做这样的三件事：一是出售非核心业务；二是裁员；三是砍掉或冻结培训预算。这对我们而言是非常矛盾的一件事情。所以业内也有一句话，就是："培训是说起来很重要，忙起来就变次要，急起来索性不要。"

那么，下一个问题来了："你希望自己或培训部门在企业的地位是怎样的?"这个答案同样毋庸置疑，"肯定是希望能够占主导的、重要的、核心的地位啦。"好吧，既然我们都是这么想的，也一定是朝着这个方向去努力的，那么："是什么原因造成培训部门目前这样窘境呢?"这个问题恐怕会有很多的答案，但是有这么一个答案比较多见："因为培训部门不是产出而是花钱部门，不直接带来效益。"

最后关键的问题来了："如何提升培训部门的地位呢？"对于培训管理者这个问题好像很难回答，不过也有人说："很好办，既然原因是我们不能带来效益，那么我们帮助企业赚钱就行了。"于是问题又出现了："培训部门如何帮助企业赚钱呢？"

如果回答不了最后的问题，那么我们不妨来换个角度来看看，企业是怎么赚钱的，以及在赚钱的过程中都遇到了什么样的问题。《辞海》1979年版中，"企业"的解释为："从事生产、流通或服务活动的独立核算经济单位"。所以我们可以看出，企业要通过生产、流通和服务这三种活动来实现盈利。那么答案来了，企业在生产过程中可能出现质量问题、技术问题、设备问题等等，在流通的过程中可能出现供应问题、销售问题、交通问题等等，在服务的过程中可能出现态度问题、技能问题、流程问题等等。如果我们的培训都能够把这些问题一一解决，那肯定可以帮助企业赚钱了。

但是事实真的会是这样的么？我们都知道，培训是一种有组织的知识传递、技能传递、标准传递、信息传递、信念传递、管理训诫行为。所以只有当员工缺少知识、技能，不清楚标准、信息，缺乏信念的时候，培训才会产生直接的作用。然而面对企业遇到的方方面面的问题，培训可能只能解决其中的20%，那剩下的80%怎么办呢？这就需要我们借助除培训以外的多种手段。

再次回到开始的关键的问题："如何提升培训部门的地位呢？"答案有了："单一的培训或许不够，我们需要借助除培训以外的多种手段。"所以，国外企业很多已经将其培训部门的功能扩展开来，将绩效改进与咨询纳入其中，将培训作为最终落地的方法，综合其他的干预措施，让培训部门真正的为公司赚钱了。

第二节　为绩效改进设计整体方案

如果说传统的培训工作是为了完成知识和经验的迁移，培训管理的重点在于课堂效果与课后应用，那么随着环境的变化，知识更新的加速，以前的知识就不够用也不适用了，所以对于将提升组织绩效作为工作终极目标的绩效改进顾问来说，设计开发出有效的干预方案就至关重要。在前文中，我们详细向大家介绍了探索发现——找到绩效差距和产生差距的原因，如果将这一过程看作医生看病前对病情进行的诊断，那么设计和开发干预方案就像是为病人开出处方，对症下药，为后续的治疗奠定基础。

绩效改进的重要指导——干预方案

这里有读者不禁会问：什么是干预方案（Intervention Plan）？它和我们以前一直说的解决方案（Solution）有什么不同？

我们认为：干预方案是一套用于减少或消除期望目标与实际绩效之间的差距的计划和方法，它基于前期的绩效分析和原因分析，由一系列针对差距根本原因的方法组成，最终达到改进绩效的目标。（组成干预方案的每一个方法，我们又称其为"干预措施"）

从干预方案的英文来源看：Intervention 有干预、介入的意思，如：行政干预、危机介入等，中文中"干预"是过问或参与的意思。而解决方案是针对问题、不足等提出的如何解决问题的答案。所以通过上述定义我们就不难看出，解决方案是先给出答案，再被动等待结果是否符合答案；干预方案强调的则是针对结果所采取的行动，是一个主动参与，共创未来的过程。

另外干预方案还有三点区别于解决方案的主要特征：

第一，干预方案不求马上就解决问题。问题不会自动消失，你不解决它，它就会永远存在，解决问题能让我们变得聪明与强大。干预方案也是要解决问题的，但是和解决方案一词给人感觉就是与能够马上解决问题不同，干预方案可能不能马上解决问题，而是一点点改变现状，最终达成目标。怎么理解呢？冰冻三尺非一日之寒，问题不是在一天内产生的，解决一个问题，达成一个目标，也可能并不是马上就是实现的。这个时候解决方案一词可能就不太恰当，因为也许问题并不能够解决，只是形式有所好转而已。比如一个病人，通常我们说解决方案就是吃药、打针、挂水、手术，但是干预方案就不一样，比如面对一个阑尾炎病人，如果这时候他的阑尾正在发炎，那么是不能马上手术的，得用挂水、吃药等方式消炎，等炎症消去以后再进行手术。治病的这个例子可以理解为步骤上的，不求马上解决问题，而是运用各种干预措施，最后实现目标的达成。

第二，干预方案强调的不是一次解决所有问题。我们都希望尽可能简单、快速地解决问题，但是往往现实事与愿违，这是因为引发绩效差距的原因可能并不只有一个，且这些原因之间常常存在着错综复杂的关联性。这就意味着我们很难通过一次或者一个方案解决所有问题，而是需要用不同种类、不同层次的多种措施分别介入干预。同样是治病救人的例子，面对一些重症病人，我们可能需要同时运用多种手段，给病人吃药、挂水、化疗等方式并用，才有可能把病人治好。同样的道理，销售业绩下滑可能也是多种原因造成的，比如店面陈列不佳、销售话术不灵、竞争对手变化、市场整体不行等等，所以就可能需要多项干预措施同时作用，才有可能改变销售业绩下滑的现状。

第三，干预方案的作用也不仅仅是解决问题。绩效改进顾问认为企业的绩效提升的方法大体可分为两种：一种是解决问题；另一种是抓住机会，所以与解决方案给到问题解决的答案不同，干预方案还有一项重要的作用是帮助组织抓住发展中机遇。就如同保健品，身体本身并没有什么问题，保健品可以帮助我们把身体保养得更好，更不容易生病，所以这时候我们不能把吃保健品称为解决方案，因为并没有解决目前身体上的什么问题，却可以称它干预方案。

干预方案的重要组成——干预措施

干预措施是有目的、有计划的行动方法，是干预方案的组成部分，其目的在于影响人们的行为进而改进组织绩效。针对产生绩效差距原因的不同，相匹配的干预措施也不一样。按照干预措施的影响范围划分，一般可分为：小型和大型两大类。小型的干预措施常聚焦于个人以及较为有限的工作组，大型的干预措施可被认为是公司范围的"行动"或"项目"。表4-1就为大家列举了一些典型的干预措施，供参考：

表 4-1 典型干预措施列表（小型到大型）

用以提升个人工作绩效的干预措施，包括： • 工作或工作站的重设计，以适应物理条件方面的限制 • 允许弹性工作时间 • 允许工作资源共享 • 提供个人财务或家庭方面的咨询 • 安装某项电子绩效支持系统
用以重塑或改进工作小组与团队绩效的干预措施，包括： • 采取高效率的工作流程 • 建立自我学习和指导的工作团队 • 开展多样化的培训 • 抑制内部竞争 • 通过部门标语或制服来建立身份认同感
用以改进整个部门的绩效的干预措施，包括： • 使用统一的标准 • 用业绩挂钩的制度取代传统的薪酬制度 • 创立愿景和任务，并进行描述 • 安装内网和电子邮件系统 • 建立各部门和单位盈利与损失的问责制度
用以提升主要部门、附属机构，甚至整个公司的绩效的干预措施，包括： • 廉价处理一条产品线，工厂或部门 • 并购或兼并另一个部门或公司 • 对于职能机构进行中心化或去中心化 • 部门整合 • 重构主要的跨部门流程，例如：从客户那里拿到订单到将最终的产品运输 • 使用一个新的标志（logo）、组织名称或品牌形象

以终为始的思考——了解干预措施的作用

为了将各种干预措施有机组合，针对组织的整体绩效形成干预方案，绩效改进顾问需要了解的不仅仅是这些措施针对组织中的哪些层次，更应当思考这些干预措施要影响什么，为什么。否则只是简单拼凑干预措施形成的干预方案不但缺乏系统性，未来实施的过程也可能是东一榔头西一棒，达不到最好的效果。

按照干预措施的目标或目的划分，通常可分为三大类、十三小项，如表4－2所示。

表4－2　干预措施的划分

> **一、与信息相关：**此类干预措施的目的在于促进一致性，澄清意义，当人们需要信息时，能够以便捷的形式提供给他们。
> 1. 定义：这是指明确目的、意图以及期望的结果；澄清角色，关系和责任以确保人们对期望、目标和成功的测量方法达成共识。
> 2. 告知：实际的信息传播，以使得人们知道对他们寄予了何种期望，以及什么是适当的，熟练的，目标是怎样的。
> 3. 记录：将信息记录在表格中，在人们需要这些信息时，能够以便捷的形式进行信息检索。
> **二、与结果相关：**此类干预措施的目的是鼓励和奖励期望的行为和结果，同时阻止甚至是故意去指出那些不理想的行为和结果。
> 4. 测量：制定并告知人们相关标准、期望、比对生产率的测量量规和基准等。
> 5. 奖励行为和结果：公开表扬、奖励那些表现出了期望行为，和得到理想成果的人。
> 6. 强制执行：考察人们的工作和成效，并将考察结果与其他行为和成效不如意的员工相关联。
> **三、与工作、关系和其他事务结构和设计相关：**此类干预措施的目的是提升工作结构，工作场所、设备、工具与系统设计的效能。
> 7. 构造或重构组织：改变角色、工作、职责、任务和公开关系的结构，以消除冗余和浪费，缩减循环时间，提高责任感、提升效率。
> 8. 标准化或自动化：采取共有的流程、程序、任务、设备、工具、材料、部件和操作方法，以消除浪费，利用规模经济，促进人与人之间的交流，设备共享，以提升效率，降低成本。
> 9. 设计与重设计：改变物理工作环境，工作场所，设备和工具以提升安全性，促进易用性，减少错误并降低成本。

形成最佳干预方案——筛选干预措施

造成绩效差距的原因可能不止一种，所以几种干预措施结合在一起常会取得更好的效果。在了解了干预措施的种类及作用后，绩效改进顾问就需要在这些干预措施中进行成本—效益分析，选择出最合适的干预措施进行整合。

在对可能的干预措施进行筛选时，通常考虑以下五条标准：

1. **需要性**：该措施所针对的问题或机会是需要被解决或把握的
2. **适当性**：该措施能够解决现在的问题或达到期望的目标
3. **可行性**：现有的时间、金钱、人力等资源能满足该措施实施条件
4. **经济性**：该措施实施所带来的价值大于需要付出的代价
5. **接受性**：该措施能够被现有的组织和个体所接受

综合上述标准，对潜在的干预措施逐一进行评分，将高分数段及最有效的干预措施进行保留，再综合其他一些实际因素，就不难在繁复的干预措施中进行筛选，设计开发出一套整体的为组织绩效改进服务的干预方案来了。

第三节　先技控再人控

这里"技控"是指运用工具和方法去把控，"人控"是指通过人的经验、能力等去处理。

本书第一章中讲到绩效改进的概念时谈到，绩效改进简言之就是：运用系统的工具和方法达成更佳的结果。包括先前举过的一些例子，比如银行销售，通过这些你会发现，在设计干预方案时，我们首先应该考虑的事情是运用工具或者方法使得绩效结果更快更好的达成，并且在运用工具和

方法的时候，你会惊喜地发现，原先的工作变得简单、高效了。可能大家对此还没有什么感受，这里我再介绍几个案例。

我们在前文中提到的店面危机管理的项目，调研过程中了解到，店长们很多都知道投诉处理的流程，都到了该店长出面的时候了，基本是情况比较严重了，第一步一定是要隔离，将投诉的顾客带离店面，到相对安静封闭的地方，但是带不走呀，因为大部分的客户都知道在店面交涉你才会解决问题，因为会影响到正常营业了。后来我们帮助开发了一个话术：第一表达感谢，无论买还是没买，来到联想店面我们就感谢；第二表达抱歉，无论责任在谁，只要在联想店面发生了这样的事情我们就抱歉；第三亮明身份，我是店长，您这个问题的处理有一些内容是不方便在这个场合谈的，如果你愿意解决问题，请和我到这边来，我们坐下来说。这个话术被使用后经统计，90%的左右的客户都能被带离现场。话术就是工具。

在前文提到的切西红柿案例中，零厨艺的主持人将20个圣女果放在一个浅盘中，再在上面盖一个同样的浅盘，用手压住，拿刀从两个盘中一刀划过，整个过程6秒，揭开盘，20个圣女果全都一分为二，这是方法带来的质的变化。

不仅仅是工具和方法，很多时候只要是比通过人的经验、能力去解决问题的方式，都会更简单、高效。我们再来看一个流程的案例：百度上海分公司的电话销售团队有560人，人均每月订单是2.8单，上海分公司总经理觉得人均业绩不理想，想提高销量。刚开始完全从培训角度去考虑，从新员工入职到最后全部环节都做了诊断。新员工培训从8天扩展到15天，同时老带新的时候只关注数字，不太注重能力和技能提升，所以决定15天培训后，培训部带新人一个月。变成都是老师去带，关注技能提升，指标是第二，训练中采用淘汰制。这样调整之后人均3.4单。

后来重新分析，连续几个星期，把团队中最优秀的销售找来做教练，因为经理只关注单数。单兵作战提升速度太慢，只围绕人是不够的。我们一起讨论，从流程入手，原来的流程是一个销售要把一个客户从找客户资源开始一直到说服他成单。但是在电话里沟通，由于欠缺面对面沟通的手段，成交难度很大，对培训的压力也很大。于是我们把电话销售流程切开，一部分人只是找到有兴趣的人，数据清晰，联系客户，激发兴趣，只要感兴趣就转到上门展示销售的团队，并为上门展示团队开发演示工具，比如动画、flash 等。该项目 10 月启动，12 月扩展，到 6 月人均 5.2 单。这就是流程调整带来的结果。

通过这些例子，结合第一章中讲到的行为工程模型，我们不难看出，技控就是从工作环境来思考，如何帮助员工改进绩效，在做的过程中我们可以从四个维度来思考这件事，一是数据信息；二是工具方法；三是工作流程；四是激励奖励。

俗话说"铁打的营盘流水的兵"，铁打营盘就是这样建成的：首先关注技控层面，接下来再让员工更好地学习和使用这些技控的方法，而这恰恰是绩效改进最基础的运用：即找到、开发出或选择让员工提高绩效的方法和工具，让员工的行为快速转变，表现出符合企业要求的行为，从而达成组织目标。所以在设计干预方案时，我们也应首先考虑技控而非人控。

第四节　干预措施列表

在上一节中，我们为大家展示了一些干预措施，但实际上干预措施还有很多种。

绩效改进领域的专家——哈彻森（Hutchison）先后与斯坦因（Stein）和卡尔顿（Carleton）合作，做了大量的研究，认为绩效改进顾问应该符合三点要求：精通 15～25 种干预措施，了解 45～75 种干预措施，知道半数以上干预措施的基本原则并且有相关专业人士的联系方式。

我们会发现这三点要求对于绩效改进顾问了解干预措施提出了很高的标准，所以在这一节当中，我们尽可能的为读者罗列了不同分类的干预措施，以便让读者更多的了解干预措施，并且在日后的工作中实施运用。

20 类 230 种干预措施

■ 职业发展系统

- 行动研究项目
- 积极行动项目
- 测评中心
- 职业阶梯
- 指导
- 交叉培训
- 平等就业机会（EEO）项目
- 体验式学习
- 互联网招聘系统
- 岗位轮换系统
- 管理人员轮换/工作交流
- 顾问指导
- （被解雇后）新职介绍
- 提升系统
- 奖学金项目
- 结构性的练习
- 学费报销项目
- 工作任务轮换系统

■ **沟通系统**

- 宣告发表系统

- 电脑网络

- 公司/组织报纸/报告

- 电子邮件

- 电子公告栏

- 信息图

- 会议计划

- 备忘录设计/格式化系统

- 谈判系统

- 社交信息处理

- 建议系统

- 电话会议系统

- 语音信箱系统

■ **文化人类学**

- 信仰和态度

- 仪式、典礼和宗教仪式

- 文化变革项目

- 文化多元化项目

- 文化保持和传播项目

- 穿衣和行为

- 国际化

- 语言和行话

- 文化融合项目

- 神话、传说和英雄

■ **文件和标准**

- 公司的文章

- 通过法律解决的事情
- 合同、意向书、协议书
- 专家系统
- 格式
- 方针
- 合作协议
- 政策
- 程序
- 质量保证文件（内部和外部标准、证书和许可证）
- 参考书册
- 材料设备标准化

■ **人类工程学/人员因素**

- 建筑
- 生物力学
- 色码/重音
- 控制/展示
- **EEO** 遵守（如残疾人入口）
- 厂房设计/内部设计
- 固定设施、家具和设备设计
- 信息展示系统
- 内部装饰
- 标记/命名
- 人/机器接触点
- 安全计划
- 信号和放置
- 技术先进
- 工具/设备规格说明

- 警告系统

- 工作点设计

- 工作量和疲劳项目

■ 反馈系统

- 标杆系统

- 顾客/客户反馈机制

- 发展研讨会

- 图表系统

- 确定并存档工作指示

- 绩效评估系统

- 绩效信息系统

- 绩效管理系统

- "实时"测量系统

- 建议系统

- 向上/同时评估系统

■ 财务系统

- 账目和市场分析

- 行为记账系统（AAS）

- 物品交换系统

- 资产投资/费用系统

- 现金流分析

- 成本记账系统

- 银行存款系统

- 财务预算

- 国际兑换系统

- 价格系统（内部和外部的）

- 预测

■ **人员发展系统**

- EEO 项目

- 员工援助项目

- 健康和健身项目

- 领导力发展项目

- 文化项目

- 个人网络系统

- 新职介绍系统

- 心理测试

- 退休计划

- 奖学金项目

- 职业/市民活动的支持

- 学费报销项目

■ **工业工程**

- 预防维护系统

- 流程管理系统

- 程序工程/再设计

- 产品介绍系统

- 工程经济学

- 工作方法

■ **信息系统**

- 申请人追踪

- 人工智能系统

- 数据库管理

- 专家系统

- 档案检索系统

- 人力资源信息系统（HRIS）

- 信息展示/格式系统

- 信息安全系统

- 管理信息系统

- 个人网络系统

- 记录管理系统

■ **辅导系统**

- 计算机管理说明（CMI）

- 课程设计

- 体验式学习项目

- 教师指导讲座、课程/项目

- 工作指导

- 自学

- 通过媒体的授课

■ **工作/工作流程设计/再设计**

- 行为记账系统（AAS）

- 胜任力模型

- 工作分类/评估

- 工作设计/再设计

- 工作内容丰富/扩大

- 工作指导

- 材料处理/流向系统

- 程序工程/流程再造

- 自己管理工作小组

- 工作流程设计/再设计

- 工作计划/倒班计划

■ **劳工关系**

- 仲裁/调解

- 集体合同
- 矛盾管理系统
- 合同遵守/文件
- 投诉系统

■ 管理科学

- 行动研究项目
- 集中制/分散制
- 分配系统
- 预测系统
- 国际化系统
- 目标设定系统
- 市场系统
- 矩阵化方法/系统
- 合并与联盟
- 运作计划/实施
- 组织结构设计
- 绩效管理系统
- 问题解决和决策系统
- 公共关系系统
- 风险管理/法律检查系统
- 安全计划/实施
- 自己指导工作小组
- 战略计划/实施
- 监督/管理/领导力
- 预测远景系统

■ 测量/评估系统

- 可接受的质量水平（AQL）

- 测评中心
- 证书/认可/专利项目
- 胜任能力测试
- 合法监督系统
- 图表系统
- 绩效评估系统
- 绩效测量
- 绩效标准和条件
- 生产力指标
- 统计过程控制（SPC）

■ **组织设计和发展**

- 变革管理
- 矛盾冲突管理
- 跨职能/合作系统
- 文化变革项目
- 客户为中心/服务系统
- 团队动态
- 管理结构设计
- 组织影响研究
- 合作项目
- 社会技术系统设计
- 团队建设
- 价值生命

■ **质量改进系统**

- 可接受的质量水平（AQL）
- 标杆项目
- 持续改进

- 参与式系统管理
- 质量保证项目
- 质量审查
- 质量委员会（质量体系、指导委员会等）
- 质量流程设计
- 产品生命周期质量项目
- 统计过程控制（SPC）

■ **资源系统**

- 福利项目
- 费用预算系统
- 资产花费计划/实施
- 预测系统
- 全职时间分配计划/封顶
- 人力资源计划/预测系统
- 库存控制系统
- JIT 系统
- 生产系统
- 生产资源计划系统
- 材料需求计划系统
- 养老金控制系统
- 资源分配系统
- 按时分配薪水系统
- 离职率控制系统
- 供应商系统/合同

■ **奖励/认可系统**

- 福利项目
- 奖金系统

- 佣金系统

- 补偿系统

- 利益分配/利润分配系统

- 激励/认可项目（有形/无形，公开/个人）

- 优点奖励系统

- 激励项目

■ **选拔系统**

- 内部招聘系统

- 工作职务公开

- 领导力发展项目

- 人员招聘/雇佣系统

- 心理测试

- 替补计划系统

第五节　干预方案的设计

仅仅有了针对原因的干预措施仍然是不够的，我们还需要将这些干预措施有效组合，形成可执行的方案，干预方案的设计就是将这一方案实现的过程。作者认为干预方案的设计过程包含了四个要素，见图 4-1：

1. 选出干预措施

2. 设置先导性指标

3. 识别出里程碑

4. 拟定策略报告

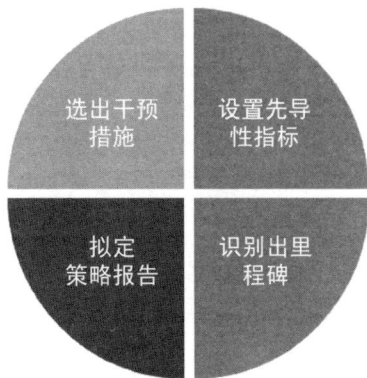

图 4-1　干预方案的设计过程

选出干预措施并有机组合

本章第二节中，我们提到因为造成绩效差距的原因可能不止一种，所以几种干预措施结合在一起常会取得更好的效果。在了解了干预措施的种类及作用后，绩效改进顾问就需要在这些干预措施中进行成本—效益分析，选择出最合适的干预措施进行整合。在对可能的干预措施进行筛选时，通常考虑以下五条标准，综合这些标准，对潜在的干预措施逐一进行评分，将高分数段及最有效的干预措施进行保留，再综合其他一些实际因素，就不难在繁复的干预措施中进行筛选，设计开发出一套整体的为组织绩效改进服务的干预方案来了。这里就为大家详细说明具体如何实施。

1. **需要性**：该措施所针对的问题或机会是需要被解决或把握的

2. **适当性**：该措施能够解决现在的问题或达到期望的目标

3. **可行性**：现有的时间、金钱、人力等资源能满足该措施实施条件

4. **经济性**：该措施实施所带来的价值大于需要付出的代价

5. **接受性**：该措施能够被现有的组织和个体所接受

首先，我们需要理清这五个标准的概念。

需要性：该措施所针对的问题或机会是需要被解决或把握的。因为企业存在的问题或机会有很多，而企业所拥有的资源——时间、金钱、人力是有限的，我们不可能将所有问题在同一时间内都解决了，或者将所有机会在一起都把握了，这就需要做一个取舍，选择当下最需要解决的问题。同样，对于干预措施而言，它所针对的问题是我们之前所选择的么？如果我们之前没有进行筛选，那么我们也可以通过对干预措施的选择来确定我们最终要解决的问题。

适当性：该措施能够解决现在的问题或达到期望的目标，又称"根属性"，作者更喜欢根属性这个表达。根属是一个逻辑上的专有名词，就是当有因果关系时，原因"造成"结果，而结果是"根属于"原因的。简单

地说，就是我们的干预措施直指问题的根本原因。造成某一问题的原因可能有很多种，而这些原因对应的干预措施亦会有很多，有些干预措施能够针对原因根除问题，有些干预措施则可能只是缓解现状。为了实现成本－收益的最大化，我们最好的选择就是找到针对问题根本原因的，并能根除根本原因的干预措施。

可行性：现有的时间、金钱、人力等资源能满足该措施实施条件。这一点很容易理解，也是必须考虑的因素。我们都知道有些干预措施可能很好，比如引进一项新的技术，可以让企业把握住未来的市场机会，在竞争中占得先机，但是新技术的引入就意味着需要金钱和相关人员的投入，倘若公司的钱不够、人也招聘不到或是难以培养，那么引入新技术这一项干预措施是否纳入干预方案中来恐怕就要再考虑考虑了。

经济性：该措施实施所带来的价值大于需要付出的代价，也叫作"损益比"。在本书前面介绍的概念部分，我们就提到绩效改进"它是一套干预方案：针对组织和个人，强调'有处方效力'，确保成本-收益最大化"，所以在确定干预措施可行的情况下，我们还应该做一下预算，高成本的干预措施如果带来的只是低收益的结果，那我们在选择它时也应该慎重。这里特别要提醒的是，我们在分析收益的时候不仅要看有形的收益，还要看无形的影响；不仅要关注眼前效益，还要考虑长远利益。但是过多的分析也可能导致项目的瘫痪，所以绩效改进顾问应当在项目中确定，哪些需要分析，哪些不值得分析（如图4-2所示）。

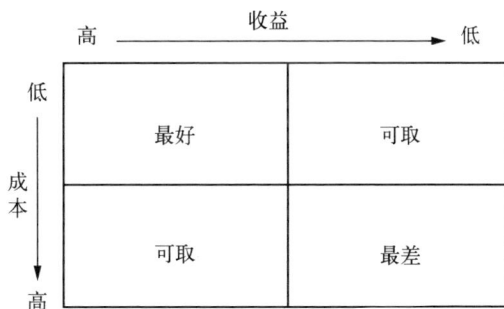

图4-2 培训项目的损益比分析

接受性：该措施能够被现有的组织和个体所接受。这是五条选择标准当中作者个人认为最重要的一条。这里的可接受性分为两个层面：组织和个人。组织层面具体指的是，干预措施需要符合组织的文化、环境，能被组织的大部分人所接受，毕竟干预措施是在组织这个大系统中运行的；个人层面指的是，干预措施需要被管理层和实际的利益相关者所接受，因为他们掌握着组织的资源，决定着绩效改进项目的命运。

在了解这些标准之后，我们就可以通过优选矩阵来对干预措施进行筛选了，如表4-3所示。

表4-3 优选矩阵

	需要性	适当性	可行性	经济性	接受性		总计
					组织接受	个人接受	
权重	×2	×3	×3	×2	×2	×3	
干预措施1							
干预措施2							
……							
干预措施N							

绩效改进顾问可以根据项目和组织的实际情况设置相应的权重，制定相应的评分标准，例如：每一个标准的最高分为5分，最低分为1分。然后我们就可以对每一项干预措施进行打分，总计得分最高的，当然就是最适合的干预措施了。在实际操作过程当中，我们还可以让项目组中的每一位成员都拿着一张优选矩阵表，按照相同的标准对干预措施进行打分，最后对各个干预措施的得分进行平均或总计，来确定最终选择，这样保证了项目的参与度，使成员集体对最后的选择负责，也让选择的过程变得民主、科学。

干预措施选择出来后，绩效改进顾问就需要按照干预措施待解决的问题的重要急迫程度，以及干预措施所涉及的工作内容、人员调配、时间规划、资源要求等进行有机组合，设计好干预措施之间的先后顺序、如何配合等等内容。

设置先导性指标

在看跨栏比赛的时候，我们常听到解说员评论说，某个运动员的起跑怎么样，第一个栏进得如何，中间的栏跑得怎么样，最后几个栏以及冲刺的时候情况什么样。倘若一个运动员的起跑、进栏、冲刺等等动作都完成得很出色，那么他的成绩也一定不会太差。如果我们把跨栏比作绩效改进项目，那么之前所说的那些动作就是先导性指标了，如图4-3所示。

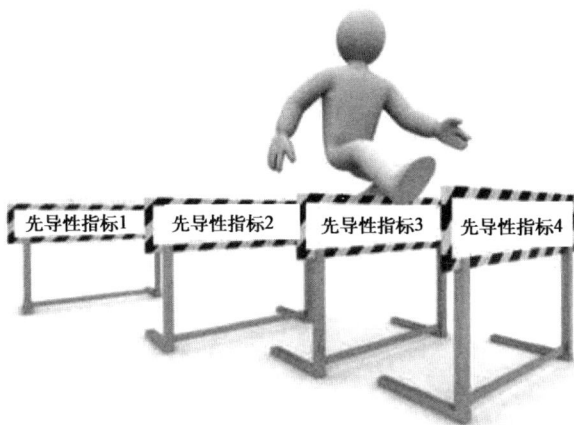

图4-3 设置绩效改进的先导性指标

先导性指标（Leading indicators），又称"先导指标"，是经济学当中的一个概念，是预测市场未来趋势的经济指标，在企业管理中，先导性指标就是与公司的销售同方向变动，并且比公司的销售更早变动的其他时间序列，公司可以利用一个或若干个这样的先导指标来预测销售额。**在绩效改进中，先导性指标是在达到最终目标的过程中，阶段性的行为目标和行为结果，并对最终目标结果可否实现有一定预测作用。**

所以我们在干预方案的设计中需要考虑进先导性指标，运用它来帮助我们完成改进方案的设计，并在未来实施的过程中监控和预测整个项目的效果。

大家还记得第二章第一节中那个眼睛护理企业的案例么？让我们不妨在这里再次回顾一下：

某全球领先的眼睛护理企业（以下简称"B公司"）因为一次眼药水质量事件导致经销商对其失去信心，销售额大幅下滑。为了重塑与经销商关系，B公司计划对全国经销商进行一轮大规模培训。在项目竞标中，华商基业的绩效改进方案在竞标中脱颖而出。华商基业认为B公司需要解决的真正问题是运用专业能力帮助眼镜店突破业绩瓶颈，从而重塑品牌和产品在经销商心目中的地位。基于这个核心问题，依据零售终端关键价值链公式：店面销售额＝进店人流×成交比×单次购买额×重复购买次数，通过深入地调研分析，华商基业将眼镜店的绩效关键锁定在以下四个环节：吸引客户、验光环节、配镜环节、重复购买，并针对这四个环节的关键影响因素设计了突破性的绩效解决方案。

在这个案例中，你发现了先导性指标了么？没错，如果我们把店面销售额的提升作为绩效改进的目标，那么进店人流、成交比、单次购买额、重复购买次数就是这个项目中的先导性指标。一般情况下，我们运用如下三个步骤来设置先导性指标，如图4-4所示。

1. 确定公式；

2. 要素分解；

3. 确认检验。

图4-4　设置先导性指标的步骤

让我们同样以一个案例来具体了解一下这三个步骤

某公司整个西北办事处有1名主管和10名销售员，总部给西北区的任务额是8 000万。那么如何完成这个销售额呢？为了案例分析的需要，我们对案例进一步界定，每一个客户都是通过销售人员打电话找到的，且每个客户的平均购买额是40万，不会重复购买。

第一步，确定公式。我们先来想想什么因素决定任务额。平均单价×销售数量＝任务额。那么销售数量又是什么决定的呢？这个公式也不难确定：平均每个客户购买数量×签约客户的数量＝销售总量。由于每个客户的平均购买额是40万，是已知的，所以这里我们可以假定每个客户购买的数量是一样的，最终我们就可以把公式简化成：

任务额＝平均单价×签约客户的数量

第二步，要素分解。首先，分解的是销售额和客户数，因为总额是8 000万，每个客户的平均购买额是40万，所以今年销售人员一共要成交200个客户。其次，来分解销售动作和这200个客户。我们都知道，不是每一个客户一打电话就会成交的，中间还会经历一些过程，比如：打电话之后是否会约见，不是每一个电话都能约见得上，约见之后还会有一个复杂的谈判过程，也不是每一次约来的客户都能顺利地谈下去，谈得下去的客户也不一定就能最终成单。所以我们把这一步大致分解为四个过程，如图4-5所示。

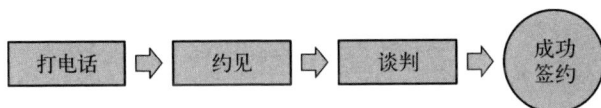

图4-5 客户签约的要素分解

根据以往的经验和数据分析，接到电话的客户有10%愿意约见，同意约见的客户有50%会进入到谈判，而参与谈判的客户又只有10%能最终成交。所以，通过计算我们可以知道为了找到那200个签约客户，销售人员需要在今年打出40 000个拜访电话。

接下来，我们还要把这40 000个电话分解成每一天的工作量，也就是西北办事处每天要有至少160个有效的销售拜访电话，如图4-6所示。

最后，我们还要进行分解的是电话量与销售人数，由于西北分公司只

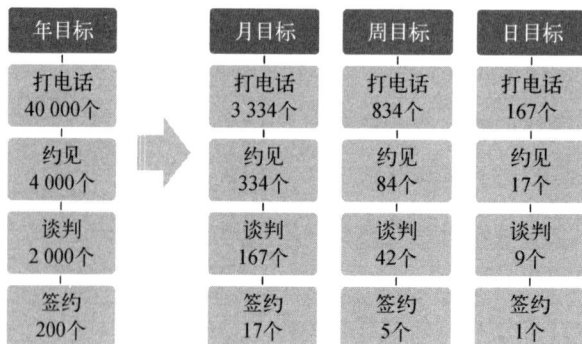

图 4-6　拜访电话分解图

有 10 名销售人员（主管暂且不算），那么平均到每个销售人员身上：每天应当的电话量在 17 个以上，每周至少约见 9 个客户，每月至少有 17 个进

图 4-7　确认检验的 "5W+2H"

入到谈判阶段，并且每个季度有 5 个签约。这些就可以作为我们的先导性指标来进行考察了。

第三步，确认检验。这一步实际上是确认先导性指标的可行性，再次对先导性指标的科学性做一个检验的过程。那么怎么确认和检验呢？我们可以用上"5W+2H"，这个方法很常见，详见图 4-7。

识别出里程碑

里程碑，原指设于道路旁边，用以记载里数的标志，通常比喻在历史发展过程中可以作为标志的大事。那什么是绩效改进中的里程碑呢？

在设计干预方案时，我们在进度时间表上设立一些重要的时间检查点或项目中的关键节点，这样一来，就可以在项目执行过程中利用这些重要的时间检查点和关键节点来对项目的进程进行检查和控制。这些重要的时间检查点或关键节点就被称作"项目的里程碑"。

通常一个里程碑需要包含三个要素：

1. 对要达到的目标进行一般性描述；

2. 要达到的目标是可测量的；

3. 预计一个可完成的日期；

由此可见，一个好的里程碑应具备以下三个特征：

1. 简单性：对于项目的利益相关者，里程碑是简单易懂的；

2. 可测量：里程碑的目标必须可以达到，并且是可测量的；

3. 一致性：利益相关者应对里程碑的目标、标准、时间达成一致；

在干预方案设计以前，绩效改进顾问需要根据项目的实际情况识别出项目的里程碑，并且将这些里程碑作为设计方案的依据。

里程碑一般是项目中完成阶段性工作的标志，标志着上一个阶段结束，下一个阶段开始，将一个过程性的任务用里程碑这样一个结论性的标志来描述，可以明确任务的起止点。同时里程碑也是项目中的关键点，在顺利到达一个里程碑后，我们应该将成果及时反馈给所有与项目相关的人员，特别是高层管理者，以保证大家对项目的关注和支持；倘若没有能够按预想的完成里程碑的目标，我们就必须及时总结，并适当调整项目的方案和实施了。

拟定策略报告

干预方案设计中的策略报告是一份"给利益相关者的关于缩小过去、现在和未来的绩效差距的方案的有说服力的报告"（Rothwell，1996），为了呈现干预措施的组合与实施计划，争取管理层和利益相关者的支持。在国际绩效改进协会（ISPI）2012版模型中，用商业计划书代替了策略报告的内容和作用，我们将在下一节中为大家详细阐述。所以这里为大家展示的是干预方案设计及开发的工作报告模板,其中包含了干预方案设计与开发的过程和最终的工作结果,该模板来自北京师范大学刘美凤教授编著的《绩效改进》一书,它既能清晰地反映干预方案设计和开发的过程,又能直接作为未来工作中使用的工具,向绩效改进的利益相关者和领导层汇报,所以一定要和读者们分享:

干预方案设计工作报告模板①

××组织绩效改进干预方案设计工作报告
干预方案设计工作组(小组成员介绍见"附件1干预方案设计工作组成员")
撰写人:_____   日期:_____

一、干预方案设计项目简介
(一)背景
(本项目在本组织绩效改进大项目中的位置与重要性)
(二)项目目标
(回顾绩效分析阶段明确的组织绩效差距)
(三)利益相关者分析
(包括组织内部成员及干预方案设计团队成员)
二、干预方案的设计过程
(一)第一阶段:绩效分析结果的再分析
1. 导致组织绩效差距的根本原因(前期的分析结果&根本原因的现状)
2. 干预方案要实现的目标
3. 干预方案的总体要求
  (1)技术要求
  (2)人的要求(与组织文化的适合程度)
(二)第二阶段:干预措施的选择
1. 原因—干预措施匹配
2. 干预措施选择标准
3. 选择的干预措施及各措施的关系
(三)第三阶段:干预方案的形成
三、方案制定的原则与依据
1. 干预方案的配套评价方案
  (1)评价原则

---

① 刘美凤,方圆媛. 绩效改进 [M]. 北京:北京大学出版社,2012.

续表

（2）评价主体（评价团队的组成）
（3）评价标准
（4）评价方法和工具
（5）评价工作注意事项
2. 干预方案的反馈与修改
  （1）干预方案意见征询
    ① 征询对象
    ② 征询方法与工具
  （2）反馈数据收集与分析
    ① 数据收集方法与工具
    ② 数据分析方法与工具
  （3）方案修改与完善
    ① 反馈的问题
    ② 解决对策

四、设计的干预方案
（一）干预方案概要

核心干预措施	核心干预措施 Ⅰ	增强 Ⅰ 的措施 ⅰ	增强型干预措施
		增强 Ⅰ 的措施 ⅱ	
		增强 Ⅰ 的措施 ⅲ	
	核心干预措施 Ⅱ	增强 Ⅱ 的措施 ⅰ	
		增强 Ⅱ 的措施 ⅱ	
		增强 Ⅱ 的措施 ⅲ	
	核心干预措施 Ⅲ	增强 Ⅲ 的措施 ⅰ	
		增强 Ⅲ 的措施 ⅱ	
		增强 Ⅲ 的措施 ⅲ	

（二）核心干预措施一及其增强措施

1. 核心干预措施一
  （1）对应的绩效差距与根本原因
  （2）干预措施针对的人群（主要指干预措施的使用者或直接受影响的人群）
  （3）干预措施实施时机与安排
    ① 实施时机
    ② 实施的阶段性安排
  （4）措施的技术要求
    ① 关键特点
    ② 主要功能
    ③ 性能指标（或验收指标）
    ④ 设计与开发①技术细节（或要求）

(5) 所需资源
　　① 人力资源（设计与开发团队人员所需资质，能力要求，人员分工等）
　　② 成本
　　③ 物质资源（硬件设施，有关材料等）

2. 核心干预措施—的增强措施
　(1) 增强型干预措施—
　　① 使用目的、时机与针对人群
　　② 措施的技术要求
　　　• 关键特点
　　　• 主要功能
　　　• 性能指标（或验收指标）
　　　• 设计与开发技术细节（或要求）
　　③ 所需资源
　　　• 人力资源（设计与开发团队人员所需资质，能力要求，人员分工等）
　　　• 成本
　　　• 物质资源（硬件设施、有关材料）
　(2) 增强型干预措施二
　　① 使用目的、时机与针对人群
　　② 措施的技术要求
　　　• 关键特点
　　　• 主要功能
　　　• 性能指标（或验收指标）
　　　• 设计与开发技术细节（或要求）
　　③ 所需资源
　　　• 人力资源（设计与开发团队人员所需资质，能力要求，人员分工等）
　　　• 成本
　　　• 物质资源（硬件设施、有关材料）

3. ……

(三) 核心干预措施二及其增强措施
参照"（二）核心干预措施—及其增强措施"
参照"（二）核心干预措施—及其增强措施"
(四) 核心干预措施三及其增强措施
参照"（二）核心干预措施—及其增强措施"
参照"（二）核心干预措施—及其增强措施"

五、干预方案开发建议
1. 开发规划建议
　(1) 开发方式
　(2) 开发工作管理与时间规划

续表

2. 开发工作注意事项 3. 开发评价与验收工作建议 　　(1) 评价与验收方式 　　(2) 评价预验收管理与时间规划
备注：
附件一：干预方案设计工作小组成员情况
附件二：原因—干预措施匹配模型
附件三：干预措施选择工具
附件四：干预方案意见征询过程实录及收集的原始数据
附件五：干预方案反馈修改专家会议纪要

干预方案开发工作报告模板①

××组织绩效改进干预方案开发工作报告 干预方案开发工作组（小组成员介绍见"附件1干预方案开发工作组成员"） 撰写人：_____　　　　日期：
一、干预方案开发项目简介 (一) 背景 (本项目在本组织绩效改进大项目中的位置与重要性) (二) 项目目标 (回顾干预方案设计阶段有关工作与最终的设计方案，以实现设计方案要求为目标) (三) 利益相关者分析 (包括组织内部成员及干预方案开发团队成员) 二、干预方案开发工作概要 (一) 开发团队 1. 开发人员组成 　　(1) 成员及其资质与能力介绍 　　(2) 各成员在开发团队中扮演的角色 2. 开发团队工作制度 　　(1) 管理制度 　　(2) 沟通制度 　　(3) 监督制度 　　(4) 其他工作制度

---

① 刘美凤，方圆媛. 绩效改进 [M]. 北京：北京大学出版社，2012.

（二）方案总体开发周期

1. 开发持续时间

2. 开发实际进度

（三）开发成果

1. 开发产品概要

核心干预 措施产品	核心干预措施产品Ⅰ	增强Ⅰ的措施产品ⅰ	增强型干预 措施产品
		增强Ⅰ的措施产品ⅱ	
		增强Ⅰ的措施产品ⅲ	
	核心干预措施产品Ⅱ	增强Ⅱ的措施产品ⅰ	
		增强Ⅱ的措施产品ⅱ	
		增强Ⅱ的措施产品ⅲ	
	核心干预措施产品Ⅲ	增强Ⅲ的措施产品ⅰ	
		增强Ⅲ的措施产品ⅱ	
		增强Ⅲ的措施产品ⅲ	

2. 部分干预措施样例展示

3. 干预方案使用指南

三、方案中各项干预措施的开发实施及成果

（一）核心干预措施Ⅰ及其增强干预措施

1. 开发团队

    （1）成员及其资质与能力介绍

        ① 成员及其资质与能力介绍

        ② 各成员在开发团队汇总扮演的角色

    （2）干预措施Ⅰ增强措施ⅰ开发团队

        ① 成员及其资质与能力介绍

        ② 各成员在开发团队汇总扮演的角色

    （3）干预措施Ⅰ增强措施ⅱ开发团队

        ① 成员及其资质与能力介绍

        ② 各成员在开发团队汇总扮演的角色

……

2. 开发周期

    （1）核心干预措施Ⅰ开发周期

        ① 开发持续时间

        ② 开发实际速度

(2) 干预措施Ⅰ增强措施 i 开发周期
　　① 开发持续时间
　　② 开发实际速度
(3) 干预措施Ⅰ增强措施 ii 开发周期
　　① 开发持续时间
　　② 开发实际速度
……
3. 开发过程
(1) 开发计划的形成
　　① 意见征询方式与工具
　　② 意见征询过程
　　③ 开发计划（详见附件）
(2) 开发实施
　　① 开发工作推进情况
　　② 原型测试的组织与实施
　　　● 被试人群的选择
　　　● 工具与方法
　　　● 数据收集与分析
　　　● 反馈后的调整与修改
　　③ 开发实施决算
(3) 评价与验收
　　① 评价与验收团队
　　② 评价与验收指标
　　③ 评价与验收报告（详见附件）
4. 开发成果
(1) 成果样例展示
(2) 产品性能分析与技术说明
(3) 成果使用指南（说明）
(二) 核心措施Ⅱ及其增强干预措施
……
(三) 核心措施Ⅲ及其增强干预措施
……
四、干预方案实施建议
1. 使用方式建议
2. 技术操作细节注意事项
3. 干预措施维护与更新建议
4. 其他注意事项

续表

备注：
附件一：干预方案开发工作小组成员情况
附件二：干预方案开发计划
附件三：干预措施圆形测试反馈数据
附件四：各项干预措施评价与验收报告

第六节　用好你的商业计划书

在本书的第一章中，我们提到国际绩效改进协会（ISPI）于 1992 年正式提出了绩效改进的过程模型，该模型也在越来越深入的实践中不断的修改和完善。2012 年 ISPI 在《绩效改进基础（第三版）》一书中再次发布了这一模型的最新版（上一次更新是 2000 年）。对比前后两版模型，我们能明显地看出新版绩效改进过程模型新增了"商业计划书"（Business Case）的相关内容，本节将为大家详细阐述。

绩效改进中的商业计划书

商业计划书通常是一种说明公司的总体和阶段性目标、商业战略及战术的文书，是创业者（或企业家）与潜在投资者之间最有效的沟通工具之一。

在绩效改进项目中，我们将商业计划书这一工具引入进来，目的是促进有效沟通。因为仅仅有好的想法还不够，仅仅有完全合适有利的干预措施方案和设计也不够，组织的领导者不仅应该知道这些，还希望明确了解绩效改进工作需付出的成本、可获得的效益、项目对组织其他部门、个人以及文化将产生什么影响。

商业计划书在绩效改进领域的定义有很多，我们可以将其看作：是一种说明绩效改进的目标，变革的逻辑，相应的干预措施，所需的资源，所产生的影响等内容的文书，是绩效改进顾问（或实际推动者）和客户领导层（或利益相关者）之间最有效的沟通工具之一，如图4-15所示。

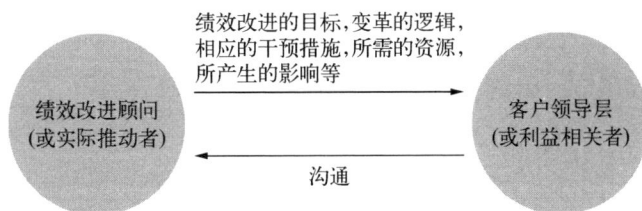

绩效改进的目标，变革的逻辑，
相应的干预措施，所需的资源，
所产生的影响等

绩效改进顾问
（或实际推动者）

客户领导层
（或利益相关者）

沟通

图4-15　绩效改进中的商业企划书

作者认为，一份完整的商业计划书，应当包含以下内容：

1. 背景介绍。这一部分需要阐述项目的相关背景情况，包括目的、意义、紧迫性等等。这是为了让管理层及利益相关者充分认识到项目开展的需要性与必要性，以争取他们在情感上的充分认同。

2. 现状说明。在撰写商业计划书之前，我们一定做了大量前期工作，所以在这里我们应当告诉阅读此计划书的人，我们先前做了哪些工作，将已经了解的现状展示出来，包括组织分析、环境分析、差距分析、原因分析的情况和结论。即摆事实，讲道理。这一步就是给出充分的证据摆在管理层及利益相关者面前，不仅从情感上，更让他们从理性上认同项目的必要性。

3. 方案呈现。方案呈现的第一步，应当说明针对上述的问题和原因我们选择了哪些干预措施，为什么选择这些干预措施。第二步，我们要将方案的整体呈现给阅读此计划书的人，包括：干预措施如何组合实施，项目里程碑是什么，需要在什么时候考察哪些先导性指标，如何评估等等。这些内容是为了明确我们后续每一步的动作、方法和工具，并且让管理层及利益相关者对方案的框架和内容有一个总体的认识，让他们了解项目的系统性、科学性和专业性，知道我们每一步的行动计划，争取他们的信任。

4. 资源需求。有了好的行动方案是远远不够的，方案的实施必须依靠人力、物力、财力等等资源支持。这是向管理层和利益相关者申请必要支持的动作，在商业计划书中我们就要告诉管理层，在绩效改进项目实施的过程中我们还需要哪些资源，并且证明这些资源是必需的。要说明的是：这里的资源既包括了现有的，也包含所缺的，还需要做哪些内容的开发，如何开发也应该在这里说明。

5. 影响预估。组织进行绩效改进是为了实现目标的，在计划书的最后，我们必须告诉管理层和利益相关者，按照这样的方案进行实施，会带来哪些影响，能够达成哪些目标，这也是为了说服他们支持绩效改进的项目，为项目提供所需资源。

一个中心，两个基本点

商业计划书的作用是记录组织的需要或机会，表达变革的信心，获得高层领导的支持。所以撰写商业计划书就需要很好的把握住"一个中心，两个基本点"的基本路线，以"领导承诺"为中心，以"可行性"和"可持续性"为基本点，如图 4 - 16 所示。

图 4 - 16　撰写商业企划书的"一个中心和两个基本点"

领导承诺。整个绩效改进的过程离不开身居要职、值得信赖的支持者或推动者的参与。商业计划书要具备足够的效力，就得获得主要决策者和高层领导的承诺与支持。所以撰写商业计划书的过程实际是以最小的努力获得参与者的认同的过程，绩效改进顾问应充分理解，全面考虑每位高层领导和主要决策者关注的重点。

可行性。世界上最伟大的想法应具备执行或实现的可能性才是真正的伟大。商业计划书是将对绩效改进项目的想法视觉化，描绘它所要经历的过程和将要带来的价值，然而不具备可行性的商业计划书是很难得到"领导承诺"的。绩效改进顾问可以从期望的结果（Result）是否合理、项目设计是否经过系统（Systematic）思考、项目是否确实能够增加价值（Value）、项目中利益相关者是否能形成伙伴协作（Partnering）这四个方面来考察项目的可行性。

可持续性。"24 美元买下曼哈顿的故事"并不是痴人说梦，而是可怕的复利的力量。商业计划书不仅要体现出项目的可行性，更需要体现项目的可持续性；不仅要获得现任领导的支持，还需要获得其他领导（或下任领导）的支持，以便获得长期的"领导承诺"，获得持久支持的人力、物力和财力。

商业计划书的运用

关于商业计划书的应用，有这样一个经典的案例：

密歇根的一位牙医经营着一家非常成功的诊所长达 25 年。诊所的规模越来越大，牙医决定不再专职从事牙科，而是雇佣几名副手接替他的工作。他则将工作重心转移到收购经营欠佳的诊所，使其转变为盈利可观的诊所。但是正当大家忙于新诊所的工作，原诊所出现问题了。患者的逐渐流失导致现金流量剧烈下降，再加上新诊所的贷款，原诊所最后只能勉强支付员工工资和货物。

无奈之下，这位牙医请了绩效改进的咨询小组来帮忙。咨询小组通过绩效分析和原因分析，制定了一系列的干预措施，以解决商业问题并实现绩效目标。虽然牙医和业务经理都一致认为那些干预措施缺一不可，但在获得更多的有关成本和影响的信息之前，他们不会断然实施任何一个措施。所以咨询小组撰写了一份商业计划书，以证明干预措施的价值。（如图 4‑17 所示）

```
┌─────────────────────────────────────┐
│           商业企划书目录              │
│  一、执行摘要                         │
│  二、引言                            │
│     1. 差距的说明和衡量成功的标准      │
│     2. 论证                          │
│  三、假设和方法                       │
│     1. 财务指标                       │
│     2. 假设和风险                     │
│  四、项目计划                         │
│     1. 行动方案                       │
│  五、商业影响                         │
│  六、结论和建议                       │
└─────────────────────────────────────┘
```

图 4‑17　商业企划书的目录

在"执行摘要"中，咨询小组简要概述了整个项目，指出了计划书中的精髓。以绩效分析为基础的"差距的说明和衡量成功的标准"明确了现状和期望的状态，并在论证中对整个项目的干预措施进行了说明。通过对"财务指标"以及"假设和风险"的分析，咨询小组预计实施所有措施花费 15 万美元的成本。如何让客户心甘情愿地拿出 15 万美元，成为这份商业计划书乃至绩效改进项目继续执行的关键。

为了打消牙医的疑虑，咨询小组在计划书中特别说明了以下四点：

1. 告知每个措施的成本。

2. 表明干预措施将长期实施，因而能够在几个月内分散成本。

3. 优先选择成本花费最低、经济效益最高的干预措施，可利用这些措施的资金收入投资未来发展的措施。

4. 允诺追踪每个措施之于成本的结果，以决定各措施的投资回报率，改善未能产生预期效益的干预措施。

面对如上说明和部署周密的"行动方案",牙医感到欣慰并最终同意了绩效改进咨询小组的建议。

商业计划书表明了制定干预措施的原因是,为了防止不切实际的想法毫无理由毫无价值地扎根于组织。商业计划书的篇幅长或短、内容全面或简洁都无关紧要,重点在于证明资金和资源的开销是为了满足企业的具体需要,这是整个绩效改进项目价值的体现。

第五章　实施巩固

第一节　说得好，更要做得漂亮

金牌服务**10**项准则

微笑多一点，嘴巴甜一点
动作轻一点，脑子活一点
做事多一点，行动快一点
效率高一点，借口少一点
耐心多一点，心胸宽一点

在提供公共服务册场所，我们通常会看见下面这样的标牌：

尽管现场所有提供服务的人员可能都背过这些标语，但是真正在实际工作中能够做到的人却少之又少。

有这样一个故事：四个和尚一起参加禅宗的"不说话修炼"。有三个道行较高，有一个道行较浅，由于修炼时必须点灯，所以点灯的工作就由道行浅的和尚负责。修炼开始了，四个和尚围绕着那盏灯，盘腿打坐。几小时过去了，油灯中的油愈燃愈少，眼看就要枯歇了，突然，一阵风吹来，灯被吹灭了。道行浅的和尚忍不住了，大叫一声说："糟糕！灯熄了！"其他三个和尚，原来都是闭目打坐，一听到他的叫喊声，都睁开了眼睛。一个和尚立刻斥责他说："你叫什么！我们是在做'不说话修炼'，你怎么能够开口说话呢！"另一个和尚闻声大怒，他冲着刚说话的和尚说："你不是也说话了吗？太不像话了！"
一直没有说话的和尚这时却傲视着另外他们三个说："哈哈！只有我没说
话了。"

故事中的和尚，不论道行的深浅最后都没有能做到"不说话"，他们
在过程中更多地关注了别人的行为却没有注意自己的问题。

在绩效改进的项目中，我们很多时候把重点都放在了找到问题的根源
上，放在了获得必需的资源上，却认为实施不过是顺其自然、水到渠成的
事情，所以往往忽视了实施，或者说没有像之前探究原因、设计方案的时
候那么重视了。但在实施中也会出现上述例子中的问题：实际操作者明明
知道好的标准，却很少有人能够做到，或是忽视了自己的行为，已经违反
了标准。当然，实施中也会遇到其他各种各样的问题，比如过程中遇到了
阻力，利益相关者三分钟热度等等。

所以有了一份好的商业企划书还不够，说得好更要做得漂亮！那么如何
才能保证绩效改进的干预方案更有效地实施呢？本章内容将给大家以解答。

第二节　保证方案的有效实施

有读者在了解了产生绩效差距的原因和干预措施的分类后，会担忧如
果多数问题是培训不能解决的，那些干预措施也与培训无关，一旦企业做
了绩效改进，培训部门可能会越来越没有地位。

以上的担忧不是个例，也不无道理，所以我们希望在"实施巩固"这
一步骤中为大家解除担忧，也为了保证干预措施有效落地。

"N＋1" 学习模式

在"N＋1"的学习模式中，"N"代表了干预方案中不同种类的干预

措施。前文中我们介绍了干预措施，是有目的、有计划的行动，其目的都在于影响人们的行为，进而改进组织绩效。大型的干预措施可被标识为公司范围的"行动"或"项目"，例如文化变革、商业机构重组、开发新的技术等；小型的干预措施则常聚焦于个人或较为有限的工作组，包括变革录取标准、实施正式的工作培训以及提供在线帮助系统等。这些干预措施很多都看似与培训无关，但实际上，要想把每一项干预措施都深入员工，达成改变员工行为，进而提升组织绩效，就离不开"N＋1"的学习模式中的"1"——培训。

传统观念认为，培训不能解决所有问题，培训只能解决由于缺少知识、技能而带来的问题。这样的意识让培训部门只局限于安排一些和知识、技能相关的培训，而接触不到公司的战略及业务核心。但对于绩效改进顾问来说需要建立这样一种观念：培训不仅能直接解决因缺少知识和技能带来的问题，还能辅助其他干预措施落地，间接解决很多问题。

比如，面对公司战略或文化的变革，培训部门可以组织面对全公司的宣讲活动，为全体员工进行思想观念上的大培训，让每一个员工都了解到公司目前的战略或文化，让员工意识到现在的路是正确的、有前景的。

再如，面对新技术的运用或流程的改善，培训部门可以协助撰写相关说明（指导）文件，并组织培训学习，帮助相关员工在新的技术或流程下熟练工作，保证新技术、流程的实施效果。

又如，面对资源不足、支持不够等原因产生的绩效问题时，培训部门亦可以提供相关培训。在资源不够的情况下，培训帮助员工更好地利用现有条件；在组织提供了新的资源后，培训教会员工合理运用资源，更好地提升业绩。

"N＋1"的学习模式要求培训部门不仅是被动地接受培训需求，组织培训工作。更重要的是，"N＋1"学习模式从公司整体角度出发，主动协助其他部门，并在绩效改进的干预措施实施时安排相应的培训。这样既保证了组织每一项措施的有效落地和实施，也体现了培训的意义和价值。

"四位合一" 实施应用

如果说学习的目标是改变行为、达成绩效，那么应用就是将学习的内容付诸实施，并且将新的行为制度化，切实达成改变行为的目的。那么如何保证学习和应用的实施效果呢？

国际绩效改进协会（ISPI）前主席朱迪·赫尔女士认为，当你同时采取包括"建立组织""跟踪测量""获得关注"和"约束自我"这四个维度的多元化方法时，应用的效果就自然有了保障（见图5-1）。因为关注这四个维度不仅能优化学习与绩效改进的实施过程，还能增加学习者对需要学习应用的内容的拥有感和接纳度，使其自觉自愿地采用新的行为，从而增加学习应用的效果。

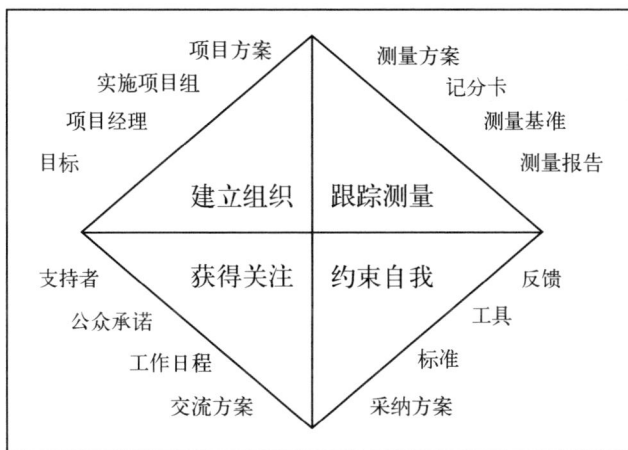

图5-1 "四位合一"的实施模型

■ 建立组织

所谓组织，是按计划对企业的活动及其生产要素进行分派和组合。组织职能对于发挥集体力量、合理配置资源、提高劳动生产率具有重要的作用。建立组织的意思就是需要组建一个实施项目组这样的领导机构，来引导组织学员了解现状、目标和差距，使学员明确学习应用这些内容的目的，同时也要帮助学习者清晰地了解自己未来的角色和责任，为有效实施理清目标，创造良好的环境。

管理学认为，组织职能一方面是指为了实施计划而建立起来的一种结构，该种结构在很大程度上决定着计划能否得以实现；另一方面，是指为了实现计划目标所进行的组织过程。这里之所以将"建立组织"放在第一位，是因为我们看到会有一些企业在组织学习培训的过程中常常将注意力都集中在了课程或项目的设计与开发上，而忽视了实施过程中的有效组织，仅仅评估一下课堂效果就草草了事，其实这样很难保证学习内容在组织内长期应用，并制度化。

例如，在培训项目（或绩效改进项目）实施前我们会与总部（或企业大学）、分部（培训实施点）沟通共同组建项目组，分别负责整体组织协调、行政后勤和专业指导，自上而下地帮助该项目的相关领导和学员了解该项目的相关信息。

■ 跟踪测量

跟踪测量就是跟踪学员行为，并将关键的指标数据，告知学习者以及与他们一起工作的成员、领导或客户，使他们了解学习应用的情况，做好自律和他律，不断进步。

在第一章的行为工程模型中，我们提到过信息、数据是最容易获得，也是最有可能提升绩效的。所以实施的时候也需要跟踪学员的行为，测量相关的信息和数据。针对行为的测量和跟踪需要持续足够长的时间，以确保新的行为得到强化。测量的结果也同时帮助了实施的项目组和绩效改进顾问了解学习的内容或干预措施是否达到了组织期望的目标。

比如，根据不同项目和客户的不同需求，我们在项目开始前就会设定基线和关键指标，并在人才培养的项目中安排对学员的前中后期评测，以此收集数据以了解学习应用的情况，并将数据进行分析和对比，及时反馈给学员，在之后的工作中，我们也会让项目组有意识地继续跟踪这些学员的数据和信息，考察培训的效果是否真正落实到了工作当中。

■ **获得关注**

获得关注要求实施项目组在较长的一段时间内都应让管理层知晓并关注干预措施的应用状态和期望目标。

无论是哪一家企业，领导的意志一定很重要，对于培训和绩效改进项目也是这样。因为领导者的更替或者注意力的转移，都可能影响对该项目原有的承诺，导致消极应对或干脆放弃，最终影响绩效改进的效果。所以为了防止这样的情况发生，长期获得关键人物或领导者的关注与支持就是必须的。

获得关注的方法有很多，例如：关键节点的邮件、实施过程中的新闻稿、项目中期的总结报告、跟踪测量中获得的数据汇报等等，都是有效的手段。与此同时，我们还可以请管理层参加启动、结业等仪式，成为学员导师等形式，让管理层也更多地参与到项目中来。

■ **自我约束**

自我约束一般指的是自制、自控、自律。在这里，自我约束是实施项目组为学习者创造工具和标准，使学习者知道他们的目标和要求，以及如何对他们的应用情况进行监督。拥有工具和标准使得人们更能判断他们采取的新行为是否恰当。这些工具和标准让我们不需要过多监督他们的行为，防止学习者感觉实施项目组或绩效改进顾问是与他们对立的，增加学习者对所学内容及所需行为的拥有感和接纳度。

与获得关注一样，帮助学员自我约束的方法也很多，学习项目中让学员们自主选举班委、设定班规、分组比拼等都是常用方法，同时项目组还会为学员提供自评积分卡、关键行为学习卡、Q&A 自我审核表等工具，利用不同形式的工具帮助学员进行自我监督和约束。

总之，在"实施巩固"这一步骤中，绩效改进顾问和培训部门就可以根据"N＋1"的模式组织培训学习，运用"实施模型"为干预措施的实施组建领导班子，并在过程中及时、定期地汇报过渡时期的成果，确保关键人关注干预措施的实施，并通过为员工提供支持的工具和标准，帮助他们监督自己的学习应用效果，最终实现其绩效改进的目标。

有效实施的案例

肆虐全球的金融危机给中国银行业带来了深远的影响,国内商业银行的经营管理面临着严峻的考验,这其中也包括了招商银行。在这样的大环境以及该行"二次转型"的背景下,如何有效提升全行管理干部的综合素质与管理水平,成为招商银行教育培训工作面临的重要课题。为了提升分、支行中基层管理者的管理素质,推动该行教育培训模式的创新,逐步确立全行通用的管理素质类培训项目方案,招商银行设计了以分支行中基层管理者为目标人群,为期五个月的领导力提升培训项目"金鹰计划"。[①]

"金鹰计划"项目采用素质测评及解读、实体授课、行动式学习、体验式训练和 E-learning 学习等相结合的学习方式,分阶段开展集中培训。首次和末次集中学习阶段将分别举行开学典礼和结业典礼。项目实施周期为 5~6 个月,每月集训学习 2~3 天,将行动学习与现场教学演练相结合,按照不同的阶段分别设计为思维篇、修炼篇、执行篇、团队篇、呈现篇五个阶段完成。整个项目中,实施是最大的亮点。如图 5-2 所示。

图 5-2 "金鹰计划"项目的学习方式

---

① "金鹰计划"项目已获得 2013 年国际绩效改进协会(ISPI)杰出绩效改进干预奖、2010 "哈佛《商业评论》第四届管理行动奖"金奖、中国金融教育发展基金会"2010 年金融教育优秀研究成果"一等奖、2010 全国培训年会"最佳管理实践奖"等殊荣,获得业内外人士的高度认可,已成为招商银行最具影响力的品牌领导力提升项目之一。

金鹰计划项目经过 2009 年在长沙分行和济南分行的试点，2010 年在全行铺开，到 2012 年已累计实施 31 期。基于绩效改进的思路，针对分行中基层管理者领导力与业务提升，从培养体系、周期设计、课程设计、师资准备、项目管理等方面进行自主创新，并实现学习的批量复制。通过务实、创新的混合式学习，为学员提供针对性学习培训，受到学员高度评价。

■ 全流程项目管理　保障项目效果

金鹰计划项目是由总行培训中心督导，分行人力资源部具体承办、华商基业等外部机构协办的三方联合运作的项目，根据"金鹰计划"项目管理架构，总分行、机构组建了项目管理团队，全面进行"策划—管理—执行—协调"工作，经总分行项目组、机构项目经理三方精诚协作，科学高效地推进了项目前、中、后三大阶段的实施，如图 5-3 所示。

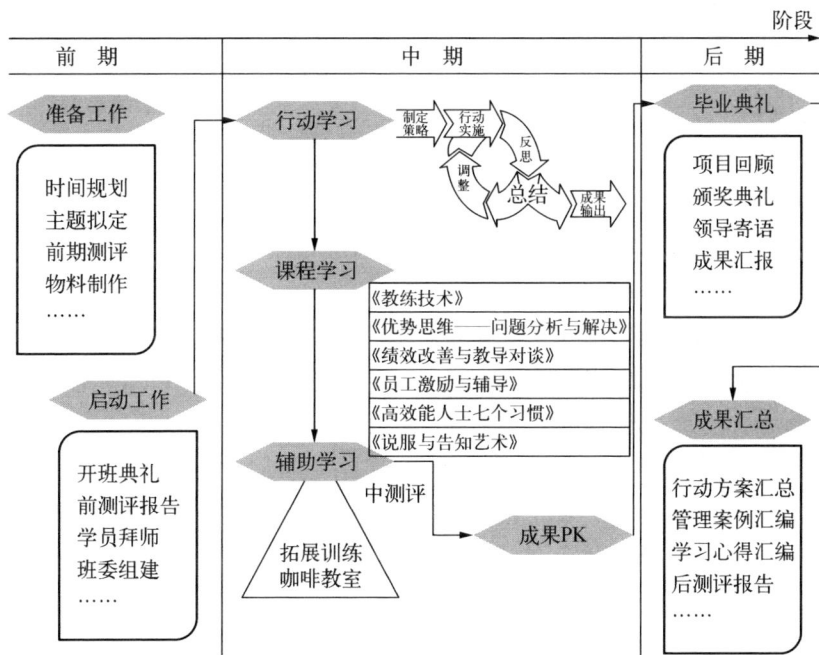

图 5-3　"金鹰计划"项目三大阶段的实施

■ 全方位项目宣传　打造培训品牌

金鹰计划是招商银行首个按照品牌项目方式运营的领导力发展项目。项目组在内部强化项目管理和市场化营销，通过各种渠道，加强项目宣传力度，打造培训品牌。具体包括：统一设计 2011 年项目 LOGO、VI 及物料，保障项目视觉效果的一致性；每月定期发布金鹰项目通讯，分享各分行阶段性学习成果；开通金鹰微博，实现互动交流；每年举办项目高级研讨班分享研讨项目优化方案。在总行指导下，各分行也在此基础上精心设计出各具地域特色的设计物，开辟金鹰宣传专栏（图 5-4），为项目宣传锦上添花。

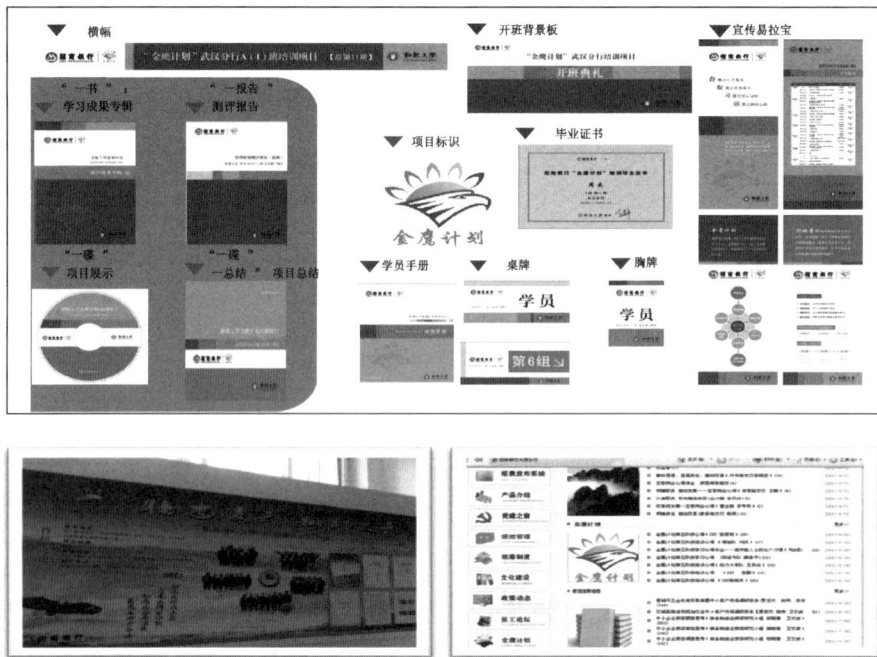

图 5-4　金鹰园地与金鹰专栏图示

■ 管理活动推陈出新　实现地域差异

金鹰计划除了标准化的实施流程，也鼓励分行结合自身特点进行创新和差异化。在管理活动和班级管理模块，各分行充分发挥创意，创新性地开展特色学习活动。苏州分行在开班典礼上设置了"有奖问答"和"许愿瓶"两项创新环节；通过"有奖问答"环节，强化学员对"金鹰计划"的人才培养模式，同时通过"许愿瓶"环节，帮助每一位学员明确参加"金鹰计划"的个人愿景，帮助其努力实现个人的成长目标；并在学习的每一阶段，设立了创意的个人奖项，"最佳消防员"、"真诚大使"、"金话筒"等创意奖项，记录下每位学员为班级奉献的点滴。昆明分行举办了"茶道体验"活动和户外极限挑战的拓展培训，在"一无所有"的状态下，完成了多项不可能完成的任务。

第三节　实施就是做好变革管理

无论是国际绩效改进协会（ISPI）的 2012 版绩效改进模型，还是**美国人才发展协会（ATD）**的绩效改进模型，都默契地将变革管理作为了大框架，包在了模型为最外层。相信这并不是巧合，所以我在这里也大胆地说一句："实施就是做好变革管理!"

什么是变革管理

所谓"变革"（change），就是指企业根据外部环境变化和内部情况的变化，及时地改变自己的经营运作和管理体系等，以适应挑战性的需要。世界著名管理大师，彼得·德鲁克曾经说过："我们无法左右变革，我们只能走在变革的前面。""变革是无法避免的事情"。但是变革的成功率并不是100％，甚至特别低，常常使人产生一种"变革是死，不变也是死"的恐惧。面对市场竞争的压力，技术更新的频繁和自身成长的需要，企业所面临的实际情况变成了"变革可能失败，但不变肯定失败"，因此知道如何变革显得尤为重要。

在管理学中，变革管理（Change management）是一个涉及改变的系统过程。一个关于变革管理较为模糊的定义是：变革管理有至少三个方面，包括：适应变革，控制变革和影响变革。主动地处理变革方法处于所有三个方面的核心地位。对一个组织，变革管理意味着定义和实现程序和/或者在商业环境中处理变革的技术，和从变化的机会中获利。

世界流程改进领域泰斗 H·詹姆斯·哈林顿认为：变革管理是将行为科学原理应用于变化过程的决策、规划、执行和评估阶段，全部重点在于对不必要的混乱进行管理，其目的在于通过考虑变革中人的因素，显著提高项目成功实施的可能性。[①] 作者将其简单地理解为，变革管理就是知道如何变革并做好变革。

为什么说 "实施就是做好变革管理"

在本书中，我们曾提到：每一次绩效改进都是一场变革，所以对绩效改进顾问来说，做好实施的过程，其实就是做好变革管理的过程。在实施的过程中，我们可以把绩效改进约等于成变革管理，这是因为：

1．面对的背景相同：两者所面临的背景都是不断变化的内外部环境，两者的起因都是组织存在一定的问题或对组织现状的不满。

2．达成的目标相同：两者都是为了适应组织内外部的变化让企业变得更好，或是解决企业的问题，或是把握住机会。

3．实施的主体相同：一般情况下都有两种实施主体，一是授权员工担任问题解决者（如质量小组），二是聘请外部咨询顾问，很多企业结合了以上两种方式。让员工担任问题解决者意味着让最了解问题的人来确定问题的成因和解决方法，然而单纯由员工担任问题解决者通常只针对单一的

[①] H·詹姆斯·哈林顿.《项目变革管理》[M]，北京：机械工业出版社，2001.

问题、部门或流程。如果结合两种方法，则会涉及多个问题、部门或流程。另外，大范围的改进或变革通常由专门委任的个人或小组负责协调，因为这一过程需要做大量的协调工作，涉及企业的主要部门，或者整个企业。

4. 针对的对象相似：两者都主要针对组织中的人来做文章，有所不同的是，绩效改进通常是由上至下的，而变革则也有可能从基层自下而上的推动。

5. 经历的过程相似：在哈林顿的定义中，变革管理的过程大致分为：决策、规划、执行和评估四个阶段，而我们知道绩效改进的过程也可概括为：探索发现、选择设计、实施巩固、评估改善这四个阶段，虽然表述不太一样，但非常相似。

如何做好变革管理[①]

变革管理并非易事，因为变革势必要对现有状况或者人员产生影响，这种影响对一部分人来说可能是积极的，对另一部分人来说可能就是消极的。那么就受到消极影响的这部分人势必会对变革管理有一定的抵制。所以就需要让受到积极影响的这部分人能够把事情做得更好，并且减少受到消极影响的这部分人可能产生的阻力。以下就介绍几种做好变革管理可能用到的方式方法。

■ 说服相关人员参与变革

说服法，是做好变革管理首选的方法。它不仅会让相关人员自觉参与到绩效改进或是变革管理的过程中来，还能激发他们的积极性和动力，从而减小实施的阻力，保证实施的效果。

---

① 部分资料和案例来自于：John P. Kotter. Leading Change. Harvard Business Press，1996.

说服法通常需要遵循以下七个步骤[①]：

第一步：向员工介绍问题或形势的背景情况；

第二步：向他们描述需要做什么去解决问题或处理当前形势；

第三步：具体描述对此变革活动的合作会给组织或个人带来什么好处；

第四步：描述如果不对问题或当前形势采取行动会产生什么后果；

第五步：争得他们对现实变革、解决问题和处理现状的支持和帮助；

第六步：制定具体的、可测量的和可追踪的绩效改进目标和完成这些目标的里程碑；

第七步：持续沟通绩效改进活动的价值，随时向组织、部门或个人反馈。

从第一部到第四步，其实都在给相关人员进行现状与未来情况的说明，那么如何说得更好呢？

我们可以换个角度来看，现在变革管理者和其他相关人员之间的关系是不是更像是推销员和顾客，而接受变革就好像是一件商品，推销员需要让客户接受并购买这件商品。在推销中，通过故事来介绍商品，是说服顾客的好方法之一。通过故事，推销员把要向顾客传达的信息变得饶有趣味，使顾客在快乐中接受信息，对产品产生浓厚兴趣。由于故事都倾向于新颖、别致，所以它能在客户的心目中留下深刻的印象。当一个推销员能把产品在客户的心目中留下一个深刻、清晰的印象时，他就有了真正的优势。

同样，在变革管理的思想中，对于创作一个具有说服力的变革故事、将其传达给员工，并在不断进行的沟通和参与中贯彻始终的功效给予了高度评价。所以在变革管理开始时，我们需要有一个具有说服力的故事，并

---

① 威廉姆·罗思韦尔，卡洛琳·K. 赫尼，斯蒂芬·B. 金著，杨静，肖映译. 员工绩效改进——培养从业人员的胜任力 [M]. 北京：北京大学出版社，2007：P99

通过可能的方式传达给大家，例如员工大会、企业网站、视频资料、图书报刊、文化活动。

在编写故事的过程中，有两点特别值得注意：

1. 好的故事由员工自己书写。

很多时候，变革管理者都抱着良好愿望投入大量的时间来编写和传达自己的或是领导者的变革故事。但是，这样的方法在我们实际的操作过程中收效并不好。

在一项著名的行为学实验中，研究者向一半的参与者每人随机派发一组彩票号码，同时要求另一半参与者在一张空白彩票上填写自己想要的任何号码。在马上就要抽取中奖号码之前，研究者提议从彩票持有者手中买回彩票。结果是：无论在哪个地区或针对何种人群进行此项实验，研究者总是会发现，为了从那些自己填写彩票号码的参与者手中买回彩票，他们不得不支付比其他人至少高五倍的价钱。这种结果揭示出了人类天性中的某种特点：对于我们自己做出的选择，我们更愿意承担其后果。

绩效改进的理论基础之一是行为主义，所以我们采用的变革管理的方法当然不能低估了这种影响。让员工去编写他们的故事便是赋予了他们活力，这种活力是推动变革所必需的，它源于一种对答案的拥有感，一种对变革的主人翁感。

让员工去书写他们的故事的第二个原因是：能激励你的变革故事并不一定能激励你的大多数员工，员工们更清楚什么样的因素和故事能激励他们自己。

长期以来，有两种类型的变革故事在企业组织中宣讲得最多。第一种是"从优秀到卓越"的故事，大致是这种说法："我们的传统优势正在遭受激烈的竞争和不断变化的客户需求的冲击，如果不进行变革，我们很有可能失去现在的市场地位，为了保住自己的领导地位，扩大竞争的优势，我们要变革。"第二种是类似于要"打翻身仗"的故事："我们的业绩低于行业标准水平，为了生存，我们必须大刀阔斧地进行变革，只有这样我们才能跨入本行业最优秀企业的行列。"这两类变革故事似乎都很合理，但是也常常难以达到变革领导者所期望的效果。

研究显示，当管理者和员工被询问激励他们努力工作的最大动机是什么时，他们同样都将这些动机分为五种影响形式：对社会的影响（例如建设社区和管理资源）；对客户的影响（例如提供优质服务）；对企业及其股东的影响；对工作团队的影响（例如创造一种人性化的环境）以及对"我"个人的影响（我的职业发展、薪水和奖金）。

这种研究结果对于变革领导者具有深刻的启示意义。领导者所关心的动机与员工自己认为的能够激励他们的动机有 80% 都接不上轨。所以变革领导者应当让员工自己去书写故事，并且最好是能够覆盖员工动机的所有五个方面的变革故事。这也与绩效改进中的伙伴协作原则不谋而合。如果做到了这一点，他们就能在变革中释放出巨大的活力，而另一方面，这种活力既能推动变革，又能帮助组织留住人才。

一家大型餐饮服务企业提出一项成本削减计划。该计划开始时采用的变革故事标记了一些与企业的竞争地位和未来前景有关的常规逻辑框图。该计划实施三个月以后，管理层因为员工对计划的抵制而感到灰心丧气。变革团队只好改变原来的计划，重新进行规划，并且在做出每一项决策时，改写了变革故事，都让该计划的每一个关键成员都要参与其中，从而给予他们一种"为自己的彩票选号"的感觉。重新编写的故事中包括了与社会（例如供给能买得起的住房）、客户（减少出错率、更具有竞争性的价格）、本企业（支出不断增加、超过了收入的增长速度、因此不具有可持续性）、工作团队（减少重复、增加授权）以及员工个人（更具有吸引力的工作）有关的要素。虽然采用这种模式后，历时半年才完成了最终的规划设计，但花费的时间物有所值：这一改变使员工的积极性在一个月内从 35.4% 提高到了 57.1%，成本削减计划得以顺利实施，在第一年就实现了效率提高 10% 的成效，进展速度远远超过了最初的预期。

2. 故事最好包含积极和消极两方面。

什么是具有积极和消极两方面呢？说服法中的第三步是具体描述对此变革活动的合作会给组织或个人带来什么好处；第四步是描述如果不对问题或当前形势采取行动会产生什么后果。这就是积极和消极的两方面。

消极的方面通常是"基于缺点和不足"，在故事中甄别问题，说明问题的严重性，分析问题的原因所在以及如何改正它，然后说明要怎么去做。这种方式已成为我们在培训或管理中常用的方法，大概也是被大多数企业组织所认可的，多数时候我们看到的案例和故事都是这样的。但是，研究表明，一个重点关注缺点和错误的变革故事会招致责备，并引起疲惫感和抗拒感，很难激发员工参与变革的热情和体验。因为我们的自我感觉多数时候比实际状况的好——这种现象在心理学中被称为"自我服务偏向"，所以员工会觉得这样的故事夸大其词，从而对变革产生抵触。

积极的方面通常是"基于未来和构想"，在故事中说明什么样的才是最好的，未来可能是什么样的，应该是什么样的，我们应该如何去创造美好的未来。但是这样的编故事方法同样很难达到很好的效果，因为人对于未知是恐惧的，我们更愿意为了避免失去我们已有的东西选择不去冒险，而不是为了获得更多的东西而甘于冒风险，所以仅仅给员工描绘愿景的故事也远远不够。

所以，作者认为应该将积极和消极的两方面都编写进故事当中，避免在一个方向上着墨过多，偏离得太远。这里我们可以学习一下通用电器（GE）前首席执行官杰克·韦尔奇的做法，同时提出两个问题：第一，"这里出了什么问题?"第二"想象一下可能会是什么样的?"

管理好关键群体

所谓关键群体，是指在变革中占有绝大多数比例的一群人。

在变革中，由于牵涉到对现状和未来的改变，加之每个组织成员的角色、位置、思想不同，所以对变革是会有不同的想法和反应，这样的想法和反应或对变革有积极地影响，或对变革产生阻力。这时候我们就需要利用好群体对其成员的影响力，来放大积极影响，或者减小阻力。因为当群体成员的思想或行为与群体意见或规范发生冲突时，成员为了保持与群体的关系而需要遵守群体意见或规范时所感受到的一种无形的心理压力，它使成员倾向于作出为群体所接受或认可的反应。所以我们需要在绩效改进或变革管理的过程中把握好关键群体，也就是绝大多数的人，以保证实施的顺利进行。

那么如何识别关键群体呢？这里我们为大家介绍一个工具：**关键群体指南，**用它来帮助我们更好的识别和理解关键群体。以下信息将帮助我们识别出变革中潜在的支持和抵制，以及哪一个小群体更容易或更难以参与绩效改进的变革中，如表 5-1 所示。

表 5-1　关键群体指南

1. 制作一个列表，列举出哪些人的行为需要通过一些方法来发生改变，例如：
   a. 组织架构图
   b. 地区
   c. 工作角色
2. 识别出每个组有多少人
3. 识别出每个组需要完成多少工作（用百分比表示），或者每个组代表着多大的机会（用百分比表示），例如通过：
   a. 销售额
   b. 市场大小
   c. 所服务的客户的数量
   d. 开展工作的复杂度
   e. 完成工作需要的技能水平
4. 识别出每个小组中，谁有最大的影响力
5. 依据下面的原则对步骤四中的人们进行分类：
   a. 抵制变革
   b. 支持变革
6. 使用问题 2、3 和 5b 的答案来识别出关键群体：
   a. 第 2 步骤中的 51%
   b. 第 3 步骤中的 51%
   c. 5b 中的 51%

在关键群体指南中，问题 6 中所识别出的便是变革中的关键群体了。当然，仅仅识别出关键群体是远不够的，对于不同倾向的关键群体，我们还应该采取不同的动作。例如：步骤 2 和步骤 3 中 51% 的人是抵制变革，我们就需要搞清楚他们为什么抵制，如何说服他们支持。如果他们对于变革的态度是支持的，那么我们就需要巩固他们的支持态度，基于一定的激励，同时追踪并报告你识别出的这 51% 的人多快就达成了变革的目标，以便用于宣传，进一步说服其他人。

■ 树立角色模范

模范，本指制造器物时所用的模型，引申为值得人学习或取法的榜样，还指取法、仿效等意思。在变革管理实施的过程中，模范的作用也是相当之大的。

有人说："预测一个少年的未来，有一个非常简单的方法，就是看他最喜欢的人是谁。"这句话不是没有道理的，在网络上，一位老师分享了一则真实的案例：

动画片是孩子们喜爱的电视节目之一。看一部好的动画片不仅能增长孩子们的知识，还能陶冶情操，给孩子一生带来美好的回忆。他们班最近喜欢的动画片是《大耳朵图图》。这部动画片主要是讲可爱图图、图图妈妈和图图爸爸在生活中发生的诙谐有趣的故事。孩子们看这部动画片不仅感受到爸爸妈妈对自己深深的爱，给孩子营造出温馨的家庭氛围，还学到了一些老师家长平时教不到知识。比如自己怎么来到世上的、如何做到环保、故意生病不去幼儿园会发生的故事等。用动画片这种孩子喜欢的方式直观的让孩子了解我们容易忽视的问题，孩子也更容易接受。因为图图一家带来许多的欢乐，再加上图图的特殊本领"动耳神功"，孩子们玩的时候都乐意模仿图图可爱的语言和那特殊的本领。他们都很喜欢这个机灵聪明，遇事喜欢动脑筋的小男孩。

有一天，这位老师正在给孩子们上课。可是宝贝们上课回答问题一点都不积极，只有几个孩子在举手回答问题。怎么办呢，他忽然脑海里想到了大耳朵图图，孩子们不是喜欢图图聪明机灵吗，何不发挥榜样的作用，吸引孩子的注意力呢？于是，他悄声地对孩子们说，"我看看谁能像大耳朵图图那样聪明伶俐，能够回答出老师的问题呢？"话音刚落，果然看到了成效。孩子们都把注意力集中到了老师的身上，认真听问题，然后争先恐后地举手回答。看来孩子们都想和图图一样变得聪明伶俐、因而自我表现的欲望增强，榜样的作用真的是不可小看哦。

后来，班里会经常看到像图图一样做事认真的好孩子。遇到难题自己想办法解决、帮爷爷奶奶捶背、上课认真听讲积极举手回答问题等。孩子们喜欢图图、愿意和图图一样拥有更多人的关爱。于是图图就变成了大家的"偶像"，大家都学习图图身上的优点、争着做一个聪明伶俐、人见人爱的好孩子。

其实在这个案例中，图图就是孩子们的榜样，图图的动画片就是变革中的好故事，让不积极回答问题的孩子们改变就是一次变革。人类学习的本源是从模仿开始的，我们喜欢谁、崇拜谁，就会不自觉地对他进行模仿。同样，在绩效改进和变革管理的过程中，我们也可以树立角色模范，利用好榜样的力量：

角色模范具有价值导向功能。角色模范很大程度上代表着一种进步，有了典型就有了前进的目标，从而引导其他员工向着既定的目标而努力奋斗。角色模范的价值导向作用，具有"春风化雨，润物无声"的特点。

例如，我们时常看到的道德模范评选、表彰活动，我们会因每位道德模范的事迹而感动，为他们获得的荣誉而自豪。进行道德模范评选、表彰活动的意义远不止让人们听到、看到他们的道德行为，感受他们的道德精神，而是要通过这项活动弘扬道德模范，在全社会形成崇德向善、见贤思齐、德行天下的道德氛围。

在变革的大背景下，原有的价值和文化可能被颠覆或改变，通过树立和学习工作场所中的先进人物和典型事迹，能够引导广大员工认识到什么是正确的价值和文化，做出正确的价值评价，减少非主流和错误价值带来的心理冲突。

角色模范具有行为暗示功能。通常角色模范卓越地体现企业价值观和企业精神的某个方面，和企业的理想追求一致。通过角色模范的宣传引导，可以增强员工对角色模范的认同和暗示，在日常工作中通过模仿来见贤思齐，自觉调整自身的工作行为，形成应有的行为方式。

比如之前举的道德模范表彰的例子，不仅是希望人们感受到道德模范的精神，更希望让更多的人学习道德模范、争做道德模范，从而让每个人都成为讲道德、尊道德、守道德的公民，所以用模范教育把抽象的说理教育变成生动的形象教育，可以引起员工在思想情感上的共鸣，使员工进行思考、比较模仿和学习。

角色模范具有情感激励功能。角色模范应来自于员工群体中，所作所为离常人并不遥远，显示出普普通通的人也能完成，可以成为人们仿效的对象，这样更具有示范性、说服力和感召力。一个好的角色模范就是工作场所中的一面旗帜，感召和带动着人们，激励着员工的自尊心和进取心，激发和诱导员工产生主观的动机需要，进而产生模仿模范、向模范学习的自觉行为。

好的角色模范应当具备以下几个特征：（1）**时代性**：角色模范是能起到示范作用的，所以他在工作场所的行为、任务都应当体现绩效改进和变革的方向。（2）**群众性**：角色模范应当是员工所公认的，从员工中来，到员工中去。选取角色模范时必须注意要符合广大员工的精神需求，能被广大的员工所接受。否则，就无法达到示范的最终目的。（3）**可复制性**：角色模范的行为应当是可以被学习和继承的，有时候选取个别家庭、工作背景特殊的角色模范是可以的，但是角色模范的作用是示范，是让大家学习的，如果他的行为不是大部分人所能做到的，他的成功不可复制，则不太合适。

传统的变革管理理论认为，领导者应该采取行动，成为所要求变革的角色楷模，并动员一群有影响力的领导人，推动变革向组织的纵深发展。

几乎所有的变革管理著作都强调了确定和动员组织中某些关键人物的重要性，他们或者因为其职位，或者因为其人格魅力（或二者兼备），而对其他人的想法和行为具有超乎寻常的影响力。

在这里，我有一些不同的看法。一项根据男性运动能力的调查显示：有94%的男人都将自己归入运动能力更好的一类人中，但是事实的数字却要低很多。大多数高管当被私下问及"你对客户倍加关注吗？"的问题时，有多少高管会回答"否"呢？而对于"你是一个官僚主义者吗？"的问题，又有多少高管会回答"是"呢？当然，可能性极小。所以领导者大多致力于使自己成为具有所期望行为举止的角色楷模，但往往忽视了自己的不足，并没有将他们自己列入需要变革的人群之中。所以我认为领导者在绩效改进项目中不一定要使自己成为角色模范，而更应该在绩效改进的原则下，做好管理统筹的工作。古人也讲："善弈者，谋势；不善弈者，谋子"。这里的"谋势"指的就是统筹。

■ 采取适度的激励机制

戈登贝申（Gordon M. Bethune）在扭转大陆航空公司颓势的变革中，当该公司的航班准时率跻身前五名时，出人意料地向每一位员工派发了一张65美元的支票。澳新银行（ANZBank）前首席执行官麦克法兰（John McFarlane）在圣诞节时向每一位员工赠送了一瓶香槟酒，并附上一张卡片，感谢他们为该公司"业绩增长和突飞猛进的变革计划"所做出的努力。虽然大多数变革管理者都将这种做法仅仅看作是一种象征性表示，并认为其效果有限，且难以持久。但是，员工们对于收到这种奖励却有完全不同的看法。事实上，他们在回复中一致表示，这种奖励对于提高变革积极性具有非常大的正面效果，而且这种效果会持续数月。

由此可见，像物质激励这样的强化机制在绩效改进和变革管理的过程中是有效的。

目前我们主要运用的主要激励机制形式如下：

物质激励。物质激励是指运用物质的手段使受激励者得到物质上的满足，从而进一步调动其积极性、主动性和创造性。物质激励有奖金、奖品、津贴等，通过满足要求，激发其努力生产、工作的动机。它是从切身实际利益，不断满足人们日益增长的物质文化生活的需要。

物质激励可能是激励机制中最昂贵的方式，但是那些尝试将变革计划的目标与员工的薪酬挂钩的企业发现，这种方式很少能将员工参与变革的积极性提高到所期望的程度，那是因为人的欲望是无限的。不过这并不表明物质激励就是无效的，许多研究都发现，人类的满意度＝感觉－预期。对于变革管理者而言，这个等式的美妙之处在于，少量的、预期之外的奖金可以对员工对于一项变革计划的满意度产生超乎寻常的影响。

情感激励。情感是影响人们行为最直接的因素之一，任何人都有各种情感诉求。据国外科学家的测定：一个人平常表现的工作能力水平与经过激励可能达到的工作能力水平存在着50%左右的差异。可见人们的内在潜能是何等之大！这就要求企业经营管理者既要抓好各种规范化、制度化的刚性管理，又要注意各种随机性因素，注重感情的投入和交流，注重人际互动关系，充分发挥情感激励作用。

情感激励是通过建立一种人与人之间和谐良好的感情关系，来调动员工积极性的方式。因此，企业领导者要及时了解并主动关心员工的需求以建立起正常、良好、健康的人际关系、工作关系，从而营造出一种相互信任、相互关心及支持、团结融洽的工作氛围，使被管理者处处感到自己得到了重视和尊重，以增强员工对本企业的归属感。

信任激励。信任激励是一种基本激励方式。信任激励是情感激励中的一种。上下级之间的相互理解和信任是一种强大的精神力量，它有助于单位人与人之间的和谐共振，有助于团队精神和凝聚力的形成。信任激励主要体现在平等待人、尊重下属的劳动、职权和意见上，体现在"用人不疑，疑人不用"上，表现在放手使用上。信任能唤起人们最宝贵、最有价值的忠诚度和创新动力。

信任激励是激励主体用自己的信任、鼓励、尊重、支持等情感对激励对象进行激励的一种模式，是最持久、最"廉价"和最深刻的激励方式之一。实践证明，管理者一个期待的目光，一句信任的话语，一次真诚的帮助，都能使员工自信起来，走上成功的道路。员工能否勤奋努力、坚持不懈地工作，与管理者的信任程度有密切的关系。管理者只有信任每位员工，帮助员工树立自信心，才能最大限度地发挥员工的积极性和创造性，提升员工的绩效水平。

奖罚激励。奖罚激励是企业管理活动中一种常用的激励方法，指利用奖励或惩罚的方法，对人们的一些行为予以肯定而对另一些行为予以否定，激发人们内在动力的激励方法。在社会团体管理中，如果奖罚得当，能进一步调动团体成员的积极性，起到激励的作用。奖罚激励法在中小企业中常被运用。比如表扬、赞赏、晋级和批评、处分、开除等都分别是奖励和惩罚的一些常见形式。

研究表明，赞赏是一种由外在动力转化为内在动力的较好的形式，不受时间、地点、环境的限制，管理者给员工的一个极小的赞许，都会激励员工以饱满的精神状态投入工作。同时，罚的目的不是要钱，而是一种激励措施，是通过各种有效的激励技巧，达到以小搏大的激励效果。实践证明，奖罚措施应用得当，将会发挥较大的激励效应；但是一旦应用不恰当，就会引起员工的不满和怨恨，以及行为上的消极对抗。

危机激励。一个具有强烈忧患意识的民族，是一个最有希望的民族。一个具有忧患意识的企业，也一定是一个充满着希望的企业。随着竞争的日益激励，中小企业面临的环境更加多变。企业的管理者必须适时地向员工灌输危机意识，让员工意识到企业面临的生存压力以及由此可能对员工的工作、生活等方面带来的不利影响，以此有效地激励员工自发地努力工作。

激励专家认为，通过以下措施，可以有效地树立员工的危机意识。

第一，向员工灌输企业前途危机意识。

第二，向员工个人灌输他们的个人前途危机。

第三，向员工灌输企业的产品危机。

第四，在企业内部积极开展自我竞争（技能）、自我淘汰（产品）。

第五，严把质量关，不让次品出厂，从严治企。

第六，提高服务质量，认真对待每一次客户投诉，不因小失大。

总之，企业唯有不断地向员工灌输危机观念，让员工明白企业生存环境的艰难，以及由此可能对他们的工作、生活带来的不利影响，才能有效激励员工自动自发地努力工作。

从员工的需求方面分析，根据马斯洛的生理需要、安全需要、爱和归属的需要、自尊需要和自我实现的需要五层次理论，不难看出人的需求是复杂的，并且随着不同的发展阶段、不同的生活条件和环境而改变。员工在企业的生活中也会不断地产生新的动机和需要。所以绩效改进顾问或者变革管理者，要合理根据每位员工或者不同小群体的不同需要，对其实施不同的激励，或将多个激励方式联合运用。

■ 建立培训制度进行能力培养

很多关于变革管理的著作强调了培养期望的变革所需要的技能和才干的重要性。这一点是显而易见的，因为变革往往伴随着技术、流程、制度、岗位职责等内容的变化，员工原有的知识和技能可能无法适应新的组织要求，我们就需要通过培训来帮助员工适应变化。具体内容已经在本章第二节"N＋1"模式中作了详细地介绍，这里就不重复了。

在此和大家分享一个案例：

某银行通过一次基准对比发现，它的人均销售额落后于竞争对手。当发现银行员工花在客户身上的时间太少，而花在文案工作上的时间太多后，为了使面向客户的时间最大化，该银行开始着手再造贷款申请发放的业务流程。但遗憾的是，六个月以后，其销售额的提高水平仍然远远低于预想水平。更深入的调查研究着眼于银行员工的观念而不是其行为，从而揭示出了真正的原因所在：员工们只不过是感到与客户的互动交流令人局促不安，因此，他们宁愿埋头于文案工作。银行员工这种局促不安的感觉是由内向的性格、缺乏人际交流技巧，以及在与比自己更富有、受教育程度更高（一般而言）的客户打交道时所产生的自卑感综合造成的。此外，大部分银行员工都不愿意认为自己是销售人员，他们觉得，这一概念不适合在银行各部门工作的员工。揭示出根本原因后，银行对员工的培训内容进行了拓展，纳入了与个性类型、情商和职业认同（将"销售"重新改写为一种"帮助客户发现和实现他们的自然需求"的更高尚的追求）有关的要素。这种改进不仅在六个月内使变革计划重新走上了正轨，而且最终使销售额持续上升，超过了最初的预定目标。

这个案例说明：员工的行为反映了他们的所想、所感和所信。当管理者试图通过改变员工的行为方式来提高绩效时，他们经常会忽视员工的思想、感情和信仰，而正是这些驱使着员工的行为。我们在选择培训时也应该将这些因素考虑进去，找到问题的根源，选择最适合的培训。

回顾本节，我们清楚地认识到，做好绩效改进的实施其实就是做好变革管理。通过说服相关人员参与变革，做好关键群体管理，树立角色模范，采取适度的激励机制，建立培训制度进行能力培养，我们可以做好变革管理。

第四节　努力减少实施的阻力

实施的阻力，指人们反对变革、阻挠变革甚至对抗变革的制约力。

前面我们说到，绩效改进就约等于变革，变革就意味着破坏，意味着打破传统。所以变革的这一特性，就使得变革具有不同程度的风险性，而且可能使得既得利益者的权利、地位、财富被影响，正是由于组织变革所具有的破坏性和风险性，使得组织变革会招致来自组织内外各个方面的阻力。变革阻力的存在，意味着组织变革不可能一帆风顺，这就给变革管理者提出了更严峻的变革管理任务，所以要做好实施和变革管理，除了做到上一节讲述的内容外，我们还需要努力减少实施的阻力。

实施的阻力及其原因

组织变革就是要改变那些不能适应企业的内外环境，阻碍企业可持续发展的各种因素如企业的管理制度，企业文化，员工的工作方式，工作习惯等。这种变革必然会涉及到企业的各个层面，引起企业内部个人和部门利益的重新分配。因此，必然会遭到来自企业各个方面的阻力。

■ 个人层面

个人层面的阻力主要是来源于员工的**个性心理**和**经济利益**的驱使。

个性心理：人们对待组织变革的态度与其个性有十分密切的关系。由于其固有的工作和行为习惯难以改变、就业安全需要、对未知状态的恐惧以及对变革的认识存有偏差等原因，那些敢于接受挑战，乐于创新，具有全局观念，有较强适应能力的人通常变革的意识较为强烈。而那些有强烈成就欲望的人，或者一些因循守旧，心胸狭窄，崇尚稳定的人对变革的容忍度较低，变革的抵触情绪较大。一些依赖性较强，没有主见的员工常常在变革中不知所措而依附于组织中群体的态度倾向。

产生个人心理层面的阻力主要有以下几种原因：

(1) 员工不明变革的意义，对变革的发动者缺乏信心。在组织变革的过程中，一些员工对企业变革的紧迫性认识不足，认为变革没有必要，企业推动变革是多此之举，并且会对自己的利益造成损害。更有甚者，为了维护个人利益，常常捏造事实，散步谣言。还有一些员工认为变革很有必要，但对变革发动者发动变革的动机和实施变革的能力产生怀疑，他们中有的认为变革是发动者为了私利的获得而进行的伎俩，有的认为发动者的知识和能力不足以实现既定的目标。

(2) 员工对变革的后果不确定。在实施变革的过程中，一些员工虽然认识到了变革的迫切要求，但却不能准确的把握变革实施的后果，他们常常会对变革产生各种猜疑，认为变革有可能达不到预期的效果，很可能会对组织，个人的利益产生损害。这类人常常认为变革是在冒风险。因此在变革的过程中，他们常常依附于群体的态度倾向，有的甚至公开抵制变革。

(3) 员工对自己的能力产生怀疑，认为变革是对自己的一种威胁。企业的变革常常伴随着技术变革，人员变革。每一次变革的实施都对企业内的员工提出了更高的要求。先进生产线的引进，办公自动化的建立，新技术的应用都要求员工不断地提高自己的知识和能力，以适应企业变革的需要。而一些员工担心自己的技术已经过时，一旦企业发生变革，自己就会被淘汰或是地位遭到挑战，因此，他们宁愿维持现状。这类人常常是那些墨守成规，进取心较差的员工或是企业中的高龄员工。

经济利益： 由于变革会打破现状，破坏已有的均衡，必然会损害一部分人的既得利益，这类人常常是组织变革的最大抵触者，他们常常散布谣言，制造混乱，甚至采取强硬措施抵制变革。

产生经济利益阻力的主要原因是：变革影响了员工的个人利益，员工又在个人利益和整体利益上难以取舍。一般而言，企业变革的目标就是要追求企业整体利益的最大化，这与组织内个利益主体的根本利益是一致的。但是，组织利益最大化实现需要各个利益主体的有效组合，这样就必然会对组织内的各个主体的权利和利益进行重新分配。由此，一些个人的既得利益就会有所损失。这就要求企业的员工要有一种舍小家、顾大家的全局意识，从组织的整体利益和全局利益去看待变革的意义。然而，在现实社会中，一些领导和员工只顾自己的个人利益和短期利益，盲目地抵制变革使得企业的变革难以有效的实施。

■ 组织层面

组织层面的阻力主要是来自员工群体的阻力。

员工群体： 员工群体阻力是各种阻力中相对较大的一种。群体对变革的阻力，可能来自于群体规范的束缚，群体中原有的人际关系可能因变革而受到改变和破坏等。

详细分析产生员工群体阻力的原因可能有两种：

1. 原有群体利益和地位被撼动。企业的业务流程再造或机构重组。变革有时会重组企业的组织结构，对某些部门，某些层次予以合并、撤减，以及重新进行权责界定。由于组织变革会对组织内部各部门，各个群体的利益进行重新分配，那些原本在组织中权利较大、地位较高的部门和群体必然会将变革视为一种威胁，为了保护自身利益常常会抵制变革，一些处于不利地位的部门和层次就会反对变革。

2. 原有群体的工作习惯被打破。在长期的工作中，员工与员工之间、员工与领导之间、员工与组织之间已经形成了某种默契或契约，组织内的文化、员工的工作方式已经成为一种工作习惯。一旦实行变革，就意味着改变员工已经形成的工作关系和工作方式，必然会引起员工的不满。这种原因产生的阻力通常是组织中的隐性阻力，相对组织内的显性阻力而言，组织内的隐性阻力也更加隐蔽，而且一时间难以克服。

减少变革阻力的对策

■ 针对员工不明变革的意义，对变革的发动者缺乏信心

首先，变革管理着自己要认识变革的影响要突出全局观念，认真分析各个部门之间的相互影响关系。这样做的目的是充分地认识和掌握变革的实质及影响，以利于制定出更加切合实际的应变战略，让员工对我们建立信心，同时也可以在未来更好地对员工进行宣传。例如，针对产品生命周期缩短带来的变革挑战，企业管理者不仅应该考虑生产部门的技术创新，还要考虑研发、人力资源、市场营销等所有部门的相应变化。在研究项目、技能培训计划、企业文化建设、组织结构、营销策略等方面，都应进行相应的调整。

其次，变革管理者要加强与员工的沟通，让员工明白变革的意义。在变

革实施之前，企业决策者应该营造一种危机感，让员工认识到变革的紧迫，让他们了解变革对组织，对自己的好处，并适时地提供有关变革的信息，澄清变革的各种谣言，为变革营造良好的氛围。在变革的实施过程中，要让员工理解变革的实施方案，并且要尽可能的听取员工的意见和建议，让员工参与到变革中来。与此同时，企业还应该时刻地关注员工的心理变化，及时与员工交流，在适当的时候可以作出某种承诺，以消除员工的心理顾虑。

最后，变革管理还可以引入变革代言人。变革代言人即通常所谓的咨询顾问。在变革的过程中，一些员工认为变革的动机带有主观性质，他们认为变革是为了当局者能更好地谋取私利。还有一些员工认为变革发动者的能力有限，不能有效地实施变革。而引入变革代言人就能很好的解决上述问题。一方面，咨询顾问通常都是由一些外部专家所组成，他们的知识和能力不容置疑。另一方面，由于变革代言人来自第三方，通常能较为客观的认识企业所面临的问题，较为正确地找到解决的办法。

■ 针对员工对变革的后果不确定这一原因

最好的办法就是让员工参与。组织发展可以由管理部门确定改革的目标和方案，以命令的形式贯彻；也可以让员工参与。两者之间如何抉择，管理者需要慎重考虑策略。管理心理学家认为，让员工参与变革既可以吸取员工的智慧，又可以减少变革中的思想阻力，有利于变革的顺利进行。参与可使员工减少疑虑，更加了解组织变革的事项，而且获得控制感，从而减少他们对未知的恐惧。所以要在改革之前进行适当宣传，晓之利弊，争取员工的全面配合与支持。

■ 针对员工对自己的能力产生怀疑，认为变革是对自己的一种威胁

企业的人力资源要为变革做好服务工作。员工的个性与其对待变革的态度有着密切的关系，因此，企业在招聘的过程中，就应该引入心理测评，通过测评招聘一些有较强适应能力，敢于接受挑战的员工。其次在组织变革的过程中，企业要加强对员工的培训，提高员工的知识水平和技能水平，使得企业的人力资源素质和企业变革同步推进。再次，在企业的日常经营过程

中，企业应该树立一种团体主义的文化，培养员工对组织的归属感形成一种个人与组织之间都努力进取、同甘共苦，不抛弃、不放弃的企业文化。

■ **针对变革影响了员工的个人利益，员工又在个人利益和整体利益上难以取舍**

这就需要在组织变革的过程中适当运用激励手段。一方面，企业可以在变革实施的过程中，提高员工的工资和福利待遇，使员工感受到变革的好处和希望。另一方面，企业可以对一些员工予以重用，以稳住关键员工，消除他们的顾虑，使他们安心地为企业工作。

■ **针对原有群体利益和地位被撼动**

有一种办法就是让群体习惯变革。所谓习惯变革就是要把变革制度化，这就要求建立创新型企业文化，变革企业文化可以定义为，全体员工对企业变革管理和个人行为所长期形成的共同认识、价值观念、行动规范以及习惯做法等。企业文化对变革的影响和作用已为大多数人普遍认可，组织结构、业务流程和等级制度等，都需要有相应的文化作为支撑才能发挥作用。平时可以有意识地向人们表明新方法、新行为和新态度是如何有助于人们改进工作绩效的，从而使变革在企业文化中根深蒂固，把变革制度化，建立一种视创新和变革为正常事物的企业文化，让大家习惯变革。

■ **针对原有群体的工作习惯被打破这一隐性阻力**

实施变革战略要努力建立一种正式和非正式并存的组织结构体系。正式意义上的组织结构有利于企业变革战略的制定、任务的分配、机制的建立、教育和培训工作的开展等；非正式意义上的组织结构便于沟通网络的畅通、变革问题和意外事故的解决等。具体来讲企业首先必须在内部建立起部门之间合作和沟通的正式桥梁和纽带，做到合理分工协作，共享信息资源。明确共同目标和任务。同时相应建立配套的奖励和激励机制调动员工投身变革的积极性。其次，企业应该积极建立变革管理的非正式沟通渠道，如建立一线员工和客户或企业与竞争对手之间的直接沟通或密切联系网络，以做到时时监控和掌握客户需求的变化、反馈意见，竞争者战略变化等问题。

除了以上介绍的减少变革阻力的对策外，还有一些别的方法：

1. 建立强有力的领导小组，强调高层领导的核心作用。显而易见，高层企业管理者作为企业变革战略的设计师，对变革管理的成败起着至关重要的作用。他们不仅要对战略方向的选择、人力资源的配置、组织机构的安排、企业文化的建立等作出决定，还要负责灌输企业价值观念和调动员工开拓创新的积极性。因此，企业高层领导应具体做到：（1）视野开阔，为企业制定出前瞻性的未来发展战略目标，统一员工的思想和认识；（2）创新思想观念，为企业树立良好的变革企业文化和建设灵活的组织结构体系，调动员工的开拓进取精神，提高员工驾驭变革的主动性和灵活性。

2. 培植企业变革的精神领袖。在企业变革的过程中，如果企业有一位强力型的精神领袖，相对而言，变革的阻力就会很小。由于企业的精神领袖通常具有卓越的人格魅力和非常优秀的工作业绩。因此由他们发动变革，变革的阻力就会很小。当然，客观而论，在企业中培植精神领袖并不一定是一件好事，但在组织变革的过程中确实能起到立竿见影的效果。

3. 建立学习型组织。这也是让群体习惯变革的一种方法。学习型组织是一个能熟练地创造、获取和传递知识的组织，同时也要善于修正自身的行为，以适应新的知识和见解。如果组织的设计有意地注重培养不断适应和变革的能力，建立起学习性组织，变革的阻力会变小。因为员工更容易撇开旧的思维模式，相互之间开诚布公地传递知识信息，员工也更能理解组织如何真正地工作，形成一个一致认同的计划和远景目标，并且为这个远景目标共同努力。

4. 强制方法必不可少。强制即直接对抵制者实施威胁和压力，告诉员工"就这样做"，如果"不这样做"就会"被怎样"。如果员工不同意削减工资而企业管理者真的下决心要关闭工厂时，那么这种变革策略就会具有强制色彩。其他例子还有，威胁调职不予提拔消极的绩效评估和提供不友善的推荐信等等。

第五节　用制度化辅助实施的可持续性

可持续性是绩效改进中相当重要的概念。我认为，可持续性指的是，绩效改进应当是一个长期的过程，不能三分钟的热度；同时绩效改进的影响应当是可持续的、长远的，不能只关注和带来眼前利益。这两种可持续是相辅相成的，倘若绩效改进能够在组织中长期实施下去，那么它必将带来更长久的影响；若是绩效改进的影响是持久的，那么它也一定会受到支持，并在组织中继续实施。

效果的可持续性，重点在于原因找得对不对，干预措施选择的行不行，评估改善做得好不好。那么实施的可持续性怎么保证呢？制度化是最重要的方法！

什么是制度化

"制度"作为公司文化的一部分，一般指经营企业基本的方法，组织经常性的遵守。制度化就是指群体和组织的社会生活从特殊的、不固定的方式向被普遍认可的固定化模式的转化过程。制度化是群体与组织发展和成熟的过程，也是整个社会生活规范化、有序化的变迁过程。

制度化的具体过程可概括为：

1. 确立共同的价值观念。通过宣传教育，促使群体与组织的成员认清其利益，树立一致的价值取向，建立规范体系，加强个人对组织的认同，并将其人格融合于组织之中，以增强群体的凝聚力。

2. 制定规范。共同的价值观需要有规范来支持。根据共同的价值需要而制定的规范，把人们的行为纳入相同的固定模式之中，它注重的是标准的普遍性而不是特殊性。

3. 建立机构。规范的实施要由组织机构保证，制度化过程也是组织机构建立和健全的过程。

为什么要制度化

制度化是保证绩效改进实施可持续的最重要的方法！为什么这么讲呢？我们先来看看"实施"的一些特点。

目标性：从"关注结果"这一原则就能看出，绩效改进的目标感很强，当然"实施"这一步也不例外，实施的每一个动作，每一个决策都是为了实现最后绩效改进的目标，或是解决企业的问题，或是把握住机会。

创新性：既然实施就是做好变革管理，那么变革管理就意味着要创新，就意味着使用工具、产品、流程、工作设计，以及知识本身等等都要朝着环境发展的方向进步。

切实性：无论是"实施"还是"变革管理"都是将目标和方案落地，如果把绩效改进看做一次打仗，那么实施就是在战场上厮杀的过程。

突发性：由于前期的分析和设计，不可能把绩效改进过程中可能遇到的问题全都一个不落地考虑进去，所以在实施的过程中势必会遇到一些突发状况，导致我们需要进行一些临时决策。与此同时，一些突发状况还有可能导致实施的终止，致使整个绩效改进项目半途而废。

那么面对"实施"的特点制度化有哪些优势呢？我们也先来看看制度化有哪些优势：

规范："一切按制度办事"是制度化的根本宗旨。企业通过各种制度来规范员工的行为，员工更多的是依据其共同的契约即制度来处理各种事务，使企业的运行逐步趋于规范化和标准化。

持续：朝令不能夕改，制度作为员工的行为规范，作为企业文化的一部分，更不能是今天制定，明天修改的，它不仅需要在企业内持续实施，还应该是长期在企业内发挥作用的。

严肃：制度可以看做是企业自己的法律法规，在企业内部形成人人遵守制度，维护制度，监督制度实施，同时制度的实施也应该是公正、公平、公开的，制度面前不能出现特殊化。

高效：制度化意味着管理的程序化、标准化、透明化。因此，实施制度化便于员工迅速掌握本岗位的工作技能，便于部门与部门之间，员工与员工之间及上下级之间的沟通，使员工最大程度地减少工作失误。同时，制度化更加便于企业对员工的工作进行监控和考核，从而促进员工不断改善和提高工作效率。

科学：制度化管理使企业的决策从根本上排斥一言堂，排斥没有科学依据的决策，企业的决策过程必须程序化、透明化，决策必须要有科学依据，决策的结果必须要经得起实践的检验和市场的考验，决策人必须对决策结果承担责任，在最大程度上减少了决策失误。

可靠：规范的制度最大程度地体现了企业管理的公正、透明，在制度约束下各直接参与者的利益得到平衡，体现权利与义务的对称，给人以可靠感，人们普遍愿意在公平、公正的环境下参与竞争和工作。同时，规范的制度本身就意味着需要有良好的信任作为支撑，在当今社会信任普遍处于低谷之时，具有良好信任支撑的企业在竞争中更容易获得优势。

分析了"实施"的特点和"制度化"的优势，我们不难看出，"实施"中的一些问题是可以通过"制度化"来弥补的。

1. 目标性要求员工时时刻刻以最终的目标为导向，不能在过程中出现违背目标或偏离目标的行为和决策。制度化的规范性和科学性就很好地避免这一问题，我们可以将企业的目标、愿景在制度制定的过程中很好地融入进去，用导向目标的制度来规范员工行为，保证决策科学。

2. 创新性导致了在实施的过程中会对组织或工作流程进行调整，打破了原有的工作习惯，组织内部各部门，各个群体的利益进行重新分配，这势必会造成员工的抵制，产生阻力。制度化的严肃性和可靠性在减少阻力方面起到了作用。因为尽管会有员工抵制，但是制度的严肃性和权威性要求人人都应该遵守制度，制度对每一个人也都是公平的，不应出现抵制行为。另一方面，有一个科学可靠的激励制度，对员工的利益也多少是一个保障和弥补。

3. 切实性要求员工在"战场"上必须严守纪律，有效地执行"作战任务"。制度化的规范性和高效性就很好地保证了这一点，员工在遵守制度的同时，能迅速掌握工作技能，另外有效的沟通，监控和考核，都使得员工的工作效率不断提高。

4. 突发性使得员工在遇到临时状况时，可能不能科学地做出决策，另外领导层的变更与支持也可能导致实施的意外终止。制度化的持续性和科学性就尽可能地避免了以上问题的发生。将实施中的某些关键点列入制度当中，可以保证实施的可持续性，即使是领导层的变更或态度变化，也因为制度的存在而尽量保住了绩效改进的项目。

如何做好制度化

制度化有其优势，当然也会有弊端。比如：僵化、保守。制度化易使社会成员追求安定，妨碍组织对社会经济变化的适应，影响其应变能力。组织的制度化程度越高，其成员特别是领导者越趋向于维护已有的组织机构，保存既得的权力与地位，忽视组织效能的发挥，并影响目标的实现。所以我们应该尽可能做好制度化，以规避这些可能出现的弊端。

做好制度化的第一步是制定出一套制度来，所以让我们先来看看制度制定的步骤及原则、要求。

通常情况下，制度的制定需要经历四个阶段：

1. **酝酿阶段**：这一段又可以称作"调研阶段"，首先需要制定制度的相关部门和人员应对企业的实际情况进行调研，确认是否需要制定该制度。然后需要根据管理工作的需要，提出制度制定的要求，经上级相关部门和人员同意后，再进行充分的调查研究，进一步论证制度的方向和效果，提出草案。

2．成文阶段：制度草案提出后，要广泛征求相关各方的看法和意见，集思广益，在充分讨论、研究的基础上，改正其中不切合实际之处，弥补疏漏，调整与其他制度矛盾、重复之处，使制度草案进一步完善化。修改后的制度草案、要报请上级管理部门审批。

3．试行阶段：制度草案经上级管理部门审批后，可以试行。试行的目的是在实践中进一步检验和完善，使之成熟化、合理化。对于新制定的制度规范，试行是必不可少的一个阶段。对于试行中存在问题的地方，一定要交一定范围的群众讨论，征求意见修改，最终形成正式条文。

4．确定阶段：最终形成的正式条文应再次提交有关部门审定、批准。正式形成具有法律效果的制度文本，按照确定的范围和时间正式执行。与此同时，有一些制度还需要向相关行政机构说明情况，报送行政管理机关备案。

要使制度化的管理行之有效，在制订规章制度时应要遵循以下原则：

合法性原则：企业的制度应该上遵守国法，下不违反企业其他规范，中间最好还要符合企业的文化，做到社会与企业的统一。

可行性原则：这是制度的规范性确定的，好的制度应该是在实践中形成，而又能对实践进行指导，要尽量避免制度过多、过细，造成人们的行动难以机动、灵活，影响积极性创造性的发挥。

全面性原则：制度应当在可控范围内要做到全面涵盖。例如，对机械设备操作的相关制度，不应仅仅提到操作，还需要关注保养，维修等。

群众性原则：好的制度要着眼于大多数员工，把大多数员工经过努力能够达到的标准作为普遍标准列入制度从而调动人们的积极性，提高工作效率。

联系性原则：事物都是处于相互联系、相互制约、相互发展，所以制定制度时要注意：上下联系，要正确研究和体会上级机关的有关政策文件规定，并确保协调一致。只有体现上级规定的要求才具有权威性和组织上的保证；注意左右联系，部门之间的相互联系，以及，先后联系；要把历史和未来紧密地联系在一起使规章制度具有连续性和系统性，今天的制度是未来的完善、继续和发展，而不是完全的否定，只有把历史和现实有机地联系起来，才能充分地发挥规章制度的作用，同时，在制度制订时还要具备前瞻性，因为事物总是处于不断发展变化之中的，而企业的制度也是随着发展而不断变化的，这样也能保证制度的持续性。

具体到制度的条文编写，还有一些要求：

目的清晰： 该制度条文是为了规范什么行为、达到什么目的要求，一定要表述明确。

用词准确： 条文的表述力求准确、言简意赅、用词准确、表达清楚禁止用词模棱两可。

职责清楚： 要明确工作内容，责任范围、管理权限，职责不清不仅影响工作效率同时也无法进行奖励和处罚。

界限分明： 在针对工作程序制定制度时，必须明确应如何做，不应如何做，对工作的数量、质量、时间等要求严格界定。

奖惩合理： 奖惩必须有根有据，合情合理，才能显示出规章制度的权威性，奖惩也必须明确程度。

标准科学： 执行过程的标准，奖惩的标准，都需要科学合理，与此同时制度还要具有适度的灵活性，才能保证整个制度的科学性。这一灵活性是指执行中的机动性和条文的适应性，也就是要给予责任人在条文规范下以灵活的处置权，以使规章制度适应千变万化的客观情况。

除了做好制度的制定工作，在制度执行中也需要注意一些问题：

增强创新意识，防止制度僵化： 制度创新是企业增强核心竞争力的重要途径，也是激发员工创造性地开展工作的有效措施之一。因此，企业在建立制度时，要为制度的健全、完善与持续改进留有余地，为制度创新搭建好平台。在实施制度化管理的过程中，必须随着企业的发展和环境的变化，及时对一些制度内容进行修改和调整，使企业的制度符合企业的实际情况并满足企业发展和环境变化的需要，从而增强企业的应变能力和市场竞争力。

正确处理制度化管理与情感管理之间的关系：由于一些国有企业的体制原因及长期受"人情文化"影响等原因，企业对违反制度的行为缺乏相应的制裁措施，使违反制度的风险和成本降低，间接地鼓励了违反制度的行为。于是制度无法有效推行和实施，成为一纸空文，最后束之高阁。企业的制度化管理必须与情感管理和情感交流融合在一起才能充分地发挥其作用。如制度化管理使企业承担着更大的经营风险，而恰到好处地渗透一些情感管理方式可以使这种风险降至最低，而制度化管理的渗透又可使情感管理难以解决的权力失控问题得以迎刃而解。

妥善处理非正式组织的抵制行为：非正式组织对企业生产经营活动的影响力是巨大的。企业在推行制度化管理过程中，可能会损害非正式组织的利益或对其行为有所约束，使得非正式组织对企业的制度化管理过程产生抵制行为。此时，切忌采取简单的强制执行方式，而是应该在坚持原则的基础上，采取较为缓和的处理方式如与非正式组织领袖进行沟通，说明利害关系；或在开始时就邀请这些领袖们参与制度的拟定与讨论等，使其接受、理解并自觉遵守制度。

推行制度，必须维护其严肃性和权威性：在企业实施制度化管理过程中，应该严格保证制度能够公正、公平、公开地实施，制度面前不能出现特殊化。因为每个人在企业中所处的地位不同，制度的监督执行部门在企业中所处的地位不同，在执行制度时很难做到完全公正和无歧视性，往往会影响制度的效果，危及制度的最终目标，这就需要企业高层领导的积极参与和强有力的支持推动，定期组织制度落实督导检查，确保制度在不同层面上得到有效落实。制度化管理体现在企业文化建设中，"柔"和"刚"并不是对立的，关键是从制度的制定到执行整个过程是否真正体现出了公正的内涵，是否体现了企业的根本需求，如果达到了这个要求，那么制度化管理就奠定了企业文化的核心内容，成为推动企业发展的强大动力。在企业内部形成人人遵守制度，维护制度，监督制度实施的良好氛围，保证制度的严肃性和权威性不受侵害。

第六章　评估改善

第一节　评估是战略之一

几乎所有项目工作者都知道要进行评估，但是评估由于被认为是事后聪明、附加的，甚至是带来了额外花费的，往往遭人诟病。具有讽刺意味的是，即使大家都这么认为，评估实际上还是在每个项目中都在进行着。评估，即有目的地搜集信息并将了解到的状况与标准或与其他状况作比较。然而，目前的测评是远远不够的。我们应将评估当作一种战略，从头开始，并贯穿于绩效改进流程的各个步骤之中。

当评估成为战略之一

平时我们只是将评估当作是绩效改进计划的一部分，然而计划只是为达成目的而设计的详细行动程序，战略则是关于如何利用资源达到某些较大目标的整体计划。计划的实现依赖于资源，而战略则是关于如何使用资源来实施计划的方案。当我们将评估看作战略时，它就是行为指南，评估中证明哪些是需要的、证实哪些是恰当的，以及哪些是应该改善的动作，就不再是附加行为，而成为我们做事的基本方式、方法。

当评估成为战略之一时，收集信息就成了必须做的事。培训和企业管理都应该有一个年度计划，以详细解释其要达成的目标、所需要的资源和如何使用资源的战略。当评估成为战略之一时，我们就可以毫无忌讳地对客户就工作内容、问题原因等进行提问和搜集数据，因为这是我们的基本方法，战略中指导我们一定要做的事情。

当评估成为战略之一时，就要运用信息以终为始地思考。评估可以帮助我们获得一些数据，例如：我们有哪些资源，这些资源目前是如何使用的，这些资源能够生产什么。评估这一战略将我们和组织的注意力集中于根据事实和有意识的观察了解如何使用资源。该战略可应用于评估你所在部门的运营、形象、市场地位和顾客满意度，因此你可以更好地了解是否需要更多或不同的资源。我们还可以评估部分或全部项目的流程、员工、设备、资产、媒体和原料。最后，我们就能够获得更好的信息来决定应该做什么，为什么要这么做，这么做需要什么以及如何更好地改进。

当评估成为战略之一时，以终为始的思考结果指导了行动。培训部门或是企业管理者都会支持实施一些培训项目或新的项目，结果发现最后有些项目做得不是很好，甚至是消失了；有些项目只用于满足短期需要，却无法带来长远效益；还有一部分项目需要引入新的行为或流程，这就意味着要改变员工的工作方式。当出现以上这些情况时，会有很多假设影响我们决定哪些应该保持原样，哪些应该改变。而当你将评估作为战略之一时，我们所收集到的信息、所思考的结果，将更好帮助我们探讨支持或不支持项目有效性的各类假设。它会逼着我们去证实我们做的事情和做事方式确实能够为组织带来价值，根据数据得出的测评结果可以更好地帮助我们进行商业决策。

当评估成为战略之一时，它会改变我们的思维模式，会改变我们与同事、客户和合伙人的讨论方式，因为它就不是绩效改进计划中的最后一步，而是从头开始的。

三点评估模型

既然评估是从头开始的，那么，首先要在决策是否投资某项目时进行评估；其次，要在整个实施过程中进行评估；最后，要在项目实施后进行评估。国际绩效改进协会（ISPI）前任主席朱迪·赫尔博士曾在以往给作者的资料中展示过"三点评估"模型，该模型很好地呈现了评估在整个项目中的位置和动作，所以这里也同样分享给读者们。

表6-1中的模型说明了应在何时进行评估以及对流程中每一步骤的产出和交付结果进行测评的结果。我们可以使用该模型作为交流工具来辅助与客户、同事、解决方案制定者以及其他利益相关者进行交流，从而就如何保证投资某解决方案的正确性，如何保证解决方案实施的有效性，以及如何证实解决方案的价值进行讨论。

表6-1　三点评估模型

第一步　决策时	第二步　过程中	第三步　实施后
测评需求　→	测评进程　→	测评结果
产出是： • 企划书或行动的合理性	产出是： • 经肯定的工作能力和准确性 • 基于形成性、主导型或预测性指标提供关于如何正确行动的建议	产出是： • 关于结果和产出的报告

为了能让大家更好地理解模型，我们用表6-2进一步展示每部分测量的具体要素。

表6-2　三点评估模型具体分析

第一步　决策时	第二步　过程中	第三步　实施后
测评需求 —→	测评进程 —→	测评结果
企划书 ● 设置基准线 ● 确定 KPI 或业绩 ● 确认可行性	**形成性评估** ● 确认工作能力、可用性、反应能力和学习能力 ● 检查准确性、完整性和技术兼容性 ● 识别主要指标	**总结性评估** ● 测评变化和影响

* KPI 是指关键绩效指标或用于测评组织期望一个或多个干预措施所带来的变革或改进的指标。

　　上述模型介绍的企划书中支持通过提供更多资源来达成目标，这反过来在某种程度上引起了一个关于干预措施应增加、减少或改变行为及结果的讨论。大多数目标都需要员工或客户改变其行为，某些情况下甚至需要干预措施与当前的技术、文化或法律与之相匹配。我们可以通过询问组织是否有资金、设施和意愿长期实施和支持干预措施来考察其可行性。每个解决方案都需要持续的关注与资金。大多数干预措施都需要员工、顾客、供应商、分销商和行政人员的认可。部分干预措施需要增加现金技术、设备和专业知识来验证其高效性。我们所要做的就是为采取某类行动证实其可行性搜集信息或寻找依据。

　　在确定干预措施前，我们就可以使用该模型来解释在设计、开发和完成阶段进行测试的重要性，以确保干预措施的可行性和与其他系统的兼容性。当开始开发某个干预方案时，该模型可帮助人们弄清楚如何检测每个部分以保证该解决方案能在你的环境中正常运行。如果在做企划书时没有进行确认，也可在此时确认主要指标、过程性行为和结果。这些指标、行为和结果可用于判断在解决方案实施后，是否以预期速度被组织接纳并成为组织本身的一部分。不幸的是，我看到很多客户过于依赖希望而没有使用科学的模型。他们随意制定一个解决方案，然后就祈祷它能够起作用。

他们未能为干预措施的实施设计符合变革流程程序的最初阶段。解决方案
的前测或启动只是塑造和维持新行为的第一步。

总结性评估测量一个解决方案被工作场所接纳的速度以及干预结果出
现的时间。人们通过跟踪观察最终有多少人发生了变化、发生变化所需要
的时间以及变化的程度来测评改变。然而，要想宣称某项解决方案是成功
的，需要建立一个可以与新结果相比较的基准线。该模型鼓励就谁来测评
解决方案的有效性，用什么作为基准线，如何获取数据以及捕捉多少和多
长时间的数据进行讨论。

我们可以使用"三点评估"模型与项目支持者、顾客、客户和共同开
发者们一起讨论。它可以帮助我们处理与以下内容相关的信息：

• 支持改进的主张或对某种干预方案的需求程度。
• 评估干预方案的可运作性和可行性。
• 判断干预方案的有效程度。

第二节　评估改善的四叶草

随着培训工作广泛和深入地展开，企业管理者和培训管理者对培训的
关注也逐渐从形式转向内容，并关注结果和要求结果。所以培训效果的评
估也越来越受重视。通过评估，管理者们可以了解培训内容和讲师的质
量，培训工作是否满足了学员需求；同时对培训效果的评估也能使管理者
们进一步了解培训内容和结果是否与企业发展的要求相一致，培训方面的
投入又给企业带来了怎样的影响。

然而对于大多数管理者而言，评估既是重点也是难点，结果或效果很
难被量化和评估，那么在绩效技术和绩效改进领域，绩效改进顾问们应当
评估什么，何时评估，如何评估呢？大家不妨现在思考一下，本期文章我
们也想和大家一起探讨以上几个问题。

评估改善不是最后一步

在绩效改进罗盘中，我们看到"评估改善"被放在了最后一步，并且在现实中，我们往往是在花费了大量的人力、物力、财力后才想到"投入这么多，效果究竟怎样呢?"这个问题。于是就有了这样矛盾的情况发生：虽然项目或培训后的评估备受重视，但也常常被认为是难以衡量、作用不大，甚至是带来了额外的、不必要的花费。

由此可见，要想朝着我们预期结果的方向迈进，就必须在过程中不断评估不断改善，确保我们在正确的道路上持续积累。所以尽管在绩效改进罗盘以及我们的专栏文章中"评估改善"被放在了最后一步，但是在绩效改进顾问的眼中它并不应该是整个流程的最终环节，而是贯穿于整个过程始终、且时时刻刻都进行着的。"Geis 和 Smith 的评估模型"就直观形象地为我们展现了评估改善在改进过程中的位置。(如图 6‑1)

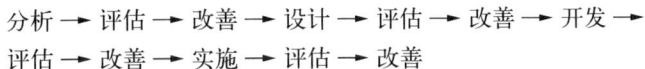

分析 → 评估 → 改善 → 设计 → 评估 → 改善 → 开发 →
评估 → 改善 → 实施 → 评估 → 改善

图 6‑1 Geis 和 Smith 的评估模型

既然不同阶段有着不同的评估，那么评估的目的就不简单是为了向高层证明项目的结果，不同阶段下的评估目的也各不相同，例如：

1. 确定"探索发现"的绩效差距和产生差距的原因是否正确

2. 评估"设计开发"的干预措施和方案的有效性，可行性，可持续性

3. 确认"实施巩固"的过程是否依照设计进行了实施

4. 判断干预措施是否需要继续、扩展或是终止

5. 分析投入产出比

……

建立了"评估改善"是"贯穿始终"的概念以后，我们再来看评估什

么、何时评估、如何评估，你是不是有了新的想法？那么绩效改进顾问是怎么做的呢？我们接着往下探讨。

抓住评估改善的 "四叶草"

四叶草又称"幸运草"，传说找到四叶草的人，就能心想事成。对于培训管理者或绩效改进顾问来说，项目最后能够得到所期待的结果，实现绩效改进的目标，就是我们想要达成的愿望。现实中很少有找到四叶草的幸运儿，但在培训或绩效改进的项目中，评估改善的"四叶草"却是确确实实存在，且不难抓住的。四叶草模型如图6-2所示。

■ 第一片叶子——形成性评估

形成性评估是用于影响和指导正在进行的过程，并为改善提供信息的评估，是确保绩效改进过程的质量与持续性的重要方法，主要针对绩效分析、干预措施的选择、干预方案的开发和实施的前期状况进行评估。如果说"形成性评估"不那么容易理解，那用"质量控制"一词可能会通俗很多。所以形成性评估本身就是一个持续的过程，从它评估的内容看形成性评估开始于"探索发现"，贯穿于"设计开发"，有时甚至在"实施巩固"的早期阶段也会进行形成性评估。

比如：在运用了"N＋1"的学习模式为需要学习和强化的行为进行课程开发之后，我们第一步做的并不是马上转训给内部培训师，或教授给学员，而是邀请组织内部涉及课程内容的关键工作人员进行试听，并在试听后对课程的形式、内容、效果等进行评估，根据评估意见对课程进行改善后再转训或教授。这样的评估改善动作很大程度上确保了所开发课程内容的准确性和实用性，也是一次专家参与、集思广益的过程。

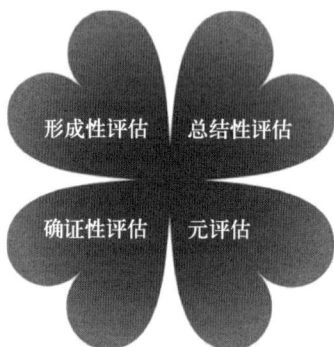

图6-2　四叶草模型

四叶草图中文字：形成性评估　总结性评估　确证性评估　元评估

■ **第二片叶子——总结性评估**

总结性评估是对干预措施和方案实施后的效果进行的评估，是对培训实施后，员工的即时行为、知识、技能、态度等进行的评估。总结性评估一般在"学习应用"阶段的后期进行，如果用我们大家熟悉的四级评估做比较的话，总结性评估就是完成第一、二级评估：反应和学习评估。

总结性评估被看作为决策干预措施是否有效而收集和提供信息的重要手段。打个比方来说：我们把干预方案比作菜单，把干预措施比作菜单上的一道道菜，厨师品尝菜的味道就是形成性评估，客人品尝菜的味道就是总结性评估。客人的评估也直接反映了厨师的水平，决定了这道菜是否应该继续保留在菜单上。

■ **第三片叶子——确证性评估**

确证性评估是为确定或证实在项目结束的一段时间后是否具有可持续的效果而进行的评估，通常被安排在"学习应用"后的6～12个月中，确证性评估主要收集、调查和分析培训或项目结束后，一段时间内的效果、效率、影响和价值，以确保长期效果的达成。

在C公司生产部门一线经理人的团队绩效提升项目中，绩效改进顾问找到了考察指标影响因素，以及影响因素和指标间的联动性和可验证性。项目完成6个月后，团队绩效记录的每项衡量指标都得到了提升，从影响因素和指标的相关性看，培训对团队沟通能力这一影响因素的提升最为明显，对综合质量指标的提升贡献最大。

■ **第四片叶子——元评估**

元评估是确保和检验评估质量而做的评估。换言之，元评估就是对"评估"进行评估。绩效改进顾问需要通过元评估深入地了解评估的过程和成果，证实形成性评估、总结性评估和确证性评估的有效性。

元评估的价值在于证明已采取的评估方式是否有效，改善评估的手段和结果。比如：关键人员对课程的内容意见是否正确？客人对菜的评价是否客观？综合质量的改进是否主要来自沟通能力的提升？这些都是需要通过元评估进行分析的。

抓住了实现愿望的"四叶草"，大家有没有对评估什么、何时评估、如何评估有了更多的想法？如果你的答案是肯定的，那还等什么？快找个机会实践吧！

第三节　备受关注的 ROI

老板想要看到价值

A 公司的培训经理小 C 最近一直想换工作，原因是最近市场大环境都不太好，A 公司决定缩减开支，先从培训开始，于是砍掉今年 80% 的培训项目，并缩减了未来三年的培训预算。老板给出了各种理由来说明为什么要削减培训，但其实大家心里都清楚：培训部一直是公司的行政后勤支持部门，每年光花钱不赚钱；虽然培训组织得有声有色，但培训的效果如何也只有一份调查问卷来说明；最重要的是做了这么多培训，公司的业绩却看不到提升，销售部才是公司最得宠的。小 C 很无奈，他感到自己在这里碌碌无为，继续留在这里也无法给公司带来什么价值，所以萌生去意……然而换了公司就不会再遇到这样的问题了么？如何让老板看到培训的价值，看到培训给业绩带来的增长呢？

自 2011 年 10 月第一届中国绩效改进论坛开幕至今，"从培训管理到绩效改进"这个概念已经越来越被人力资源和企业管理者所认可。可是说到绩效改进的具体方法，绝大部分人又都还很陌生，到底我们怎样给老板展示培训和绩效改进带来的价值呢？与此同时我们也看到了老板对于培训要求的变化，从"让我看到培训的结果"，到"让我看到培训带来的利润"，再到"让我看到真正因为培训带来的利润"，最后到"让我看到真正因为培训带来的利润，并让我相信它！"老板的要求已经越来越严苛。

　　无独有偶，不仅仅是小 C 有着这样的问题。诚信保险公司结束了为期一年半，由公司每一位经理和主管参加的 MBTI（麦尔斯-布里格斯类型指标）学习班，这个学习班重点介绍 MBTI 中的 16 个性格类别，并且告诉学员他们平时应该如何与不同类别的人接触，以及如何更好的互相理解。弗兰克作为公司总裁参加了最后的结业仪式，并向培训经理玛吉具体了解学习班的情况："我觉得这个学习班非常有趣，令人好奇。我现在确切知道自己的性格类型，但是我很想知道这些学习班具体给公司带来了什么价值。你有什么办法证明这 25 个学习班所带来的结果吗？"玛吉很快回答道："可以肯定的是学员们对这次学习都很满意，都认为很受用，公司的团队合作和沟通都得到了改善。"弗兰克接着问："你有没有更具体的结果？这次学习班总共花费了多少你知道么？"没等小 J 回答，弗兰克接着说："具体的数据对我们非常有用，我没有反对这个培训的意思，但是我们必须努力了解到培训对公司绩效带来的具体价值。"①

培训与企业需要 ROI

　　培训衡量的历来都是从培训项目中一些显而易见的事情：学员是否喜欢培训的经历？培训内容是否相关？学员是否学到了东西？许多组织依然使用这种方法，并且大量培训的衡量工作还没有超出学员满意度调查表和学员自己呈报学习报告这样的评估形式，这种衡量方法很容易完成，而且往往会得出积极的结果。简言之，实施培训的职能部门和参加培训的学员并不关心学习的收获是否能在工作中得到应用，也不关心学习的结果会对

---

① 杰克 J·菲利普斯，罗恩·德鲁·斯通 著，张少林，李元明，李洁 译. 如何评估培训效果——追踪六个关键因素的实用指南 [M]. 北京：北京大学出版社，2007.

组织的关键性指标产生什么影响。培训负责人、经理和其他人经常会错误地认为，培训的效果无法得到令人信服的衡量，即培训的效果很难与其他影响绩效改进的因素区别开来，或者说衡量培训的效果太困难或太耗费资源。根据不同的公司和文化情况，由于受到上述某一项或多项因素的影响，从而导致缺少足够的证据来证明培训给组织带来的效益要超过培训所花的成本。不仅仅是培训领域，企业也需要知道自己对于人员、设备、项目的投资到底带了多大的效益。

以上问题也曾困扰过一个人——杰克·菲利普斯博士，但最终他找到了方法！菲利普斯博士一直在使用投资回报率（ROI）流程来衡量培训对组织所产生的影响，他已经有超过 27 年的企业工作和管理咨询经验，发表过专业文章 300 多篇，撰写和编辑了专业书籍 60 余本，为 44 个国际和地区的全球财富 500 强及重要组织提供咨询服务。直至今天，培训的投资回报率（ROI）已经是一个被证明的，灵活而系统的方法，它包括了定义数据信息类型、进行初始分析、设定目标、预测利润及投资回报率（ROI）。下面我们就为大家简单介绍这套方法，给读者一个初步的认识。

ROI 的数据收集

ROI 的方法还有另一个名字——五级评估。柯氏四级培训评估，相信大家都很熟悉，它由国际著名学者威斯康辛大学（Wisconsin University）教授唐纳德·L. 柯克帕特里克（Donald. L. Kirkpatrick）于 1959 年提出，是世界上应用最广泛的培训评估工具，在培训评估领域具有难以撼动的地位。没错，ROI 的方法是在四级基础上发展并超越了它的。

无论是四级还是五级，评估的重点都隐藏在数据之中。本书第一章的行为工程模型中就说到了数据的重要性，在本章第一节中我们也说到，要在绩效改进项目的决策前、过程中和实施后都进行评估，那么评估就少不了对数据的收集和监控，要了解 ROI，就要首先了解它需要收集和分析哪些类型的数据。

在 ROI 的方法中，我们把数据从 0～5 分成了六个层级，以及无形收益，如表 6-3 所示。

表 6-3　ROI 的评估重点和典型数据

等级	评估重点	典型数据
评估层级 0：投入和指标	对项目的投入，包括范围、规模、成本等。投入数据并不需要全部报告，但需要全部收集。	项目类型 项目数量 参与人数 参与时间 项目成本
评估层级 1：反应及计划的行动	对项目的反应，包括计划采取的行动。	适当性 重要性 相关性 有效性 动机
评估层级 2：学习与信心	学习如何使用这些内容和材料，包括使用所学内容的信心。	知识 技能 能力 信心 交流
评估层级 3：应用与实施	在工作环境中使用项目的内容和材料，包括实施过程。	使用范围 任务完成 使用频率 使用的成就 使用的障碍 有利因素
评估层级 4：业务影响	项目所带来的业务影响	生产率 收入 质量 时间 效率 客户满意度 员工满意度

等级	评估重点	典型数据
评估层级5： 投资回报率	项目成本与项目收益	收益与成本的比率 投资返本期限
无形收益	没有转化为货币价值的影响力数据	敬业度 品牌意识 投诉

0级：项目投入的数据信息。表示对一个项目的投入，可以具体到项目的类型、参与人数、所需时间、实施重点、投入成本等等。

第1级：反应及计划的行动。反应及行动计划被定义为参与者的项目感知度，标志着项目利润流的开始。反应常常是一个调整或精炼项目的重要考虑因素，为行动计划添加了另一个分析维度。它呈现出参与者如何实施一个新的需求、计划、过程和如何利用新技术的能力。同时，开发计划的行动过程提高了项目转化的能力，以适应工作环境和内部变化。这一层级的信息包括：参与者参与项目的程度，他们对有利及不利因素的反应，如项目有效性、重要性、适当性等等。

第2级：学习与信心。对于每一个项目，都有学习的成分在内，对于掌握新技术、新系统、新流程的项目，学习是必须的，但是对于新政策，学习可能只是过程中的一小部分。虽然可能在前一级有一个良好的反应，但并不一定意味着学习或改变将会发生。这一级的评估是在项目实施过程中对有关人员的技巧、知识、能力、资格、信心和交流等的测量。在理想情况下，这些数据是在新知识和技能的理解与吸收方面可量化的目标指标。

第3级：应用与实施。这一层级的数据描述了项目是如何带来知识、行为的转变的，用于评估项目实施的适当程度。这是最重要的数据类型之一，大部分项目都会在这一级评估中出现问题。因为在项目实施过程中学习成就并不一定能带来绩效的改进或工作行为的改变。评估层级3评价的是工作行为的改变，包括使用的范围、频率，或项目实施后行为的完成度等。

第 4 级：业务影响。这一级是应该被测量的，它对于了解项目产生的业务效果非常重要，因为行为的变化并不一定能产生业务影响。对于一部分人来说，这一级的数据反映了项目存在的原因，一旦获得了这一级的数据，我们就必须对项目产生的数据影响进行分析。典型的测量数据包括成本的节约、生产力、生产周期、质量、失事率、营业额、销售额、客户满意度、员工满意度和客户回头率。这一级的数据应当在绩效改进的前后都进行收集。

第 5 级：投资回报率。这是项目利润与成本的比值，是一个百分比。这一级的评估需要做两个动作：一是将第 4 级的信息转化成货币价值；二是要明确项目成本。项目业务影响程度的改进也许不能产生积极的投资回报率。这一级的评估依据对于组织财政上的贡献来体现项目真正的价值。

无形收益：是指没有转化为货币价值的却具有影响力的数据。在数据分析的过程中，我们努力把所有数据都转化成货币价值，然而转化的流程如果不精确或过于主观，结果就会失去可信度，在适当的调整下我们把这些数据归为无形收益，例如员工敬业度的提升、品牌意识的增强、网络化程度的提高、客户投诉的减少等等。这一级的数据对于项目来说也是特别有价值的。

ROI 的初始分析

研究表明，项目失败的首要原因是项目同企业的业务之间缺乏一致性。① 所以我们需要采取一些方法来确保项目和业务之间的一致性，ROI

---

① 杰克·菲利普斯，帕特里夏·普利亚姆·菲利普斯 著，李红梅，董艳彬 译. 利润圣经［M］. 北京：东方出版社，2009.

的方法中认为，最早能与业务一致的机会是在初始分析，并且用"V"模型展示了这一分析的过程，如图6-3所示。

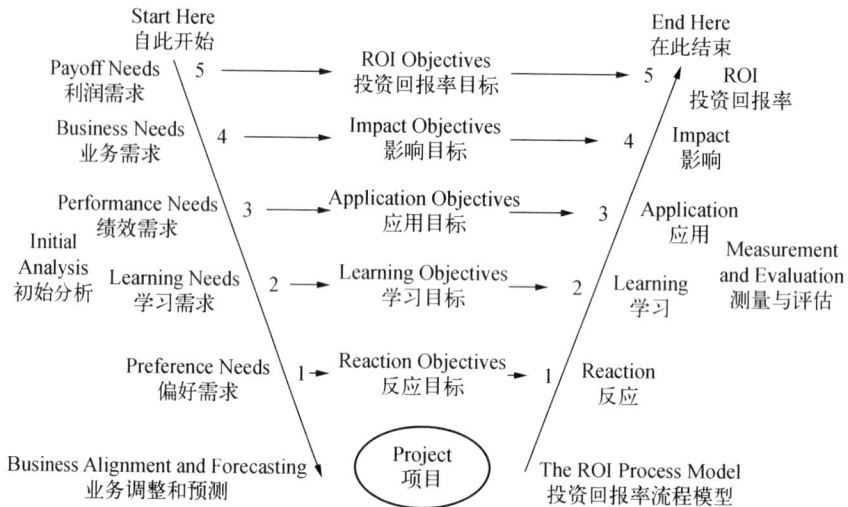

图6-3　"V"模型

依据"V"模型，初始分析包括了五个步骤：

第一步是分析利润需求，即这个项目可能带来利润吗？值不值得做？在一些情况下，答案是肯定的，因为这个项目对于企业的成功起到了关键作用，或者它与需要解决的问题具有关联性。

第二步是分析业务需求，即这个项目与哪些业务评估的因素相关，这些业务评估因素就是我们上面提到的第4级数据，比如：生产周期、营业额、客户满意度等。

第三步是分析绩效需求，即考虑工作中改变什么才能对业务评估的因素产生影响。这一步将项目和业务真正地结合起来。

第四步是分析学习需求，即针对工作中要改变的内容：我们需要学习什么技术、知识或培养什么能力才能适应这种改变呢？如同本书第五章中提到的"N＋1"模型，我们无论改变什么都需要用学习来落地。

第五步是分析偏好需求，即根据偏好来确定项目实施方案。比如，什么时间，以什么样的方法，针对哪些人来实施能保证项目的效果更好，我们就怎么设计方案。

根据"V"模型的五个步骤，我们基本可以清楚地分析出项目是否与业务一致，或项目产生的影响是否是我们期望的业务结果。

ROI 的流程模型

"V"模型的左侧一开始是"投资回报率流程模型"，也就是说，我们要完成整个投资回报的流程，才算是走完了"V"模型，才能最终测算出投资回报率。所以，下面我们来为大家介绍 ROI 的流程模型，如图 6 - 4 所示。

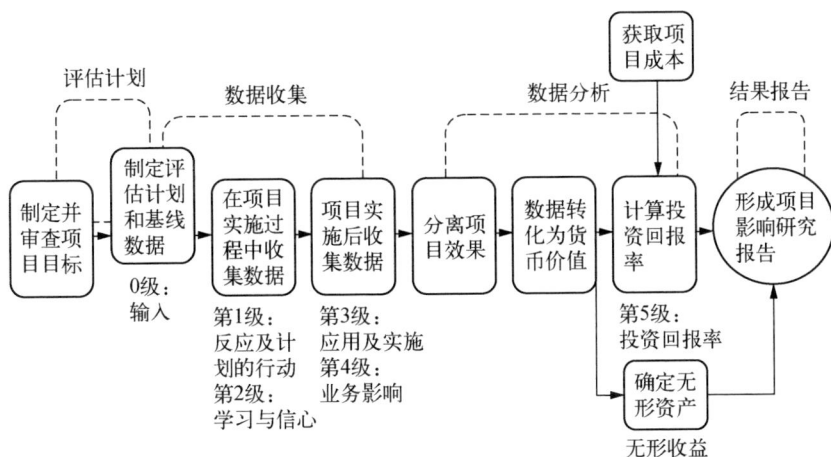

图 6 - 4 ROI 流程模型

ROI 的流程模型将整个评估项目分成了四大阶段、十个步骤，下面我们就一一为大家介绍：

■ 第一阶段评估计划

这一阶段包括了两大步骤，制定并审查项目目标、制定评估计划和基线数据。

275

1. 制定并审查项目目标

从本书中的其他章节我们可以得知，在绩效改进中目标是特别重要的，ROI的方法作为绩效改进的一种典型方法，必然将确定目标放在了第一步。

初始分析定义了五种不同的需求，所以这里的目标制定也可以从这五种需求而来：

(1) 反应目标

(2) 学习目标

(3) 绩效目标

(4) 业务目标

(5) ROI目标

如果我们把绩效改进的项目假定为帮助销售人员提升销售业绩的培训项目，那么这五种目标就有可能具体为：

(1) 反应目标：发现这个培训与销售相关，发现这个培训对提升销售业绩很重要，把这个培训介绍给其他地区的销售团队……

(2) 学习目标：发现销售人员的不足，学习销售话术，学习店面陈列技巧……

(3) 绩效目标：新品首荐率提高，店面成列符合要求，销售话术切实运用……

(4) 业务目标：销售量增加，销售额提高，客户满意度提高……

(5) ROI目标：投资回报率为30%。

在确定目标这一步中，我们需要清楚地知道自己要把目标定在哪一层级，然后才能将这个目标分解成具体内容。除了确定目标，我们还需要审查目标的可行性，确保在我们现有的或可得到的资源内，这一目标是可以达成的。

2. 制定评估计划和基线数据

在确定目标以后，我们需要一个可执行的方案来达成目标，在这里，这个方案就是评估计划。评估计划包括了对评估过程整体和简要细节的描述，例如：持续时间、目标人群、执行人员等等。这里为大家展示了一份简单的评估计划模板（见表6-3），供读者参考。

表6-3 评估计划模板

---

1. 负责人的名字：_____
2. 计划/项目标题：_____
3. 目标受众：_____
4. 项目或项目内容的描述（50～75字）：_____
5. 期待参与者学习这个新技能，过程和任务的需要多长时间？
   你的项目中学习行为/技能的所需时间？_____天或_____月
6. 雇员对参与这个项目的可能反应是什么？为什么？

   _____
7. 描述在培训雇员应用这个项目的具体方法是什么？（例如，传统教师/讲师主导，现场卫星远程会议，观看CD光盘，基于网络、混合式学习、教练、特别任务、行动计划、交流会议等等）

   _____
8. 推动这个项目的基本问题是什么？（例如，降低成本，减少时间、性能和质量改进、新的过程/程序，等等）

   _____
9. 这个项目将会如何影响雇员在工作中的绩效？将会如何实施或应用？雇员将怎样才能做得更好等等？

   _____
10. 当实现或实现了这个项目时业务影响什么？

    _____
11. 在评估的时间范围内，问题10完成后还有其他什么因素会影响业务实施的改变？

    _____
12. 项目的管理期望是什么？

    _____
13. 描述雇员在这个项目实施之前需要准备的活动。

    _____
14. 描述影响这个项目实施需要的后续支持。

    _____

制定评估计划的同时，还需要确定和收集基线数据，即在既定目标下，我们到底需要收集哪些数据来证明过程中与最终目标达成与否，以及

这些数据的现状是什么。如果我们希望评估计划完整详实，基线数据也应当一并写在计划中，呈现给利益相关者知晓。

■ **第二阶段数据收集**

这一阶段实际从基线数据的收集就开始了，并且包含了：在项目实施过程中和项目实施后收集数据的过程。在下一节中，我们将为大家详细介绍数据的收集，这里就不再展开。

■ **第三阶段数据分析**

要能够得出评估的结论，就需要对收集到的数据进行分析。数据分析这一阶段包括了：分离项目效果、数据转化为货币价值、计算投资回报率以及确定无形资产。

1. 分离项目效果

在以往的评估中，我们最容易忘记的就是分离项目效果。但是如果不做这一步，我们就不知道哪些影响是由我们的项目产生的，哪些收益是由我们的项目带来的，所以这个动作至关重要。并且，这个动作也大大提升了评估的准确性和可信度。下面介绍一些具体的方法来实现分离：

对照组：一个小组参与项目，而另一个基线数据相仿的小组不参与项目。实施后再对比两个小组的数据，其中的差异就是项目的影响效果。对照组的方法是分离项目效果最有效的方法。

绩效数据的趋势及预测线性分析：在项目前，根据现有情况预测如果不实施该项目，未来的数据可能是怎样的，实施项目后再测量这一数据，并和预测相比较，其中的差异就是项目所带来的影响。

参与者对影响的评估：让参与者自己想一想哪些影响是项目所带来的，并用数据表示出来。

监督者对影响的评估：监督者站在第三方的角度想一想哪些影响是项目所带来的，并用数据表示出来。

管理者对影响的评估：让管理者判断哪些影响是项目所带来的，并用数据表示出来。

专家/先前研究的使用：让其他专家运用他们先前的经验和研究来判断，当然这些专家必须熟悉这个项目的情况。

计算/评估其他因素的影响：在无法确定项目所带来的影响时，我们可以换个角度想想，除了项目以外有哪些因素可能对结果产生影响，并把这些影响分离出去，剩下的就是项目带来的了。

2. 数据转化为货币价值

要想计算投资回报率，就一定要知道投入了多少钱，收回了多少钱，所以我们必须清楚的将输入的成本并将第4级的数据转化为货币价值。

项目成本包括了直接成本和间接成本，例如：

• 投入的实际资金数。

• 参与者日常的薪资和福利额。

• 参与者因参与培训或项目而未能带来的可能收入。

……

与分离项目效果一样，将第4级的数据转化为货币价值也有一些方法可以参考：

• 把输出转化为产出，例如：利润数、储蓄额。

• 计算质量成本，即以前企业为员工差错或质量问题所付出的代价，而现在消除了。

• 把节省的时间成本转化成参与者的工资。

• 利用内外部专家估算。

• 使用内部和外部数据库。

• 让参与者、管理者或工作人员参与估算。

3. 计算投资回报率

我们在本节的开始就说到，老板现在要看到的是实际的经济价值，见表6-4。

表 6-4 将实际的经济价值展现

具体内容	关键动作
展示给我 (show me) ⬇ 把钱展示给我 (show me the money) ⬇ 把真正的钱展示给我 (show me the real money) ⬇ 把真正的钱展示给我，并让我相信他是真的 (show me the real money, and make me believe it!)	收集影响因素的数据 ⬇ 将数据转化成货币价值 ⬇ 将项目的各个影响因素进行拆分 ⬇ 将货币价值与整个项目的资本相比较

我们必须计算出投资回报率（ROI）告诉老板我们的价值，ROI 是项目利润除以项目成本，项目利润等于项目收益减去项目成本，计算公式表示为：

$$投资回报率（ROI）=\frac{项目利润}{项目成本}\times100\%$$

例如，项目有 30 人参与，实施半年后项目的收益为 40 万元，这期间总共投入的成本是 20 万元，那么：

$$投资回报率（ROI）=\frac{(40-20)\ 万元}{20\ 万元}\times100\%=100\%$$

即该项目的投资回报率（ROI）为 100%，投入 1 块钱，就可以得到 2 块钱的回报，净收益 1 块钱。

4. 确定无形资产

除了能够转化成货币价值的有形资产，大多数项目还会带来一些无法转化的无形资产，这些也是项目价值的一部分，是需要进行评估的。例如：

• 员工满意度增加

• 客户满意度提升

- 组织认同感增强

- 员工冲突减少

……

■ 第四阶段结果报告

ROI 的流程中的最后一个阶段，也是最后一个步骤，就是形成项目影响研究报告。这一步的核心是将数据信息提供给各式各样的人群。大多数情况下，只有特定的人群会对我们的结果感兴趣，我们应当针对不同人群认真地制定与之匹配的报告，来满足他们对于信息的需求，去帮他们正确理解信息，并根据信息做出适当的决策或行为，见表 6 - 5。

表 6 - 5　不同的结果重点

受　众	进行交流沟通的原因
高层管理*	获得付款或下一个项目的批准等
所有经理	获得支持/建立信任
参与者中的高级人员*	获得委任/建立信任
潜在参与者	激发渴望
当前参与者*	加强巩固
培训员工*	展示重要性
所有雇员	激发兴趣
股东	获得认可

通常我们考虑为加"*"的受众提供一份适合的报告。

第四节　评估数据的收集

在上一节中我们提到，ROI 的流程模型中有一个大的阶段就是"数据收集"，抛开 ROI，我们同样知道数据收集对于评估的重要程度，所以我

们将"评估数据的收集"作为独立的一节，目的就是为了让大家了解绩效
改进的项目中，我们都需要收集哪些数据，以及如何收集这些数据。

数据的类型与罗列

要进行数据的收集，我们就需要知道都有哪些数据可以供我们收集。
所以这里首先为大家尽可能多地列出相关数据，供大家了解和参考。

我们将数据分为硬数据和软数据两类：硬数据通常指那些基于客观事
实的、管理中十分可信的信息，易于衡量和量化，相对容易转化为货币价
值，是在绩效改进中常见的衡量数据。软数据一般指的是在很多情况下具
有主观性和典型的行为导向，难以直接衡量和量化，难以确定货币价值，
对于绩效衡量较不可靠的数据。

硬数据可以分为四大类：产出、时间、成本和质量。

■ **产出，包括：**

- 完成比例
- 完成的任务
- 每小时产出率
- 生产率
- 所募资金
- 销售额
- 所生成的新账目
- 所处理的表格
- 所批准的贷款
- 货存周转率
- 视察的病人
- 所处理的应用
- 毕业的学生

- 生产的单位

- 制造的吨位数

- 所装配的数量

- 所积压的工作

- 激励奖金

- 出货量

......

■ **时间，包括：**

- 周期时间

- 设备停机时间

- 延长时间

- 出货时间

- 项目完工时间

- 处理时间

- 监督时间

- 熟练时间

- 学习时间

- 会议时间表

- 修理时间

- 效率

- 工作停顿

- 指令反应

- 迟报

- 延误天数

......

- **成本，包括：**
    - 住房成本
    - 治疗费
    - 预算变动
    - 单位成本
    - 账户成本
    - 可变成本
    - 固定成本
    - 间接成本
    - 营业成本
    - 事故成本
    - 项目成本
    - 销售开支
    - 参与者成本
    - ……

- **质量，例如：**
    - 故障率
    - 辍学率
    - 报废
    - 浪费
    - 拒绝
    - 误差率
    - 返工
    - 短缺
    - 产品缺陷
    - 标准偏离

- 产品失败

- 库存调整

- 事件

- 不合规

- 机构罚款

  ……

　　软数据也可以进行一定的分类，这里将它们分成六大类：工作习惯、工作氛围、组织创新、客户服务、员工发展和组织形象。同样，我们也来看看这六大类软数据都有哪些具体的表现。

- **■ 工作习惯，包括：**

  - 迟到

  - 到诊所就诊

  - 违反安全规则

  - 通讯故障

  - 过度休息

    ……

- **■ 工作氛围，包括：**

  - 抱怨

  - 歧视指控

  - 员工抱怨

  - 工作满意

  - 组织承诺

  - 员工敬业

  - 员工忠诚

- 离职意愿
- 压力

......

■ **组织创新，包括：**

- 创造性
- 创新
- 新观念
- 建议
- 新产品和服务
- 商标
- 版权和专利权
- 流程改进
- 合伙人
- 同盟

......

■ **客户服务，包括：**

- 客户投诉
- 客户满意
- 客户不满意
- 客户忠诚
- 客户维系
- 客户价值
- 损失的客户

......

- **员工发展，包括：**
  - 技能
  - 能力
  - 知识资本
  - 项目完成
  - 专利
  - 业绩评级
  - 准备就绪
  - 人际网
  ......

- **组织形象，包括：**
  - 品牌认知
  - 名誉
  - 领导力
  - 社会责任
  - 环保
  - 社会意识
  - 多样性
  - 外部奖励
  ......

数据收集的方法

数据在绩效改进的过程中用途广泛，例如：确定项目参与者的满意度，确定项目的优势和不足，评估员工的绩效，制定规范和标准，用于与管理层的交流，用于干预方案的改进，确定应该参与未来项目的人员等等，所以在了解了那么多种数据之后，我们就必须知道如何收集这些数据。

具体收集数据的方法通常有以下几种[①]：

调查： 可用于了解参与者对项目的满意度、掌握知识和技能的程度及对项目中不同方面的使用情况。

问卷： 通常比调查更加细节化，可以用于发现大量信息。问卷中既可以有封闭型的问题，也可以有开放型的问题。

测试： 可用测量知识和技能的变化。测试既可以采用正式的形式，也可以采用非正式的形式。正式的测试有标准参考测试、绩效测试、模拟和技术操作。非正式的测试有项目促进者评估、自评和小组评估。

工作场所观察： 获取真实的技能应用和使用情况。在客服培训中，观察是一种特别有效的收集评价数据的方法。在观察者不透露身份时，尤为有效。

访谈： 与参与者共同实施，以确定学习内容在工作中的应用情况。

焦点小组： 可用于了解一群参与者将培训内容应用于工作场所的情况。

活动计划和项目作业： 由参与者在项目实施期间及结束之后在工作中完成。这些后续活动都可以成为项目成功的证据。

绩效合同： 由认可工作绩效成果的参与者、参与者的领导和项目促进者三方达成。

业务绩效监控： 当有多种绩效记录和工作数据需要检查时，应用业务绩效监控是极为有用的。

在第三章"探索发现"中，我们已经为大家详细介绍了：问卷调查法、访谈法和工作观察法。在本节的最后，我们再着重为大家介绍焦点小组法。

[①] 帕特里夏·菲利普斯，杰克·菲利普斯 著，吴峰 译. 学习的价值——组织学习如何获得更高投资回报率及管理层支持 [M]. 北京：北京大学出版社，2011.

焦点小组法

有时接到比较紧急的数据搜集需求，需要快速反馈信息，用户深度访谈持续的时间太长，此时往往会采取另一种调研方法：焦点小组法。只需要1—2场深度访谈的时间，却能同时搜集到8—12名用户的信息，于是在敏捷的数据搜集中，焦点小组似乎就成了无往不胜的利器。

焦点小组法是指从确定的全部观察对象中抽取一定数量的观察对象组成样本，由一个经过训练的主持人与一个小组的被调查者交谈，获得数据或信息，根据样本推断总体信息的一种调查、搜集方法。

焦点小组法一般是有一个调研室，并从全部对象中随机地选择一些人。征选时应极力避免在不同小组中出现重复的或"职业"的受访者。一个小组一般包括8名参与者。当然，这里并不存在理想的参与人数。拥有合格的受访者和一个优秀的主持人是焦点小组访谈法成功的关键因素。主持人需要较强的控场能力，避免话题走偏或出现意见领袖式的用户。在具体的执行上，主持人也需要多注意自己的言行，承担沟通不同参与者和保持话题方向的责任，比如不能只按同一种顺序询问或总让某些人优先。尽量让用户均匀地分布在讨论桌四周，避免分布不平衡或出现"审查式"的坐位（自己和个别用户坐一边，其他人坐另一边），导致一部分组员产生压力。对于不同性别的用户，可以交叉安排座位，比如"男女男女男女……"的方式，避免讨论中出现小团体。对于特别核心或资深的组员，应多加留意，适当多给他们一些表达机会，当然，也需要和整体保持平衡。

在运用焦点小组法调研之前，一般会通过集体讨论编制出一份指南。这份指南是一份关于小组会中所要涉及的话题概要，确保按一定顺序逐一搜集到所有必需的数据。结束后主持人可做一次正式报告，开头通常解释调研目的，申明所调查的主要问题，描述小组参与者的个人情况，并说明征选参与者的过程。最后，总结调研发现，并提出建议。

表6-6 焦点小组和深度访谈的异同点

	焦点小组	深度访谈
招募用户的要求	一个组内的用户背景应该保持一致，比如岗位、学历、收入等符合同一用户招募标准。	每个用户的背景可以相互独立。
适合的话题	不适合敏感、私人或带负面倾向的话题。	可以就某些敏感、私人或带负面倾向的话题进行沟通。
调研目的	汇集某一类人群的数据、观点、想法和认知。	重点在挖掘个人的使用动机、观点、想法和认知，以及可以观察个人的行为操作。
适用阶段	在对被访者有一定了解的基础上进行。	可以作为新产品或新用户的调研方法。
对研究人员的要求	非常高，有较好的控场能力，需要促使所有参与者积极地交流，同时保持讨论不被意见领袖式用户所引导。对被访者的背景、特征和所在族群已经有基本的了解。	高，能和用户快速建立信任感，敏锐感受被访者的心理变化，挖掘出用户内心的真实想法。
执 行	主持人进行引导，用户就某个话题集体讨论，自由地表达观点；保持灵活的访谈顺序，让每个人都感觉自己被关注。	访谈员和用户进行一对一的沟通。
和其他调研方法的兼容性	不适合与可用性测试、眼动测试等操作类调研方法进行联合调研。	可以与可用性测试、眼动测试等操作类调研方法相结合。
优 点	时间短、效率高，某些方面真实性较高。	可以获取详细信息，真实性高，调研内容和主题的局限性较小。
缺 点	真实性比较受话题和其他组员的影响。	整个调研过程时间持续较长。

第七章　案例分享

第一节　绩效改进在培训需求确认中的应用

原因的转换

无论是生活，还是工作中，很多时候，我们找到的原因都是客观的、外部的，或者是别人的。

客观的原因指的是，这个原因是一个客观存在的现象。比如导致工地员工死亡的原因是工人不戴安全帽。不带安全帽这件事是一个客观存在的现象。

外部的原因意思是，影响结果的因素不是公司内部的，而是外部人员或者环境。还是以工地员工死亡为例，找到的外部原因可能是监理公司监管不力。

别人的原因就很简单啦，一切都是别人的错，我没错，是那个工人自己不戴安全帽的，跟我没关系。

但如果这是一个绩效改进项目，找到的原因都是客观的、外部的、别人的原因，那么我们就很难去解决，因为那些都不是我们所能把控的。所以当我们发现的原因是这三种时，我们就需要对这些原因进行转换，把客观的变主观，外部的变内部，别人的变自己的。

拿之前工地员工死亡的案例来说，不戴安全帽这一客观现象就可以转化为主观的安全意识薄弱。监理公司监管不力这一外部原因就可以转化为没有有效甄选监理公司，这就变成内部原因了。员工不戴安全帽，则可以转化为，我作为管理人员没有敦促、检查，没有制定好相关规章制度。这么一来，我们就可以从提高安全意识，有效甄选监理公司，制定安全规章，敦促执行这些方面着手改进。

培训需求的确认、培训效果评估和培训内容在实际工作中的应用一直被视为培训工作的三大难题。绩效改进被引入培训领域，为这三大难题的解决都提供了明确的指导，本节我们将通过一个案例，重点与大家分享绩效改进在确认培训需求中的应用。

A公司是一家大型机械设备制造与安装公司，规模上千人。最近该公司的预算与规划经理小D特别愁，他上一级的财务总监总是说他执行力不够，不能按时提交分析和规划报告，导致高层领导没办法有依据地做出决策。但是小D觉得特别委屈，他认为不能按时出报告的主要原因不在自己，而是各部门每周都不能准时、保质保量地提交公司要求的数据，比如晚交、填写不完整、或没有按照要求填写具体内容。经沟通财务总监也认为是各部门参与数据提交的人积极性不够、执行力差而且时间管理和跨部门沟通也有问题，因此向培训部门提出培训需求，希望培训部给各部门所有需要提交数据的人安排一个提升以上几个方面能力的培训项目。

人力资源部经理小T并没有着急安排培训项目，作为绩效改进顾问，他深知作为需求本身分四种：第一种是业务需求，通常是组织的目标；第二种是绩效需求，是基于业务需求人们在岗位上要表现出来的行为要求；第三种是培训需求，人们要达成绩效必须学习什么；第四种是工作环境需求，说明要完成既定的绩效，工作环境中的哪些系统和程序必

须做出调整。若要为满足业务需要而提高绩效，那么绩效与业务需求必须

与所有培训需求一同确定，此
外还要确定工作环境方面的必
要改变。因此在项目实施前
期，首要的任务是通过绩效分
析明确事实和绩效差距，再针
对差距分析问题产生的真正原
因，从而明确有效的培训需求，
见图7-1。

图7-1 业务、绩效、培训、工作环境需求之间的关系

绩效分析

■ 资料收集

绩效分析的前提是需要明确事实，小T先向小D找来了那些超时提交或不合格的文件、分析和规划报告、职位说明书等现有资料进行分析。并详细了解了数据上传的工作流程，如图7-2所示。

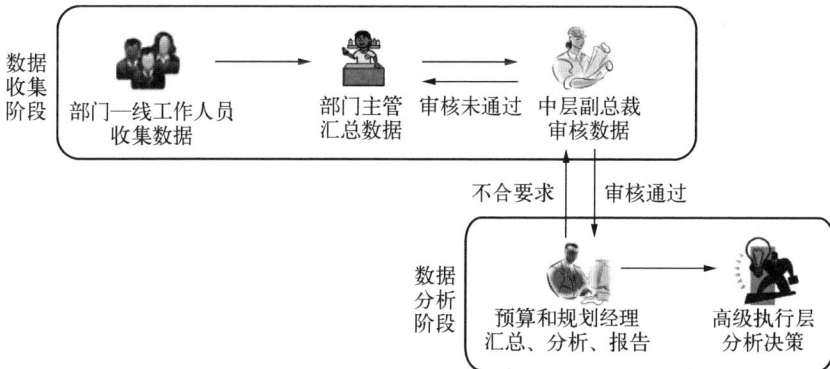

图7-2 数据上传流程

■ **访谈调研**

完成资料收集后小 T 根据公司的组织架构和数据上传流程确定了访谈的关键人群和关键事件。访谈人群：预算和规划经理、收集和传送数据的人，各部门汇总和审核数据的主管或副总裁等；小 T 和他的团队从组织、流程和员工三个层面出发，仔细思考并明确了访谈需要了解的关键事件，如表 7-1 所示。

表 7-1　访谈的关键事件

组织层面	◇ 现在各部门是否在用统一的数据系统？ ◇ 部门经理，预算和规划经理需要什么类型的信息？ ◇ 对于其他人如何使用这些信息，他们是怎样看的？
流程层面	◇ 有多少人，都是谁来负责收集财务数据？ ◇ 谁负责获得并使用有关数据？ ◇ 需要什么具体明确的数据，通过谁？ ◇ 有多少部门不能及时提交数据，晚交多久？ ◇ 缺失或不完整的数据有多少？
员工层面	◇ 在收集和解释数据时，人们是否熟练？ ◇ 现在完成该项工作的时候，他们使用怎样的支持工具？ ◇ 如果他们遇到了问题，他们会去哪儿，向谁咨询？

■ **深度取证**

为深入了解流程中的关键信息，小 T 及其团队将数据收集涉及到的部门、参与人员、参与人数、关键动作、时间投入、收集信息、迟交记录、有效率等进行了详细的分析和汇总，如表 7-2 所示。

表 7-2　关键信息表

部门	参与人员	参与人数	关键动作	时间投入	迟交记录	有效率
人力资源部	人资专员	1	收集记录	1~3 天	迟交率20% 迟交天数2~5 天	70%
	部门主管	1	整理汇总	1~2 天		
	人资经理	1	审核发送	1~2 天		

续表

部门	参与人员	参与人数	关键动作	时间投入	迟交记录	有效率
运营部	运营专员	2	收集记录	3~4 天	迟交率 50% 迟交天数 3~5 天	50%
	运营主管	1	整理汇总	2 天		
	运营副总裁	1	审核发送	1~2 天		
制造部	生产班长	4	收集记录	2 天	迟交率 70% 迟交天数 5~10 天	70%
	生产主管	2	整理汇总	2 天		
	制造副总裁	1	审核发送	2 天		
工程部	行政文员	2	收集记录	2 天	迟交率 30% 迟交天数 3~6 天	80%
	部门主管	1	整理汇总	1 天		
	工程副总裁	1	审核发送	1 天		
财务部	财务专员	3	收集记录	1 天	迟交率 10% 迟交天数 1~3 天	90%
	财务主管	1	整理汇总	2 天		
	预算和规划经理	1	审核部门信息汇总所有部门分析规划汇报	7 天		

■ **综合判断**

通过对资料收集、访谈以及关键信息的分析，针对组织层面、流程层面及员工层面分别了解到了如下现状和目标。一个绩效问题往往由众多因素组成，如果问题被界定的太广，也会增加问题解决的难度，因此采用计分卡这一工具对问题进行分解和综合判断，并明确每一个子问题的绩效差距。如表 7-3 所示。

表7-3　计分卡

层次	现状	目标	差距
组织	公司有统一的数据系统，各部门都有各自的数据系统	使用公司统一的系统	未用统一的系统
	90%的一线人员和部门主管不知道数据收集的要求	100%知道收集要求	数据要求不明确
	70%的高级执行层觉得数据不支持决策	90%的高级执行层认可	不知道收集数据的意义
流程	一线每次有1～4人收集数据，没有明确的职责	明确收集人的岗位职责	无明确职责
	预算和规划经理每次花1～2天的时间制作相关图表	0.5～1天的时间	报告迟到近半个月
	每个部门都有晚交的记录，晚交1～10天不等	最晚迟交1天	信息上传迟到近一周
	10%～50%的数据都需要重新统计	最多10%数据需要重新统计	40%的数据不可用
员工	报告撰写1～2天	0.5天的时间	报告撰写效率低

原因分析

在明确绩效问题后，只有找到导致问题的核心原因，才能够事半功倍地解决问题。面对系统不统一、要求不明确，中间环节过多等种种现实差距，找到根本原因成了小T现在最棘手的工作，因为至少这么看来，一定不是单纯的职业化培训能解决这些问题的。小T和他的团队通过头脑风暴、鱼骨图、MECE原则，Why-why等分析工具分别从组织、流程及员工三个层面对每一条差距列出了可能的原因，如表7-4所示。

表 7－4　原因分析

层次	差距	可能的原因
组织	未用一的系统	各部门对系统需求不一，现有系统各部门并不熟悉
	数据要求不明确	公司没有对数据的明确要求，或者有要求没有传达下去
	不知道收集数据的意义	公司没有将数据收集的作用和意义告知，收集后也没有反馈
流程	无明确职责	公司没有统一要求
	不能直接生成图表	缺少方法或工具
	报告迟到近半个月	收到信息就晚了
	40%的数据不可用	信息要求不明确
员工	报告撰写效率低	结构性思维差，报告撰写能力不足

明确需求

小 T 及其团队在确认差距及原因分析无误后，针对每一项原因明确了培训需求，最后通过优选矩阵从需要性、适当性、可行性、经济性、接受性等维度，对于培训需求进行优先级排序后选择整理了以下五项重点需求：

1．让各部门就应用统一系统达成一致，并将使用细则传达给员工。

2．明确数据收集的意义和价值，并传达给员工。

3．统一数据收集的标准和所需收集的内容，并传达给员工。

4．明确收集人员的工作职责，并传达给员工。

5．提高数据收集人员的报告写作能力。

针对上述需求的第一到第四点，定制化开发了一门《突破数据收集与分析瓶颈》课程，课程内容包括数据收集的目的与意义、标准与规范、职责与要求、工具与方法以及系统使用细则等内容；针对上述需求的第五点，引进了一门标准课程《结构性思维训练——商务写作》，重点帮助数据收集人员提升报告撰写能力。

通过这个案例，我们可以很清晰地明确绩效改进在培训领域中发挥的重要作用，绩效改进也将被越来越多包括中国在内的全球企业理解和实践。

第二节　绩效改进在终端销售领域的应用

随着绩效改进被引入了培训领域，越来越多的培训管理者清晰地体会到：绩效改进通过使用源于系统思考等多种干预措施，借助培训的形式对企业的经营绩效产生了显著的效果。培训部门由原来可有可无的"花钱部门"成为了各业务部门争相争夺的"优势资源"。

为什么"革命"从业务部门开始？原因在于业务部门直接承担着从产品生产到利润实现的使命，而终端是直接实现这一转化的必由路径。绩效改进在终端的应用，使业务及市场部门的管理者可以在终端直接看到快速的、清晰的业绩改善。

绩效改进所秉持的四大核心原则"关注结果、系统思考、增加价值、伙伴协作"在终端的绩效改进中得到了最直接的体现。首先，终端是可以直接产生经营业绩的，而这种经营业绩的改善本身就可以看作对价值的增加以及对于结果的关注。其次，由于在终端应用绩效改进时所涉及的影响因素比较单纯，因此在进行系统思考时可以更为简便地对各项因素进行针对性解决。最后，在终端进行应用绩效改进时，企业能够借助内部业务专家、培训管理者以及绩效改进咨询顾问的共同协作，弥补彼此的知识盲点，发挥个人所长，共同达成企业希望获得的业绩改善目标。

那么，绩效改进在终端中究竟是怎样一步一步地有序推进，各个环节中又有哪些需要我们的培训管理者与业务负责人着重关注的事情呢？下面我们将通过一个真实的案例与大家分享。

作为世界五百强之一的 A 企业，多年来一直在显示器领域保持绝对的领先地位，他们生产的显示器在国内市场占有率第一的位置已经长达 8 年之久，但由于众多本土优秀品牌的快速崛起，显示器终端市场的竞争也越来越激烈。显示器的生产与销售逐渐进入到了微利时代，各个厂家的产品同质化现象相当严重。在这种情况下，作为市场领导者的 A 品牌所受到的冲击可想而知，往往是新产品刚上市没两个月，卖场销售人员刚刚会卖这款产品，把消费者教育得差不多了，竞争品牌的类似产品也该上市了。A品牌对市场宣传、消费者培养投入了大量费用后，却只能收获和其他竞争品牌类似的销售额，这种结果令 A 品牌陷入了十分困窘的境地。

有没有什么方法可以使我们在新产品上市之初，竞争产品出现之前，单品利润最为丰厚的这段时间扩大销售额？ 绩效改进咨询顾问运用绩效改进方法，帮助 A 品牌的业务管理者、培训管理者解决这一难题。"探索发现"、"设计开发"、"学习应用"以及"评估改善"四大绩效改进关键环节清晰界定了项目实施的全过程。

探索发现

通过多种手段的走访调研，项目组发现了一个现象：在新产品上市初期的 1 个月内，本应是销售员销售绩效最高的时间段，他们却不愿意向顾客推荐新产品（新品首荐率）。销售员在巨大的销售业绩压力下，为了冲营业额往往选择那些他们卖得熟的、知道该怎么卖的老产品。虽然这样单品的利润回报少了，但是对销售员来说每月的销售业绩却可以完成。这样的情况是 A 品牌不愿意看到的。但是销售员也很无奈，他们也想多卖出一些新产品，获得更高的个人回报，但却没有人及时地告诉他们应该怎么去卖。

事实也确实如此，让我们来分层次回顾一下当时的"现状"。首先，在个人层面，销售员所能够获取的资源极为有限，往往出现仅能依靠产品参数表来向顾客推荐新产品的情况，没有形成消费者的语言，同时也缺乏与竞争品之间的横向比较。其次，在流程层面，针对销售员的新产品知识培训常滞后于新品铺货 40 天以上，销售员在这一空白期的新品销售业绩难以保证。再次，在组织层面，这样的培训还需兼顾销售员的日常工作而不能全面开展，真正接受培训的销售员人数难以保证。最后，市场大环境中产品的同质化大潮步步逼近，销售员的业绩压力可想而知。如图 7 - 3 所示。新品首荐率低、品牌利润率难以保证的现象也就在情理之中了。

个人	流程	组织	环境
缺乏销售话术与销售方法	培训滞后与缺乏标准销售流程	培训到达率低	产品同质化严重

图 7 - 3　分层次的探索发现

通过对各层面问题的分析，我们可以清晰地发现，除去无法干涉的市场环境中产品同质化严重这一问题，其他层面的最终原因都可以归结于对个人——即终端销售员的支持不足、不及时与不到位。如何能够形成具有针对性的干预措施以形成面向要因的干预方案，将是在设计开发阶段项目组的工作重点。

设计开发

俗话说："预则立，不预则废。"在完成了对现状问题的分析后，项目组如果不能够在本阶段对项目的种种实施关键点进行针对性设计，那么干预方案的实施效果也会大打折扣。项目组从"对终端销售员的支持不足、不及时与不到位"这一问题出发，通过系统的思考，对包含课程开发、助销工具、讲师培养、项目组织与效果评估在内的绩效改进干预方案进行了界定。

■ 课程开发

• 围绕不同新产品具体的功能参数，梳理出产品核心卖点并开发消费者语言的销售话术，形成完善的销售流程以及需要重点关注的竞品信息，以保证销售员能够在面对消费者时可以应用以上知识对新产品进行推广。

■ 助销工具

• 开发口袋书、视频培训资料等在内的辅助资料，保证了全国所有销售员都能同步获取标准化的销售方法和销售话术，形成对产品的认知统一，并可以在工作中随时使用。

■ 讲师培养

• 在企业内部选拔培养出一批能够满足覆盖全国数十个一、二线城市以及足够培训频次需要的讲师团队，确保培训效果的一致性，有效缩短新产品培训转移周期。

■ 项目组织

• 建立一套能够有效快速地执行培训项目的行政后勤系统，确保项目顺利推进。

■ 效果评估

• 从关注结果的角度出发，全面关注培训实施对新产品认知首荐率这一绩效改进结果的影响反馈可以说，在设计开发阶段，形成定制化、多样化的方法设计是保证学习应用阶段顺利进行的重要前提。

学习应用

围绕设计开发成果，在学习应用阶段，我们对干预措施进行了细化与实施，这些干预措施通过系统化的整合，形成了点面结合的、线上线下结合的、工作中与工作外结合的终端绩效干预方案（见表7-5）。我们可以清楚地看到，传统的培训授课或是课程开发虽然仍然占据主导位置，但是其他的干预措施的作用同样不可忽视。

表7-5 干预措施的系统化整合

干预措施	描述	针对问题
课件开发	围绕63款新产品，梳理产品知识开发消费者语言的销售话术、形成体验式销售流程与竞品知识在内的课程	为销售员提供更标准、更丰富的课程
讲师培养	在全国范围内选拔能够胜任覆盖全国41个重点城市以及培训任务的讲师41名	培训的及时性与有效性
培训授课	由授课讲师、辅导讲师共同完成覆盖41个重点城市近万名销售员的六轮培训	将课程开发的成果进行落地实施
口袋书	为全国销售员提供随身的销售备查工具	保证知识、技能随时应用
视频培训光盘	为全国销售员提供标准课程的视频培训光盘	形成对产品的认知统一
e-Learning 平台	为全国销售员提供在线学习、讲师辅导、互动问答的平台	通过保证课程覆盖面与成果的延续性
News Letter	月度向销售员发送新产品卖点话术与产品异议处理资料	保证最新产品信息及时到达销售终端

　　培训成果的效度与信度是企业培训管理者常常被挑战两大方面，在"关注结果"的绩效改进运用领域，我们又是如何真正评估绩效改进成果的，并更具评估结果持续改进的。这两个问题在下一阶段，大家应该能够获得一份满意的答案。

评估改善

在实施了众多干预措施后，对于绩效改进成果的评估是关系到该项目是否能够切实改变终端经营绩效的核心关键，也是指导持续改进方向的重要指标。

项目组在设计开发阶段即规划了对于项目实施成果的评估方向

1. 通过对产品认知率的比对，我们发现多元化的产品认知渠道使终端销售员对新产品认知与掌握周期，由过去的项目实施前新品认知周期约 2 个月，大幅提升至 12～14 天。这种认知周期的大幅缩短带来的结果是销售的有效行为与市场推广周期形成了合力。见表 7‐6。

表 7‐6　对产品认知率的比对

对比内容	项目实施前	项目实施后
新产品认知与掌握周期	约 2 个月	约 12～14 天
产品认知渠道	1. 宣传单页 2. 工作中的摸索 3. 询问别人 4. 上网查询	1. 专业讲师讲授 2. 现场点评样机 3. 产品电子课件 4. 网络学习平台 5. 随身销售宝典 （用时包括以往认知形式）
产品认知准确率	经测试，小于 40%	80%～90%

2. 对知识测验结果比对的结果显示：9 个月内全国销售员显示器技术与新产品知识测试及格率从 47% 提高到 81%，其中 A、B 级（80 分以上）销售员从项目开展前的 9% 提高到 71%。如图 7‐4 所示这意味着在全国范围内，销售员——尤其是能够熟练掌握显示器技术与产品知识的销售员人数大幅度上升，他们的专业知识水平能够即时应对顾客对于显示器以及 A 品牌新产品的绝大多数问题。

[知识测验成绩分布图]

■ 第一次　■ 第二次　■ 第三次

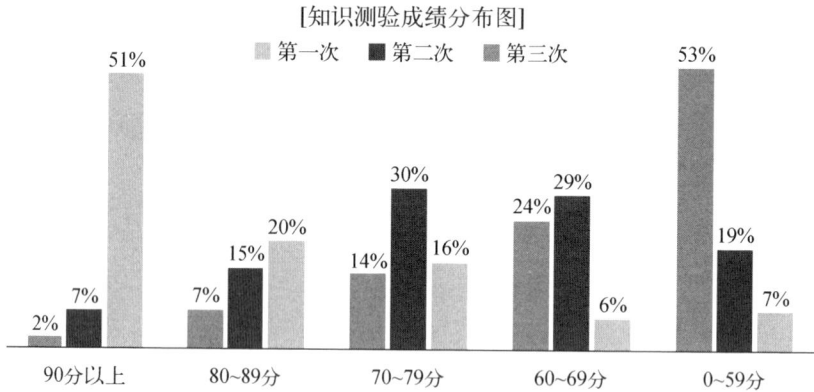

图7-4　对知识测验结果的比对

3. 通过销售行为结果的比对，我们可以看出，在项目实施一年后，被抽测销售员在关键销售行为上获得了明显成长，其中作为衡量核心的"新品推荐"指标，在培训前后得分由7.4分大幅上升至9.1分，发生了极为明显的提升。（见图7-5）这些改善不仅仅保证了全国范围内的销售员能够相对统一地完成销售动作，同时也显示出项目涉及的多种干预措施确实能够对其行为造成长效的改善，而这一点正是我们这些培训管理者孜孜以求的。

测评项平均得分

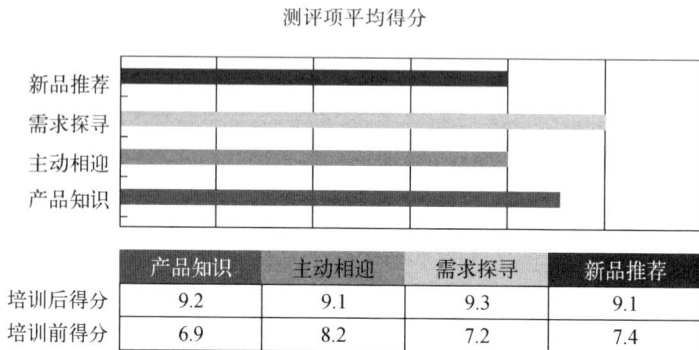

	产品知识	主动相迎	需求探寻	新品推荐
培训后得分	9.2	9.1	9.3	9.1
培训前得分	6.9	8.2	7.2	7.4

图7-5　对销售行为结果的比对

4. 通过终端经营业绩的比对，我们终于惊喜地看到，在相同区域内的培训组（A）与对照组（B）之间，虽然随着时间的推移，销售业绩发生了自然增长，但是在实施绩效改进措施的培训组（A）销售业绩发生了更为明显的改善。见图 7‑6。

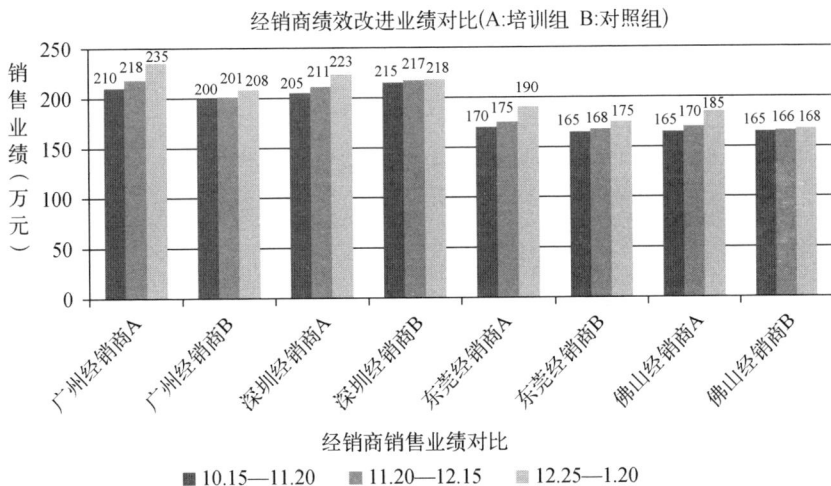

图 7‑6 经销商绩效改进业绩对比（A：培训组 B：对照组）

基于当年度非常明显的销售人员知识、能力、业绩改善成果，项目组在评估完成后，对方案提出了下阶段的改进措施，主要涉及到以下三个方面：

● 针对当年度培训密度过大，不利于新产品推广与人员集中的问题，项目组给出了减少培训频次，扩大培训范围的建议。

● 针对基层经销商重视程度不够，从而影响培训效果，不利于政策的实施这一问题，项目组给出了开设金牌店店长培训，将培训作为持续的对金牌店支持手段，帮助它们做强、做大的建议。

● 针对项目执行阶段分工不明确，从而影响整体项目效果这一问题，项目组提出了建立责任分工明确的三级管理制度这一建议……

通过这个案例，我们可以清晰的看到，绩效改进在企业内，特别是企业的终端可以快速地形成清晰可见的绩效改善。我们可以预见到，随着绩效改进被越来越多的企业所认知与应用，未来的终端的绩效改进将会呈现出更为繁荣的景象。

第三节　绩效改进在关键人才加速培养中的应用

通常，企业的人才培养分为两大核心模式：一类是岗位人才系统培养；另一类是关键人才加速培养。岗位人才系统培养是企业针对全体员工能力素质全面提升的系统工程，往往持续进行、长期开展，使各级人才在这一系统中不断发展以匹配组织发展。关键人才加速培养则是企业或组织在某一特定时期、针对特定问题或任务，在较短的时间内，面向关键人才，针对性地设计实施的培养方案，其目的是使培养对象快速成长以满足组织需要。两者的主要特点如图7-7。

	岗位人才系统培养	关键人才加速培养
价值取向	能力导向	任务导向
目标来源	岗位职责＋能力模型	任务分解＋关键能力
培养人群	覆盖全部岗位	只针对关键人才
培养时间	持续培养	快速成长

图7-7　企业人才培养的两大核心模式

这两类模式互为补充、不可偏废。以往，企业更为注重的是规划设计系统的培养体系、全面的学习地图。而在信息爆炸、知识快速更新、企业快速发展、商业模式不断被颠覆的今天，企业对关键人才加速培养的需求变得越来越强烈，希望通过加速培养，针对性地解决企业快速扩张、组织变革、重大事件应对中特定人才供不应求的问题。

绩效改进在实现加速培养中的作用

如何建立一个人才加工的生产线来快速制造、培养人才呢？培训似乎已经成为各个组织理所当然的选择，人们总是对培训抱有很高的期望。但越来越多的研究开始对培训的作用提出质疑，早在1988年，就有美国学者在调研后提出：美国工业界每年花在培训上的费用超过1亿美元，而其中只有10%在实际工作中起到了作用。之后国内外大量的研究充分表明，培训并不是解决所有问题的万能良药，特别是短期的集中培训，其产生的作用和效果是十分有限的。培训虽然对知识或技能的改进起到很大的作用，但知识与技能的掌握不一定必然引起工作绩效的改进。

而与传统的岗位人才系统培养不同，关键人才加速培养项目尤为强调培养所带来的绩效结果改善。无论培养对象是领导梯队，还是对直接与绩效相关的人群，如一线的销售人员、银行的理财经理、咨询公司的顾问等，项目成功与否的衡量标准都是其所负责工作领域的绩效提升。因此，在这类培养项目中，培养内容、培养方式与绩效的关联性显得尤为重要。只有找到绩效影响因素中与人员能力的连接点，才能促进行为改变和绩效改进。

要实现加速培养、改善绩效的目标，人才发展项目必须具有三大要点，即目标性的项目规划、定制化的内容设计、混合式的培养手段。绩效改进以其关注结果、系统思考、增加价值的特色，为我们搭建了联系绩效与能力的桥梁，能帮助企业加速并提升培养效果，确保人才发展与绩效紧密联接。

首先，在培养项目的规划上，绩效改进充分运用4W（Worker员工、Work工作、Workplace工作环境和Word外部环境）的分析框架，从4个层面的绩效影响因素进行分析研究，确保对问题的分析有高度、有体系，从而准确诊断"病根"，帮助项目设计者有效地找到与绩效改进相关的重要工作任务，将重点聚焦在完成这些重点任务所需，且培养对象相对欠缺的技能上，而不是全面提升其各项能力。其次，在培养内容的设计上，以这些目标性技能需求为核心，进行课程和培养活动的定制开发。

最后，在培养手段及干预措施的设计选择中，运用"循证实践"的思想①，依据大量可供借鉴的最佳实践及绩效改进工具中提供的典型干预措施列表，选择具备"挑战性"、"可量化评估"特点、促进技能从课堂向工作场所迁移的混合式的培养实践手段，如"特别项目"、"在岗培养"、"短期轮岗"、"岗位互学"、"评估反馈"等，从而使培养对象能加速成长，改变行为，达成绩效。

应用案例

在以绩效改进为指导的关键人才培养项目中，实施步骤包括"探索发现"、"设计开发"、"学习应用"以及"评估改善"四大关键环节。以下北美某汽车公司经销店销售顾问加速培养的案例，可以帮助大家理解绩效改进在人才发展中促进加速培养的应用。

某汽车公司是拥有全球汽车销售网络的大型汽车制造企业（以下简称C公司），它旗下的经销店遍布世界各地。其经销店与营销学院（以下简称"C学院"）负责培训和开发经销店员工的销售能力，其中最主要的培养人群是经销店的销售顾问。对C公司来说，销售顾问这一群体是直接产生业绩的关键人才，在产品和营销政策既定的情况下，他们的绩效水平决定了公司的销售收入。

由于外部环境的变化，C公司对营销学院提出要求，希望通过加强对销售顾问的培养，提升销量。于是，C学院成立了一个特别工作组，成员包括销售、服务、零件和技能培训部门的代表，以及学院的长期第三方培训伙伴，并邀请了一位外部绩效改进专家参与项目。他们希望，通过重塑这个关键人才培养项目，不仅能加速销售顾问的培养，而且以此为契机，提高学院服务的质量和针对性，并确认培训和营业成果之间的关系。在外

---

① 注：**循证实践**：evidence-based practice，EBP"基于研究证据进行科学实践"的总称。

部绩效改进专家的帮助下，依据绩效改进的工具和方法，特别工作组开展
了以下工作。

■ **探索发现**

工作组对销售顾问的工作任务进行了深入调研，确认了每项任务的重
要性、频率、难度和风险。并从工作任务出发，对相关的工具、流程、环
境等进行了详细分析。基于这些调研，工作组系统地分析了影响绩效的
4W 因素，并与销售顾问和经理进行了反复沟通、修正与确认。这个过程
中，他们区分出了"面对顾客的时间"（顾客在经销店）和"不面对顾客
的时间"（顾客不在经销店）销售顾问分别应该做什么。据此，工作组根
据对绩优顾问和普通顾问的对比进行了差距分析，从而确定了影响度最高
的要素。分析显示：较之普通顾问，绩优顾问更善于有效地使用"不面对
顾客的时间"，比如制定工作计划、了解竞品信息等等。另外，普通顾问
在某些"面对顾客的时间"的技能方面也存在一定差距，尤其是报价的技
能。通过这一过程，工作组将重点聚焦到了销售顾问技能欠缺的工作任务
上，而不是全面提升销售顾问的各项能力。

■ **设计开发**

接下来的工作，是根据重要的绩效影响要素设计新的培养项目。首
先，根据差距分析，确定培养内容的优先顺序，重要、使用频率高且差
距大的项目被筛选出来；第二步，与既有学习方案对比，发现可以剔除
的内容，有一些课程需要补充内容，而有一些则需要重新开发课程或其
他培养活动；第三步，根据需求进行课程和培养活动的具体开发，包括
E-learning 课件开发（主要针对知识类的内容和现场培训的预先准备）、
现场培训课程开发、实践与反馈项目开发（主要针对技能类的内容），
等等。

新的学习方案较之原有方案，更多地关注了绩效分析中重点的差距项，
且在学习方式设计上更多地考虑了技能从课堂向工作场所的迁移，设计了综
合性的培养实践方式，从而使学员更快地将新技能应用到现实工作中去。

■ **学习运用**

完成新的培养项目设计开发后,学院向参与新一届认证计划的销售顾问宣布了新的培养课程及实践活动。按照新的设计方案,受训人员接受了更具有针对性和实操性的培养,较之从前增加了入学考试、模拟实践、岗位评估等培养模块。

■ **改善评估**

当一定数量的顾问学员完成新课程后,工作组对包括销售量、销售顾问保留率和顾客满意度在内的绩效指标进行了评估。他们借助一家专业从事人力资本投资分析的咨询公司,对培训前和培训后的销售顾问绩效以及相同的时间段未受训销售顾问绩效进行了跟踪调研和评估,经过多层线性分析,培训对绩效的影响被分离出来:排除新产品、广告宣传等影响因素,经过培训的销售顾问年均汽车销售量增加15辆;同时,培训还提升了员工的保留率,尤其是新的销售顾问保留率大幅度增加——未受训新顾问的保留率为38%,而受训新顾问的保留率为98%。

在绩效改进的帮助下,C学院在销售顾问培养项目中,通过更全面的分析、更精准的定位、更贴近业务的设计,提升了培养项目的针对性,达成了加速培养的目标,真正实现了商业价值。而这一项目,也成为C学院向绩效导向型组织转型的良好开端。

第四节　绩效改进在领导力发展领域的应用

案例简介

G集团与华商基业管理咨询有限公司共同策划并实施了"G集团高级管理人员领导力发展项目"。

G集团是中央直接管理的国有重要骨干企业,目前集团共有境内二级经营机构 31 家，其中 A 股上市公司 2 家；境外机构 50 家，其中直属境外机构 14 家，由子公司管理的 36 家；在岗职工总数 44000 多人。集团主业包括装备制造、贸易与工程承包、医药、技术服务与咨询、建筑地产等五大板块。各板块主力子公司大多具有半个多世纪的历史。

此次领导力发展项目的培养对象为集团境内二级机构领导班子成员，共 25 人，历时两年。

G 集团在 2002 年进行了战略重组、2004 年继而提出了经营模式的转型和业态模式的转型。两个转型给企业的经营与管理在工作方法、思维方式、传统的经营方式方面带来了新的挑战。面对这些问题和困难，集团需要有一支高素质的、能够带领员工迎接挑战的领导团队。

该项目的核心培养领域为以下七个方面，分为"共性"和"个性"两组，如表 7-7。

表 7-7　项目的核心培养领域

共性	（一）企业文化的统一与传播 （二）战略制定与执行 （三）经验/资源的交流与共享 （四）观念的突破与创新 （五）管理方法的对标研究
个性	（六）知识、技能与个性 （七）增加工作历练

项目采用了复合型培养方式，包括：实施班级管理，针对领导力培养的教学设计，项目元素兼顾共性和个性，实现系统培养，使用在线学习交流平台，为学员提供贴身辅导，部分知识类课程借助集团人力资源总部的 E-Learning 平台以在线课堂形式提供。

最终，该项目的主要成果是形成了三份针对集团主要核心业务两个转型的建议书。因为项目中的学员来自集团的各二级机构，包括集团的战略部门和专业子公司，建议书中的核心思路即来自学员本身，也落实在他们各自的工作中。项目成功地将成本控制在预算范围内。

关注结果

项目设定总体目标为：经过二年的时间，使学员掌握承担高级管理职位必备的关键性知识和技能，在领导力方面获得整体提升，实现学员从运营领导者向战略执行者的转变；并通过实施本项目为集团的高层人才培养留下一套方法，从而为集团带来长久的增值回报。

因此，根据项目设定的总体目标，结合培训对象的特点，本项目共设定了四个分目标：

● 培养视角将由关注各企业视野转向集团全局视野；

● 培养方向将由领导知识培训转向领导素质和业务技能培养；

● 更加侧重对培养对象的个性化定制；

● 注重"G集团文化理念"，使学员成为企业文化传播的"种子"和企业战略执行的"先锋队"

为保证最终目标的达成，项目在每一个核心培养领域都采用如7-8所示的工作流程：

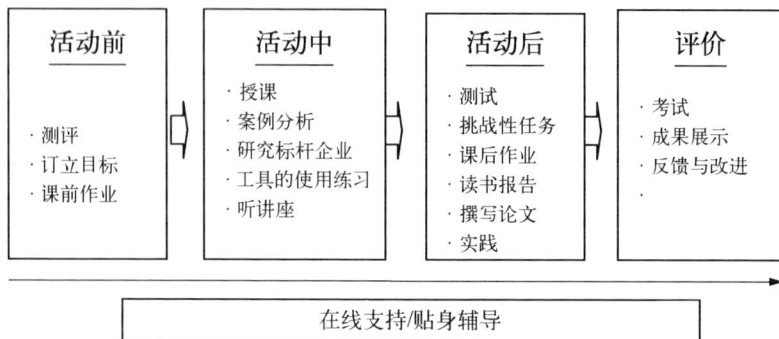

图7-8　G集团高级人才培养工作流程

系统分析

做好系统分析的第一步是将组织内外部看作一个系统，然后对系统的内外部进行全面了解。

首先，外部大环境发生了变化。随着全球经济一体化和中国加入WTO，为了积极迎接这一机遇与挑战，1998年G集团在四家大型国有专业外经贸公司基础上组建而成；之后，集团的二级公司数量不断增加；2001年，G集团打破原有组织机构格局进行了战略性重组；2004年，集团提出核心主业之一的外经贸业务要做到经营模式转型和业态（营业的形态）模式转型。

其次，经营环境发生了变化，经营内容也随之发生了变化，传统的、以往员工习惯了的工作方式都不再适合新的市场要求。

最后，面对经营环境和组织机构的变化，员工队伍在思维方式、工作方法、经营创新等方面反映出种种不适应。

除了对内外环境的分析，对学员的了解也是项目成功设计的关键。

当G集团进入新的发展阶段时，集团关键人才队伍建设工作的重点从分层次、分类型的单项培训转向课程、辅导、实践等手段综合使用的复合型的人才培养方式。此次项目的学员都曾接受过集团设计安排的各类培训，其中多数已接受过EMBA/MBA教育，具备了企业领导人的知识结构。大部分学员执掌企业运营多年，具备丰富的企业领导、管理、运营的实践经验。

增加价值

为达成七个核心领域，项目过程中采取了五种手段：

1. 测评：管理知识考试、DISC测评、拓展活动行为观察等；

2. 2+1的教学用结合：战略、人力资源、创新管理等课程采取老师

讲课与集团部门主持讨论相结合教学方法;

3. 实践活动、专家点评:企业文化单元则协助学员在其领导的企业做到企业文化落地活动,并组织内外部专家做了活动呈现讲评;

4. 作业评比:对学员的各类作业,项目执行小组都组织各类专家给予点评和反馈;

5. 论文答辩:组织内外部专家对学员的毕业论文进行了答辩。

通过实施该项目,集团的人才建设工作开始从培训向培养迈步。该项目探索了建立人才加速库的方法和模式,对当时处于集团高层管理岗位的经营管理者进行了有效的培养,在领导力方面获得整体提升;同时通过实施该项目为集团的人才培养留下了一套方法。

伙伴协作

根据设计项目考虑的诸多因素,本项目设立九个合作方,职责如表7-8。

表7-8 项目合作方及其职责

合作方	职　　责
集团管理层	项目必须得到集团管理层的最终审批尚可动员集团各方面的资源付诸实施,包括学员选派。
项目领导委员会	为项目进行过程中所遇到的重要问题做出决策。
项目执行小组	完成课程的整体推进、行政准备、日程安排、作业催缴、外联事务、日常沟通、班级管理、项目网站维护等工作。
专家辅导团队	由内外部人力资源专家、心理辅导专家、资深咨询师、企业管理专家、流程改进专家、高级训练师、行业专家组成的专家辅导小组负责跟踪项目的进程,为学员提供辅导、咨询、发展计划、作业点评等服务。

合作方	职　责
授课团队	课程讲师需要深入到项目中，深刻理解项目的目标和自己所讲授的领域与通用技术集团的结合，授课前与项目人员进行深入的沟通，并与前面讲师所讲内容进行了解，使之能够承上启下，贯穿全局。
华商基业专家团队	负责项目设计、实施及日常管理。
集团人力资源总部	负责提供项目实施所需要的人力资源管理方面的支持，并负责将项目积累的实践与经验转化为集团人才培养体系中的一部分。
集团战略发展部	负责与项目的战略单元配合。
集团群工部	负责与项目的企业文化单元配合。

上述的各合作方在整个项目进展过程中都发挥了重要的作用。在项目的策划和问题分析阶段，集团人力资源总部与华商基业在集团管理层的支持下进行了多次调研与讨论。在项目学员的界定、项目周期、项目选题与活动安排等方面，了解、听取和借鉴了内外部众多的经验与建议。集团人力资源总部与华商基业共同完成的项目设计和项目实施。在实施过程中，集团组成由集团主管副总经理任主任的项目领导委员会，华商基业总经理任领导委员会成员，为项目进行过程中所遇到的重要问题做出决策，比如，行动学习单元是在项目实施过程中增补的，此项增补须经过领导委员会的批准。集团人力资源总部与华商基业共同派员组成项目执行小组，包括华商基业派出的专职班主任和双方指定的项目经理，以及项目助理若干人。该小组在项目推进的二年过程中完成了大量的组织协调工作。该项目有大量的授课、辅导、咨询、反馈和点评工作，这些工作由项目的专家授课团队和辅导团队完成。该项目的核心培养领域之"战略单元"和"企业文化"单元都是在集团战略发展总部和群众工

作部的深度参与下完成的。

让所有与项目相关的部门和人认识到，项目的目标是所有人的目标，而不仅仅是项目发起部门—人力资源总部或华商基业的目标，这一点是非常重要的。所以，从项目策划阶段开始，人力资源总部①就与相关部门保持通畅的沟通，通过会议和一对一的交流征得各方面的理解和支持。一个延续两年、学员位居高层的项目能顺利完成项目目标，也证明了这一点。

在项目执行小组内部，集团与华商基业各尽其责，在具体工作实施中，经常采取头脑风暴的方法集思广益，充分发挥了各自的优势。

探索发现

当时集团根据战略规划完成了组织架构的调整，继而提出经营模式和业态模式的两个转型。在战略目标清晰的前提下，数据收集不仅相对简便而且准确，以此数据为基础对员工队伍，特别是二级领导班子团队进行分析，其结果应该具有准确性和信服力。

外部经营环境的变化和集团内部的战略调整给集团所有的员工都有不同程度的冲击。如何认知集团的战略调整，如何在组织架构调整后融入新的工作环境，接受不同团队的企业文化，这些问题不是一次访谈就都能反映出来，特别是二级领导班子，在变化的环境中，对其中的绩效差距还没有足够的时间或充分的条件进行清晰界定。

我们在本阶段负责提出调研访谈的工作设想、组织内外部的调研访谈、汇总调研访谈的材料，并协调集团与外部咨询机构之间、部门之间、部门与集团领导之间的工作，是向集团领导汇报工作进展的主要报告人，以保证所有与项目相关的人与部门能够理解、支持和配合项目按计划顺

---

① 注：这里可以根据申请人进行适当调整。

利推进。

本阶段的工作主要分为两种形式，收集、分析集团已有的书面材料和配合进行的访谈。书面材料主要包括集团战略规划、集团重组后历年二级领导班子成员年度考核材料、二级领导班子考核评价和二级领导班子成员的个人资料。访谈工作是从集团领导、集团总部领导、二级公司领导以及从基层员工中随机选择了若干人进行了面对面或电话访谈。调研访谈主要围绕四个方面：战略认知、文化认知、领导力表现和职业表现。

2001 年以来，G 集团邀请世界著名的咨询公司做战略咨询，集团自身在战略实施过程中以及战略转型的论证过程中积累了丰富翔实的数据和资料，其中包括对员工队伍的分析。集团的年度考核是一项严肃、规范的工作，考核材料中包括被考核人的述职报告、360°评分表和谈话评价材料。这些数据和材料用于原因分析应该是非常难得可贵的。

除以上的书面材料分析外，人力资源总部和华商基业还在集团、公司、部门、员工不同层面随机抽取了若干人以及部分潜在学员进行了有针对性的访谈，以帮助对原因分析的支持和推动。

通过调研、访谈、分析反映出以下一些问题：

1. 由于集团是在 1998 年由 4 家都具有 50 年历史的公司组建而成，这些公司的领导班子习惯于站在各公司的角度思考各自的经营与发展，对集团和集团的战略持有观望态度。

2. 集团的组织机构重组打破了原有的格局，在集团整体文化尚未成熟之时，原有的文化体系也不存在了，重组后的各公司领导班子带着原有的文化氛围进入到新的环境中，感觉不适。

3. 二级领导班子成员中，多数执掌企业运营多年，具备丰富的企业领导、管理、运营的实践经验，但普遍具有知识老化、习惯于依靠经验做事的问题。

由此，人力资源总部和华商基业设定了项目总体目标和四个分目标。

选择设计

在前期项目分析的基础上，考虑到学员多数接受过 EMBA/MBA 教育，具备了一定的企业经营管理者的知识结构，而且他们的日常工作偏于繁忙，该项目的培养方式将采取立足于本企业内、阶段性集中授课、课堂授课与课下活动相结合、一对一定制化辅导、以班级和小组为组织形式等。

该项目采用了复合型培养方式，包括

1. 实施班级管理：通过设立班主任（华商基业选派）和班委会（学员选举）、办班级文化特刊等方式，着力塑造"班级文化"。

2. 针对领导力培养的教学设计：教学设计的重点放在培养学员准确把握市场环境、预测未来市场需求和趋势的洞察力；形成行之有效的战略措施的直觉和思维能力；以及能吸引和鼓舞优秀人才共同实现战略目标的感召力和领导能力。

3. 项目元素兼顾共性和个性，实现系统培养：每一个项目元素都将兼顾共性和个性，在开设共性活动的同时，以对学员的全面测评为基础进行个性化地辅导。

4. 使用在线学习交流平台：该项目使用集团人力资源部的 E-Learning 平台，在线支持学员提交作业、论文、报告，项目小组实施在线测试和在线答疑等。

5. 为学员提供贴身辅导：华商基业聘请多方专家组成"教练小组"，协助学员改进其"个人发展计划"中所规定的某些领导行为。

6. 部分知识类课程将借助集团人力资源总部的 E-Learning 平台以在线课堂形式提供。

每一个项目单元的开展将包含不同形式的活动组合，包括角色扮演、讲授、案例分析、户外拓展、室内活动、网络互动、实践模拟、主题讨论、自修、考核、潜能开发等等。不同课程对应的活动组合见表 7 - 9。

表 7-9　不同课程对应的活动组合

主题＼活动形式	角色扮演类	授课类	案例分析类	户外拓展类	室内活动类	网络互动类	实践模拟类	主题讨论类	自修类	考核类	潜能开发类
企业文化		×		×	×	×				×	
战略	×		×	×		×	×				
交流经验	×		×	×				×	×		
突破与创新	×		×	×							
对标研究			×					×	×	×	
知识、技能、个性	×	×					×		×		×
工作挑战	×			×					×		×

　　每一个环节、每一个单元的设计及其操作方式不仅在人力资源总部和华商基业之间充分讨论，时时把握符合项目的需求，并是切实可行地解决问题，同时每一步都要听取集团内部相关部门的意见，特别是来自集团高层领导的意见。

　　在设计项目实施内容时，我们也考虑到了项目如何评价这个问题。该项目确定的与项目相关的评价主要分以下五类，以保证项目在实施过程中确实实现了项目目标，一旦发现问题能够及时给予调整：

　　1. 教学评估

　　2. 企业文化活动评比

　　3. 毕业论文答辩

　　4. 项目活动的点评与反馈

　　5. 阶段性总结

实施巩固

　　在项目实施过程中，我们需要与其他项目专家及 G 集团工作人员互相配合，协调相关部门落实项目实施计划中各项工作，把握每一次活动实现了设计意图，控制每一项工作的质量，发现问题及时与专家沟通，确定问题并找到解决问题的方法，如果涉及到需要调整整体培养方案或项目预算问题，则及时向集团领导和相关部门报告获得批准。

因为该项目共有七个核心培养领域，活动形式有11种，所以需要根据主题的特点，分别确定每一主题的活动形式，将不同组合的活动方式有机地穿插在项目推进的过程中。因为项目规模较大，在此以"入学测评"举例：

1. 该项目的入学测评分为三部分：DISC测评、管理知识测试、行为观察，最终形成由学员个性特征分析报告、管理知识测试成绩和行为观察简报组成的综合性报告。

2. 入学测评结果在班级建设、一对一个人辅导、个人学习计划制定等单元活动中为学员和项目执行小组提供了决策的参考依据。

3. 学员收到入学测评综合报告后，由人力资源总部和华商基业的咨询专家与学员进行了一对一的反馈。学员对该项目的综合测评方式反应良好，对测评的结果普遍表示认同，特别是对个性特征分析和行为观察模块，认为这两种测评方式有别于集团以往的员工考核方式，可以引入到将来的人力资源管理工作中。

评估改善

评价是一项非常重要的工作。因为该项目的重要性，集团领导和集团相关部门也都非常关注该项目的实施状况。在项目实施过程中，我们不仅应做到项目设计中规定的经常性的评价工作，包括教学评估、项目活动的点评与反馈要做到位，还需要根据项目进展，增加阶段性总结的次数，有利于项目的实施的质量控制。

以该项目中的企业文化单元举例说明。

该项目的企业文化单元包括二个阶段、四个部分：

第一阶段：企业文化理解阶段

授课：《企业文化理论与实践》

内部研讨：《集团文化诠释》

标杆企业参观：《联想集团的发展与文化演变》

第二阶段：企业文化实践阶段

"企业文化落地活动"

企业文化落地活动，是该项目的重要组成部分。其目的在于通过本次活动，将有关企业文化的理论知识转变为企业中的实践活动，使企业文化真正落实在实际工作中，并推动企业的发展。学员自行设计企业文化落地方案，并由项目执行小组组织讨论，对方案进行审核，与学员沟通后确认最终方案。学员按照既定的计划，在公司或部门开展活动，项目执行小组实施跟踪与督促，并随时反馈沟通。活动结束后，学员进行统一汇报。由集团领导、相关部门和内外部专家组成的评审委员对学员的"企业文化落地活动"进行了评审。

项目制定的评审标准如表 7-10 所示。

表 7-10　项目的评审标准

方案内容	1. 活动主题能体现集团"追求完美、创造卓越"的价值观
	2. 活动目标明确，且与岗位工作紧密结合
	3. 活动有明确的名称
	4. 活动由形式新颖、多样的子活动组成
	5. 活动（包括子活动）有明确的时间安排
	6. 活动（包括子活动）有明确且详细的操作流程
	7. 参加活动的人员包括了部门内的绝大多数人员
	8. 活动有趣味能调动了员工积极参与
	8. 活动设有奖励手段以调动员工积极参与
	9. 活动的结果便于考核
	10. 活动中有数据与典型案例的搜集
	11. 活动完成后，能看到明显的行为改变，且在持续改进计划

续表

实施过程	1. 完成了计划中的全部动作
	2. 按时开展每个子活动
	3. 所有计划参加的人员全部参加了活动
	4. 活动总体出席的人次数高
	5. 组织有序，使复杂的活动设计顺利实施
	6. 使用各种激励手段，调动了大家的参与性
	7. 对过程进行了完整的记录，内容详实
	8. 记录方法多样，可以是文字、数据、照片、摄像等
	9. 纪录资料有观赏性，具有推广与宣传的价值
实施效果	1. 实现了活动设计的目标
	2. 在部门内深化了"追求完美、创造卓越"的价值观
	3. 提高了部门的工作业绩
	4. 得到关于流程、制度、方法、人才、创意等新发现
	5. 设计者对如何在部门内开展企业文化活动的有了更多的认识
	6. 部门员工在接受调查时，对此次企业文化活动给予很高的评价或打高分
	7. 活动参与者将感悟、体会、认识以讨论或文章等形式呈现，彼此进行了交流
	8. 活动设计实施结束后，在其余的月份中持续改进，推广深化
总结汇报	1. 活动主题能体现集团"追求完美、创造卓越"的价值观
	2. 活动目的明确，且与岗位工作紧密结合
	3. 活动内容丰富，形式多样
	4. 活动效果是否显著，有积极成果产生
	5. 语言流畅、表达清晰、内容讲述符合逻辑结构
	6. 肢体语言运用得当
	7. 仪表适宜、着装得体
	8. PPT 制作美观、切中要点
	9. 使用了更生动的表现形式，例如视频录像展示成果，展现成果

该项目经过一年多的输入后开始转向输出，启动行动学习模块，围绕集团提出的"三商"策略①，完成学员所在公司进行三商转型的深度思考，对标国际先进企业，确定专业化的标准，分析企业现状，寻找差距，提出成功转型的建议，最终形成毕业论文。论文答辩委员会由集团领导和外部专家组成，评审内容包括资料准备、展示过程、答辩过程、论文质量、团队贡献等。论文得到答辩委员会的好评；建议书中的核心思路来自学员本身，也落实到他们各自的工作中。

第五节　绩效改进在市场份额提升中的应用

一、从传统培训到绩效改进

诺和诺德（中国）制药公司公司（以下简称"诺和公司"）是一家500强外资制药企业。Y经理是负责A大区的大区销售经理。在制定2014年大区业务计划的时候，Y经理明确地向销售培训顾问提出了培训需求：强化代表的专业销售技巧。销售培训顾问经过了绩效改进的专业训练，并没有急着展开专业销售技巧的培训，而是和Y经理一起探讨，他是基于什么样的绩效问题，而提出了这样的培训需求。这样的思维模式，正是从传统培训到绩效改进的一种转变。

二、探索发现

1. 关注结果

基于绩效改进的原则，需要确定组织在业务层面的关键差距。那么该大区在业务层面最关心的差距是什么呢？原来，对于Y经理来说，最重要的考核指标之一是IMS市场份额②。诺和公司是市场的领导者，可是近年

---

① 注：三商的全称为"专业化国际工程承包商/专业化项目管理商/专业化商品供应链综合服务商"
② IMS是全球医药行业非常专业的第三方数据公司，获得主要市场数据，通过科学的方法，计算出各个厂家的市场份额表现，此数据是医药行业市场份额唯一标准。

来，各个竞争对手加大了在 A 大区市场的开发力度，诺和公司核心产品的市场份额不断被抢占，仅 2013 年，市场份额就下降 3%。根据现在的态势发展，预计在 2014 年还会持续的下滑。而 A 大区是经济发达地区，不仅仅销量贡献大，同时对全国也有示范的作用。这样的背景下，销售总监对 Y 经理提出了要求：A 大区的市场份额务必止跌回升。

销售培训顾问和 Y 经理经过讨论达成了一致，开展市场份额提升的项目，通过共同努力，到 2014 年 9 月份，扭转核心产品市场份额下降的局面，并且实现市场份额提升 1% 的业务目标，这一目标得到了销售总监的高度支持，也成为 Y 经理本年度工作的重点之一。

2. 系统思考

影响到市场份额提升的因素，显然不仅仅是靠提高专业销售技巧就能提供的，还有哪些绩效的差距和原因呢？

销售培训顾问首先找到了与市场份额相关的市场数据，并且对于本项目相关的销售经理、销售代表进行了访谈，系统地收集了导致这一业务差距的绩效因素，并且运用罗斯维尔（Rothwell）4W 分析模型，将这些因素进行了系统地汇总与分类，如图 7-9 所示：

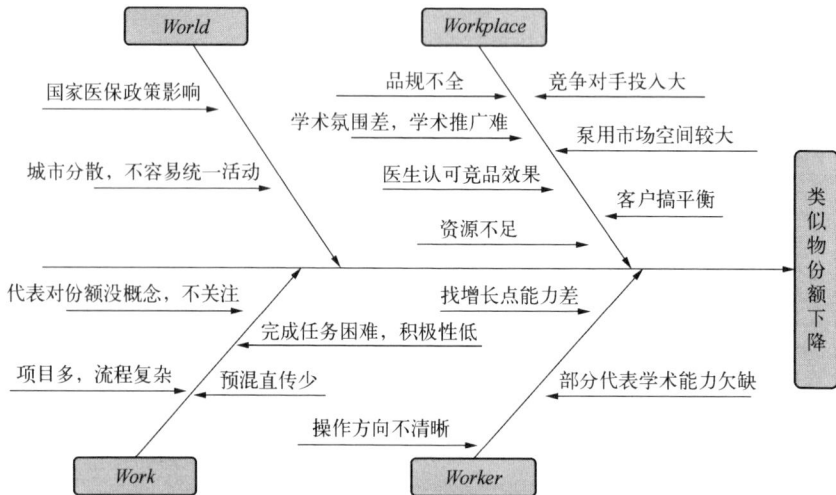

图 7-9　4W 分析影响绩效的因素

找到这些绩效因素后，销售培训顾问和 Y 经理一起组织了工作坊，将与项目相关的经理组织到了一起，探讨有哪些原因导致这些绩效问题的出现。经理们一起脑力激荡，将可能的原因都罗列了出来，那么到底哪些原因是最重要最根本的呢？销售培训顾问和大家一起运用了原因筛查表和冰山分析法，将这些原因进行了分三类，既表面原因、过渡原因与根本原因，具体如图 7‑10：

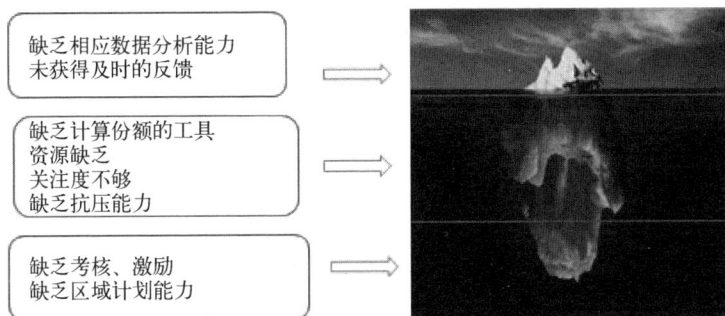

图 7‑10　具体原因分析

绩效问题与对应的根本原因有如下关系：

问　　题	原　　因
销售代表对份额没概念，不关注	缺乏考核激励：市场份额由重点市场决定，只考核大区经理，不考核销售代表，仅考核达成率。诺和公司因为进入市场早，所以覆盖好，竞争对手受限于人力物力，目前主要覆盖重点市场，导致在这些市场竞争非常激烈，销售代表也习惯性的把更多时间和精力放在非重点市场，使得公司在重点市场的竞争力下降，市场份额降低。而重点市场未来务必会影响到整个市场，影响公司持续的业绩表现。
操作方向不清晰，找增长点能力有待提升	缺乏区域计划能力：公司的产品线众多，市场竞争复杂。代表更多的是依靠经验选择市场策略和方向，缺乏通过针对本区域市场份额变化的分析，了解到市场的机会在哪里。导致提供的销售方案经常出现偏差

3. 伙伴协作

在项目之初，销售培训顾问就注意与各利益相关方进行充分的沟通，并且与销售总监和 Y 经理一起，建立了项目组，明确了各方职责，保证了在整个项目中，大家能够很好地协作，如表 7‑11 所示。

表 7‑11　项目组各方职责及合作方式

人员组别	职责	合作方式
销售总监	统筹规划，整合资源	沟通项目目标，提供方向和指引，赢得多个部门的资源和支持。
大区销售经理	扮演业务专家的角色，规划区域业务，推动项目执行	在项目策划、目标设定、进度把控、问题解决等环节与大区经理开展合作，在项目整体把控方面保持沟通。
地区经理	整合资源并合理分配，辅导以及跟进	每月至少进行一次面对面沟通，收集项目执行反馈，跟进地区经理对代表的辅导和项目工具表的收集整合。
区域产品经理	设计区域市场活动	沟通市场现状、项目目标与区域项目资源，力求区域产品经理能提供最有针对性的项目资源。
销售支持经理	整合、推动	共同收集数据，进行数据分析。督促项目组人员提交各种报告等。
市场经理	分析市场并设计市场活动	沟通市场现状和项目目标，就业务管理目标与市场经理达成一致，以提供契合业务目标的市场活动。
一线员工	严格执行项目，并提出反馈	收集项目执行反馈、最佳实践、近期挑战，并在每月的项目会议上及时沟通。
培训团队	提供项目流程咨询以及参与解决方案设计	提供项目咨询，参与项目讨论，设计解决方案；进行多次访谈，促使目标保持一致；结合访谈结果，根据项目目标、项目挑战，制定项目成员培训计划。

三、选择设计

1. 根据吉尔伯特工程模型，销售培训顾问与 Y 经理系统的设计了解决方案

数据	工具	考核激励
• 销售支持经理第一时间反馈市场数据	• 针对大医院、大市场，参考流程目标，设定跟进表格 • 制定跟进流程	• 重点市场销售目标调整，使之能够支持市场份额提升，并建立奖励机制 • 设立团建基金 • 与绩效评估、晋升直接挂钩
知识	能力	动机
• 关于份额如何解读 • 不同推广方案匹配不同的产品推广方案	• 通过销售经理、产品经理、培训顾问、代表共同就每一家市场进行分析，设定策略和方案，提升代表的区域计划能力 • 针对经理进行培训，提升辅导能力	• 作为全国试点，为全国摸索方案，增加个人动机 • 通过启动会、高层参与讨论等多种形式，项目成员感受到公司的高度重视 • 额外奖励，提高系统动机

2. 找到前导指标（关键动作）

● 确定流程目标：通过关键价值公式，就绩效问题进行拆分（见如下图 7-11），后来，又基于能否拿到数据这一原则（主要数据来源基于 IMS），进行了调整（如图 7-12），通过拆分，选定了目前的关键问题。

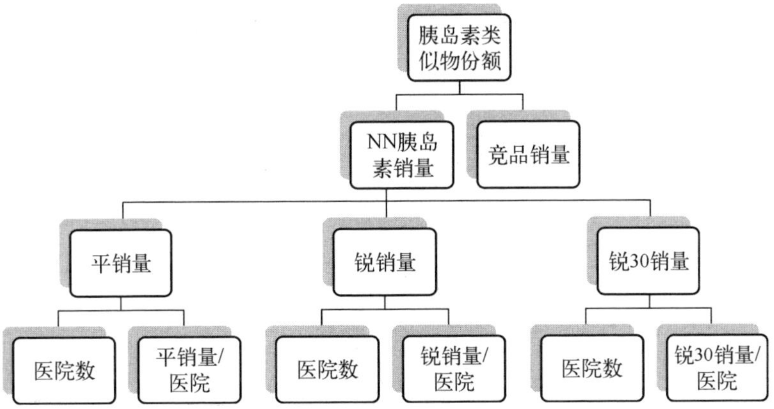

图 7-11 关键价值链分析

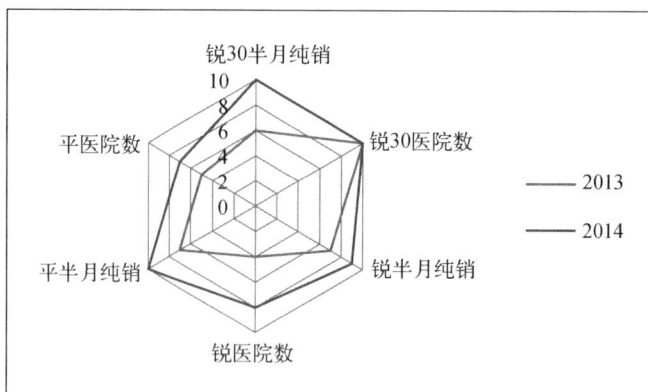

图 7 - 12　各项指标年度对比

● 确定工作目标：进行了动作分解，找到关键的动作有有效拜访、科室会、四个专业学术推广的关键动作（先导指标）。每个月月初结合目标进展情况，销售代表做出半月计划。

四、实施跟进

在调整了考核激励目标，进行了区域计划的 workshop 之后，各销售代表设定自己的重点市场计划。项目组为了保证整个计划能够顺利实施，并且及时的根据市场变化进行调整，设计了实施跟进流程和跟进图，见图 7 - 13。

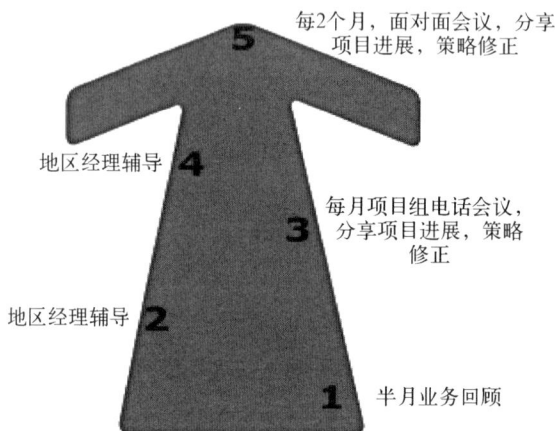

图 7 - 13　各环节对流程的跟进

五、评估改善

1. 结果评估：通过长达半年的持续的跟进，最终的绩效和业务结果有何表现呢？销售培训顾问和 Y 经理拿到了 IMS 市场份额的数据，A 区域的市场份额整体提升了 3%，超过了项目的预期。同时，将参加项目的市场与 A 大区整体的表现做了比较，我们发现，项目市场的表现也超出了整个 A 大区的表现，发挥了很好的影响（如图 7 - 14）。

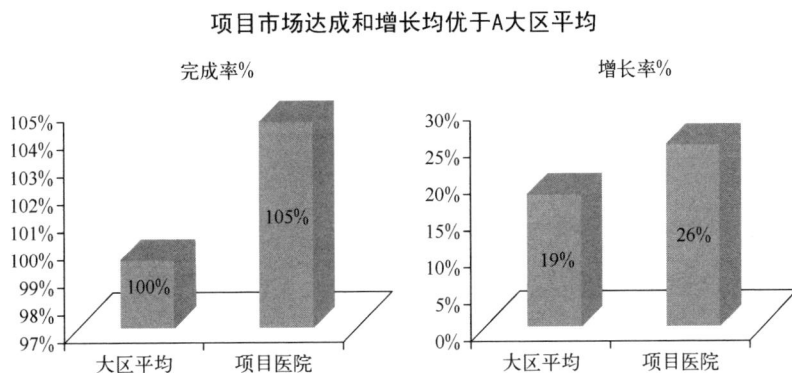

项目市场达成和增长均优于A大区平均

完成率%

大区平均	项目医院
100%	105%

增长率%

大区平均	项目医院
19%	26%

图 7 - 14 项目结果与大区平均数据对比

六、总结

通过这个项目，我们深刻地体会到，绩效改进顾问运用绩效改进的四大原则（关注结果、系统思考、增加价值、伙伴协作）和四大流程（探索发现、选择设计、实施巩固、评估改善），可以实实在在地在企业内部促进绩效的提升。而这种从传统培训向绩效改进的转变，也得到了业务部门的欢迎和支持。相信绩效改进的技术未来会得到越来越多企业的支持和应用。

附　　录

绩效改进的 Q&A

■ 绩效改进与绩效管理的区别是什么？

答：这里仅从作者以前的一些知识出发来回答这个问题。绩效管理是人力资源管理的核心工作，是通过对组织、个人的工作绩效的管理和评估，提高个人的工作能力和工作绩效，从而提高组织整体的工作效能，完善人力资源管理机制，最终实现企业愿景目标。绩效管理的过程通常被看做一个循环，这个循环分为四个环节，即：绩效计划、绩效辅导、绩效考核与绩效反馈。现在也有学说将绩效改进列为第五个环节。

从绩效改进和绩效管理的目的来看，它们具有相似性，例如：它们都是为了实现组织的目标，都是促进组织和个人改善的途径。

但是从绩效改进的起源看，国际绩效改进协会（ISPI）和**美国人才发展协会（ATD）**倡导的绩效改进成长于教育技术领域，以行为工程模型为起点，融合了经济学、系统论和心理学等，形成了一套系统、严谨、完整的理论架构，独立于又高于绩效管理。

而且从两者的运用来看，绩效管理是一个日常相对静态的人力资源部门工作每天都要做的工作；绩效改进是相对动态的，是通过对问题的解决和机会的把握实现绩效或者说业绩的提升，没有问题或机会则不需要绩效改进。

从绩效管理最早的实施步骤出发，它是计划、辅导、考核和反馈这样四步，而绩效改进实际无法与之并列，绩效改进更多的是目的而非手段，或者说绩效管理的四步本身就是一个改进的过程。

■ **绩效改进与行动学习的区别是什么？**

答：行动学习是一个持续的、高度集中的小组学习过程，在小组学习的过程中，小组成员依靠相互帮助解决当前面临的实际问题——同时从中获得学习。学习的主要来源，是学习者试图解决生活和工作中遇到的实际问题的持续的行动，以及对这些行动所进行的反思。显然，这与传统的学习形成了鲜明的对比，传统的学习总是汇集大量认为日后可能会有用的知识和材料。而在行动学习中，学习者以小组为单位，通过共同解决问题、相互支持和协作，从行动、反思中获得学习。因此，概括地说，行动学习是一个反复进行的、体验的过程，在这一循环的过程中，体现了实践性知识的社会化共享、外化及转化为新的实践性知识的过程。行动学习的循环包括：行动—反思—改进的计划—新的行动。

从绩效改进与行动学习强调的重点看，绩效改进是为了企业最终业绩目标的达成，而行动学习强调的是"行动"——实践，"学习"——知识获取和问题的解决。我们都知道企业培训的直接目的有两种：一种为了绩效，为了达成组织的业务目标，需要提升关键人员的关键能力，基于绩效目标设计培训与学习方案；另一种是为了人才，如新员工、培养新店长等，基于胜任力，设计行动学习方案。所以作为培训手段之一，如果行动学习要解决的问题是针对企业最终业绩目标的，则行动学习与绩效改进的目的相同，如果要解决的问题是其他方向的，则两者在目的上就存在差别。

从绩效改进与行动学习的性质看，行动学习是一种学习的方法，是一项工具，而绩效改进实际是一个理念，是一个框，符合绩效改进原则和方法，并且能够切实提升绩效的方法和工具都可以装到绩效改进的框中来。换句话说，如果绩效改进的干预措施选择了行动学习这一方法，那么它就是这次绩效改进中的一个辅助落地的工具。

作者认为，行动学习更像是自己给自己看病，但是有人在一边指导；而绩效改进则像是专家会诊＋中西医结合。

■ 差距分析与需求分析的区别是什么？

答：绩效技术改进领域内的许多专家认为，绩效差距分析与需求评估非常相似。在需求评估时，人们认为需求是"结果或成果的差距"；需求评估就是"确定你在哪里（目前的结果和成果）以及你应该在哪里（期待的结果和成果）的非常有用的工具。"

实际上需求评估与绩效差距分析有两个主要的区别：

1. 需求评估更倾向于关注知识、技能和态度；绩效差距分析则更关注于"找出影响人类绩效的不足和优势。"

2. 需求评估更关注过去和现在；绩效差距分析在关注这些的同时还能够看到未来。

绩效改进的模型和工具[①]

■ 斯托克洛维奇的绩效系统模型

斯托克洛维奇（Harold D. Stolovitch）等的绩效系统概念模型整合了组织内外环境的变量，使组织总体目标与个人绩效协调一致，通过将组织目标分解成字目标，并贯穿至单个工作者。

■ 梅格的绩效分析模型

梅格（Robert Mager）的绩效分析流程图通过对所列关键问题是与否的回答，引导人们逐步查明导致绩效差距的真正原因，并明确了在绩效差距的基础上开展原因分析，嵌入了针对问题原因选择解决方法的思路，操作性较强，适合分析个人层面的绩效。

---

① 部分模型和工具来源于：Darlene Van Tiem，James L. Moseley，Joan C. Dessinger. Fundamentals of Performance Improvement：A Guide to Improving People，Process，and Performance [M]. John Wiley & Sons Inc；3rd Revised edition，2012.

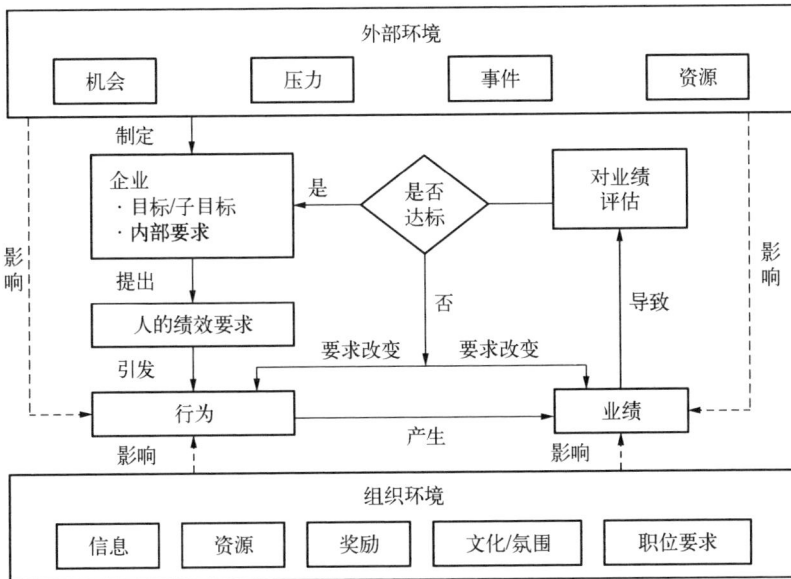

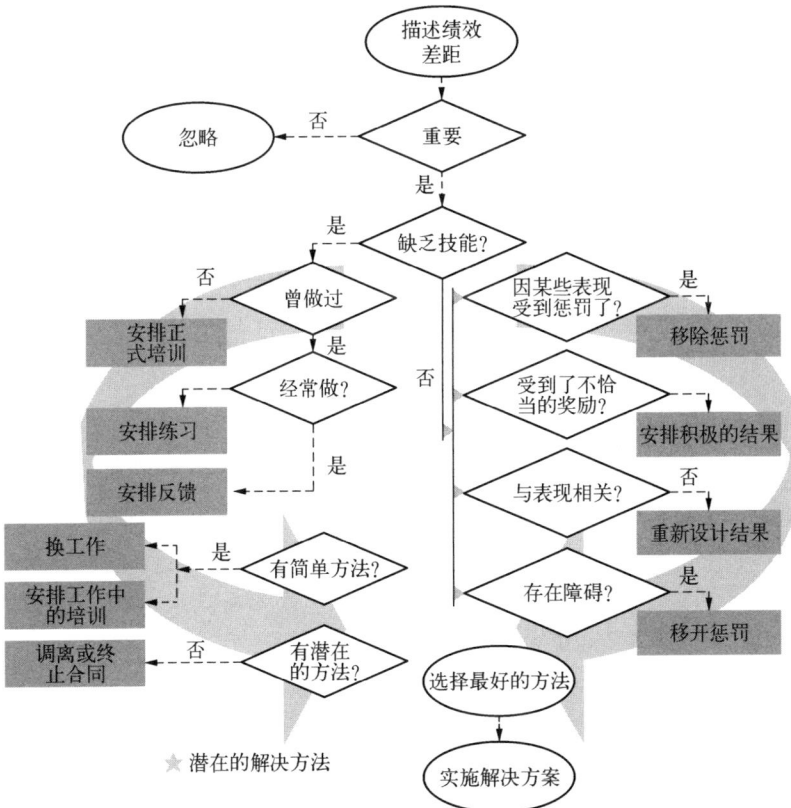

★ 潜在的解决方法

■ 原因—干预措施匹配模型

安蒂森（Addison）和强生（Johnson）构建了这样一个模型，并未单独列出原因和干预措施，而是以"文化"为中心，联合"动机"（why），"环境"（where），"结构"（what），"学习"（how）这四方面将二者融为一体，纵横坐标的交点即为干预措施的类别。

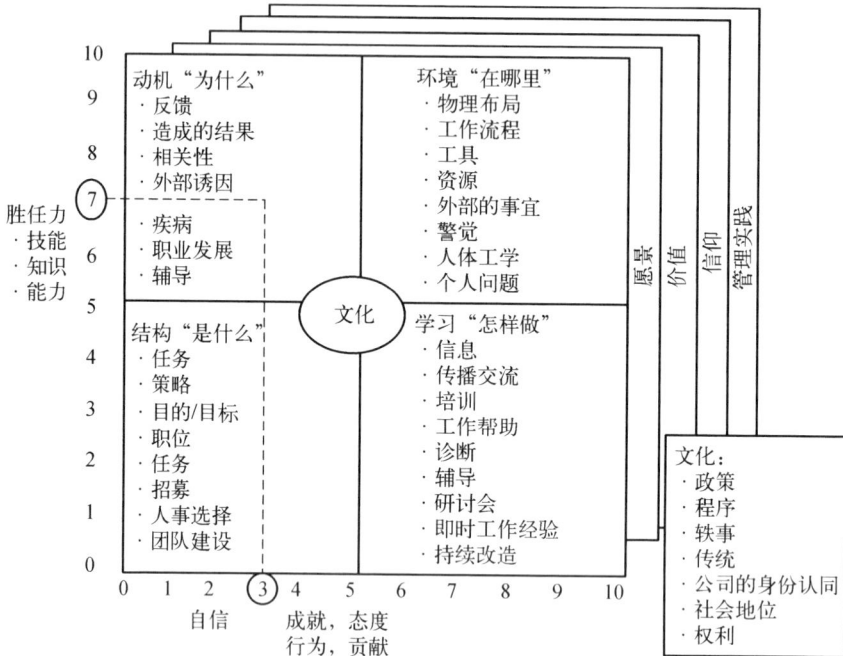

组织分析调查表

愿景		
组织的愿景是什么?		
该愿景是否定义清晰?	_____是	_____否
是否与所有利益相关者充分交流过该愿景?	_____是	_____否
该愿景是否考虑到组织内部的优势和劣势?	_____是	_____否
该愿景是否考虑到组织外部的机遇和挑战?	_____是	_____否

使命		
企业组织的使命是什么？		
该使命是否定义清晰？	＿＿＿＿是	＿＿＿＿否
是否与所有利益相关者充分交流过该使命？	＿＿＿＿是	＿＿＿＿否
该使命是否考虑到企业组织内部的优势和劣势？	＿＿＿＿是	＿＿＿＿否
该使命是否考虑到企业组织外部的机遇和挑战？	＿＿＿＿是	＿＿＿＿否
价值观		
组织的价值观是什么？		
该价值观是否定义清晰？	＿＿＿＿是	＿＿＿＿否
是否与所有利益相关者充分交流过该价值观？	＿＿＿＿是	＿＿＿＿否
该价值观是否考虑到组织内部的优势和劣势？	＿＿＿＿是	＿＿＿＿否
该价值观是否考虑到组织外部的机遇和挑战？	＿＿＿＿是	＿＿＿＿否
目标		
组织的目标是什么？		
● 产品和服务：		
● 客户和市场：		
● 竞争优势：		
● 产品和市场优先次序：		
该目标是否定义清晰？	＿＿＿＿是	＿＿＿＿否
是否与所有利益相关者充分交流过该目标？	＿＿＿＿是	＿＿＿＿否
该目标是否与使命、愿景、价值观相符？	＿＿＿＿是	＿＿＿＿否
该目标是否考虑到组织内部的优势和劣势？	＿＿＿＿是	＿＿＿＿否
该目标是否考虑到组织外部的机遇和挑战？	＿＿＿＿是	＿＿＿＿否
战略		
组织实现目标的战略是什么？		
● 产品和服务（将要做什么？）：		
● 客户和市场（为谁而做？）：		
● 竞争优势（客户为什么选择我们？）：		
● 产品和市场优先次序（重点在哪里？）：		
该战略是否定义清晰？	＿＿＿＿是	＿＿＿＿否
是否与所有利益相关者充分交流过该战略？	＿＿＿＿是	＿＿＿＿否
该战略是否与使命、愿景、价值观、目标相符？	＿＿＿＿是	＿＿＿＿否
该战略是否考虑到组织内部的优势和劣势？	＿＿＿＿是	＿＿＿＿否
该战略是否考虑到组织外部的机遇和挑战？	＿＿＿＿是	＿＿＿＿否

梅格的绩效分析问题库

Ⅰ. 描述问题

1. 绩效差异是指什么？

   a. 谁的绩效有问题？

   b. 为何这里存在问题？

   c. 实际问题绩效是指什么？

   d. 期望绩效是指什么？

2. 值得继续吗？

   a. 如果置之不理会发生什么情况？

   b. 我们的期望合理吗？

   c. 差异导致的结果是什么？

   d. 那些成本足够继续做下去吗？

Ⅱ. 研究快速解决

3. 我们能适用快速解决吗？

   a. 相关人知道对他们的期望是什么吗？

   b. 相关人能描述期望绩效吗？能描述期望的结果吗？

   c. 是否存在绩效方面的明显障碍？

   d. 这些人对其作为得到了反馈吗？

Ⅲ. 检查结果

4. 期望绩效有处罚性吗？

   a. 期望执行的结果是什么？

   b. 它实际上具有处罚性或被视为具有处罚性吗？

5. 期望绩效有奖励性吗？

   a. 何种奖励、声望、地位或安慰以支持当前的做事方式？

   b. 与良好行为相比，不良行为是否得到更多的注意？

6. 存在任何结果吗？

   a. 期望绩效会产生工作者希望看到的结果吗？

Ⅳ. 加强能力

7. 是技能欠缺吗?

a. 如果是赖以生存,他们能做吗? 例如如果不得不做,他们会做吗?

b. 他们可以再次完成曾经执行过的任务吗?

c. 该技能经常使用吗?

Ⅴ. 消除其他障碍

8. 任务能够简化吗?

a. 针对"加急"需求,我能降低判断绩效的标准吗?

b. 我能提供一些绩效援助吗?

c. 我能重新设计工作环境或提供其他实际帮助吗?

d. 我能将部分工作转交给其他一些人吗? 或者可以安排交换工作吗?

9. 有某种原因妨碍了做正确的事吗?

a. 缺少对期望的了解?

b. 矛盾性需求?

c. 限制政策?

10. 此人能够学会如何工作吗?

a. 此人缺少达到期望的实际或智力潜能吗?

b. 此人胜任这项工作吗?

Ⅵ. 确定解决方案

11. 哪种解决方案是最佳的?

a. 所有潜在的解决方案都确定了吗?

b. 每个人都提出了一个或多个问题吗?

c. 问题无形成本的预估包含在内了吗?

d. 每个潜在解决方案的成本是什么?

e. 哪种解决方案是最实际、最可行和最经济的?

f. 哪种解决方案可以创造最大的价值，即用最少的努力最大程度地解决问题？

组织扫描的常见问题

■ 条件的组织层面：战略、结构

1. 组织改变是否与组织的使命和战略方向相一致？如是，人们是否清楚是谁做出了这种改变？

2. 组织改变是否能帮助组织解决外部经营动力或压力的问题（或是否不会阻碍问题的解决）？

3. 组织内部目前各单元或部门是否支持预定的改变？各部门的行为是否符合公认的价值观？需要紧密合作的各团体是否觉得合作比较容易？

4. 相应人员是否具有改变组织以及实现其目标和履行职能所需的预算或决策制定权？

■ 条件的人员层面：组织环境、实践做法

1. 组织改变是否能与组织当前的价值观相容？组织为何认为当前的经营方式十分重要？这些价值观在受到改变影响的组织群体中是否普遍一致？

2. 组织宣称的价值观是否与其实际认可和推崇的行为方式匹配？

3. 目前的管理层和领导做法是否支持组织的改变？

4. 目前的团队工作标准是否支持组织的改变？

5. 组织的改变是否与人员在诚实和道德行为方面的信念相符？

■ 条件的工作层面：环境、资源

1. 当前的物质环境是否支持组织的改变？

2. 组织人员是否具备进行改变所需的设备、工具、资料和信息？

3. 是否具备进行改变所必须的支持性服务或人员？

4. 组织人员完成改变工作所需的资源是否容易获得？

5. 在对组织进行改变的情况下，整体工作负荷是否可控？

■ 流程的组织层面：系统

1. 当前的组织系统（信息、奖励等）的集中或分散方式是否支持组织改变？

2. 一个领域和另一个领域之间在运营方面的一致或变化程度是否支持组织的改变？

3. 当前的组织系统是否具备支持组织改变所需的灵活性？

■ 流程的人员层面：绩效要求

1. 负责实施组织改变的人员是否具备所需的技能、知识和经验？

2. 在需要的情况下，已有的在职援助是否能对组织改变给予支持？

3. 当前选出负责质量问题的人员是否能满足他们履行职责所需的要求？

4. 组织人员是否有必要的信心来尝试改变并使其奏效？

■ 流程的工作层面：方法

1. 当前对工作职能或任务的安排是否能为组织改变提供支持？

2. 当前的工作流程或流程是否能为组织改变提供支持？

3. 当前为了支持组织改变而设计的工作流程是否有效？

4. 当前的工作构思中是否能避免重复劳动或对组织改变构成干预的分歧？

■ 成果的组织层面：组织结果

1. 组织改变中涉及的，或与组织改变相关的各单元目标与改变的要求和期望的结果是否一致和相容？

2. 是否具备能够使人们确定改变已成功的组织衡量手段？这些衡量手段是否明确与组织的成功相关联？

3. 组织改变是否对提高或维持利益相关者、所有权人或能够从组织绩效中获利的其他方的满意度有所裨益？

■ 成果的人员层面：积极性、反馈

1. 组织内人员目前获得有关其工作结果反馈的方式是否与组织的改变

相容，获取频率是否充分、时间是否适当、获取形式是否合适？

2. 组织内部与组织改变相容或支持组织改变的人员是否能够受到奖励，其行为是否能够获得认可？

3. 目前对工作及工作行为的期望是否与组织改变的要求相容？

4. 组织改变是否有助于提高或维持雇员满意度？

■ 成果的工作产品：产品、服务

1. 目前的生产能力水平是否足以满足组织改变的要求？

2. 目前的工作标准是否与组织改变的要求相容？

3. 组织改变是否有助于提升或维护客户满意度？

4. 目前在完成工作方面的时间要求或津贴是否与组织改变相容？

5. 工作负荷的预计水平是否符合组织改变的要求？

剖析绩效支持的动机或原因

说明： 本工具是吉尔伯特（Gilbert）PROBE 模型的一种应用。如下问题的答案可以帮助我们明确绩效差距产生的动机或原因。有些答案可以从绩效差距分析文件记录中找到。其他答案需要实际工作者另行思考。

类别	问题	是	否
数据			
1.	是否有充足且容易获得的数据（或信号）能指导一名有经验的个人做出良好的工作表现？		
2.	这些数据（或信号）是否准确？		
3.	是否能保证这些数据（或信号）中不含有可能导致绩效下滑和发生错误的模糊且严重自相矛盾的内容？		
4.	包含在工作指示中的数据是否过多，是否能以最为简化的方式表达，以及是否已经从各种无关数据中筛选出来？		
5.	这种工作指示是否能及时提供？		

类别	问题	是	否
数据			
6.	是否已经建立良好行为的典范？		
7.	是否已经将清晰且可以衡量的绩效标准传达给所有工作者，以便他们知悉组织对其工作表现的期望？		
8.	他们是否认可这些标准的合理性？		
反馈			
1.	组织提供的、与工作相关的反馈信息是否在对行为进行评价以外，还能对照标准对工作结果进行评价？		
2.	这些反馈信息对于帮助雇员牢记他们以往的行为而言，是否充分、及时和频繁？		
3.	这些反馈信息是否能做到有选择性、有针对性、限制在少数重要事项上，并且不含多余的数据和模糊的表述？		
4.	这些反馈信息对于人员从中学习到一定的知识和经验而言，是否具有教育性、积极性和建设性意义？		
工具			
1.	是否始终具备工作所需的必要工具？		
2.	这些工具是否可靠和有效？		
3.	这些工具是否安全？		
信息			
1.	程序是否有效，其设计是否能够避免不必要的步骤和徒劳无益的行为？		
2.	这些程序是否建立在有效的方法之上，而非建立在历史上曾经发生过的偶然事件之上？		
3.	这些程序对于工作和技能水平而言是否适当？		
4.	这些程序中是否已剔除无益的重复内容？		

续表

类别	问题	是	否
资源			
1.	通常是否具备圆满完成工作所需的资料、物资和协助？		
2.	它们是否按照工作的需要进行了有效的调整？		
3.	周边条件是否能提供舒适感并能避免不必要的干扰？		
激励			
1.	工作薪酬是否具有竞争力？		
2.	针对良好的绩效是否能给予大额奖金或加薪待遇？		
3.	良好绩效与职业前途之间是否存在任何关系？		
4.	对于良好的绩效，是否能根据结果而不是行为提供有意义的非金钱激励（如表彰等)？		
5.	这种非金钱激励的使用频率是否合适，既不过分频繁（丧失意义），也不过分罕见（变得毫无用处)？		
6.	工作表现良好是否可免于处罚？		
7.	工作表现不佳是否可免于隐性的激励？		
8.	针对良好绩效适用的积极和消极激励之间是否能实现平衡？		

人员行为储备动机或原因的深入探查

说明：该工具是吉尔伯特（Gilbert）PROBE 模型的一种应用。以下问题的答案可以帮助我们明确绩效差距产生的动机或原因。有些答案可以从绩效差距分析文件记录中找到。其他答案需要实际工作者另行思考。请以"是"或"否"作答。

类别	问题	是	否
知识和培训			
1.	人们是否了解好坏绩效所带来的后果？		
2.	他们是否能掌握绩效的本质？是否已经构建绩效总蓝图？		
3.	他们是否具备实现良好绩效的技术概念？		
4.	他们是否具备诸如阅读这样的充分基本技能？		
5.	他们是否具备充分的专业技能？		
6.	在经过初次培训之后，他们是否经常使用培训中学到的技能？		
7.	组织是否具备良好的工作支援系统？		
能力			
1.	工作者是否具备迅速而准确掌握必要知觉辨认的基本能力？		
2.	他们在情绪上是否能做到不受任何限制，从而避免对绩效形成干扰？		
3.	他们是否具备充分的实力和灵活程度，从而确保较好的完成工作？		
动机			
1.	工作者在入职时看上去是否怀有实现良好绩效成果的愿望？		
2.	他们的动机能否持久？人员流动率能否保持较低水平？		

4W 绩效检查表

层次	要点	YES	NO
市场要求	1. 有竞争力的产品和服务		
	2. 支持性的管理规则		

层次	要点	YES	NO
工作环境要求	1. 调整领导和管理的实践，使之协调一致		
	2. 灵敏和高效率的基础设施与组织结构—实用的工具，系统以及汇报的关系		
	3. 协调一致的愿景，使命和目标		
	4. 定义良好的成果和绩效测量指标		
工作要求	1. 很好地定义结果和绩效标准		
	2. 存在可以获得反馈的方式以使人们能进行自我纠正		
	3. 有一项基础设施能为绩效提供支持		
	4. 很好地定义工作流程 • 完成任务所需要的信息 • 恰当的和足够的资源 • 便利设施，信息和交流系统 • 协调激励机制和奖励一致		
员工要求	1. 完成任务必须的技能和知识		
	2. 开展任务的意愿		
	3. 能获得绩效支持工具		

干预措施调查表

干预措施调查表有两个部分：第一个部分包含了一系列问题，用以引导你开展需求评估。其结果可帮助你识别机会与改进结果；第二个部分包含关于可能的绩效问题的一系列描述，用以指引你设计出一系列最可能解决问题的行动。

调查表的第一部分呈现了一个问题列表。你的目标是获得切实的证据以引导你确认自己的答案能正确反映当前的状况。你可以通过访谈、观察和文本分析来获得答案。答案将帮助你识别出，是什么限制了人们的能力使其无法在岗位上变得高效，或大型团队中的一员绩效不高的原因。得到的答案也可作为测量的基准，以判断采取行动后发生了何种变革以及变革的程度。你可以使用第二部分的答案，这会将你引向帮助人们变得更有效率的行动。

表1　干预措施调查表　第一部分

对表中提出的每个问题回答"是"或"否"。使用"评论"列来标记出，哪些地方你想获得证实过的证据，哪些地方与你获得的信息相矛盾。

问题	"是"或"否"	评论
1. 信息 1.1　正在开展某项工作的人们是否知道组织期望他们获得些什么？ 1.2　团队的监督、管理人员，以及其工作以工人生产出的产品为前提的雇员，他们对于组织期望他们完成什么，为什么以及该工作应该怎样完成的相关理解，是否与正在完成该项工作的人一致？ 1.3　正在做这种工作的人是否能够获得他们所需要的各种信息？ 1.4　信息是否准确和完备？ 1.5　信息的形式是否容易检索？		
2. 结果 2.1　什么能够获得奖励和庆祝，例如：活动、成就、服从、关系的维持、创新等等？ 2.2　获得奖励的做法是否支持了工作、任务与部门的目标？ 2.3　人们都在测量些什么，例如：活动、成就、服从、关系的维持、创新等等？ 2.4　所测量的是否被大家知道，是否为管理层和雇员层所认可？ 2.5　所测量的是否支持了工作、任务或部门的目标？ 2.6　对于不遵守政策，有怎样的后果？ 2.7　对于人们需要学习和需要改善的，他们是否获得了反馈？ 2.8　工作程序是否被记录、传播和使用？		

续表

问题	"是" 或 "否"	评论
3. 结构和设计 3.1 工作、职责、任务、角色和责任是否都有良好的定义？ 3.2 机构当前对于工作和任务的组织结构是否支持交流、决策和问责？ 3.3 任务是否得到了有效划分？ 3.4 是否存在某种程序，程序中各步骤是否连贯？ 3.5 程序是否得到了良好地定义、测量和跟踪？ 3.6 工人们是否必需使用非标准化的设备、材料或工具？ 3.7 一些任务是否需要自动化？ 3.8 工作的空间是否支持交流、合作，以及利于达成工作或任务的目标？ 3.9 工作的环境（灯光、温度、噪音等）是否支持交流、合作，以及利于达成工作或任务的目标？		
4. 能力 4.1 是否有工作帮助、符号、标签或其他暗示来支持人们完成工作？ 4.2 人们是否抵制变革？ 4.3 人们是否由于与工作无关的个人或职业事宜而花费了太多时间？ 4.4 人们的技能是否符合实际需求？ 4.5 人们是否经历了足够的培训以支持他们成长，换岗位或完成多个任务？ 4.6 支持系统是否可以获得，比如，电子绩效支持系统，导师，工作共享，在线帮助等，以帮助人们更为快速、精准地完成工作或解决难题？ 4.7 能否获得发展机会，并受到鼓励？		
5. 协调 5.1 管理的实践与组织的价值是否一致？ 5.2 工作实践能否支持组织的目标？		

调查表的第二部分将问题与恰当的行动联系起来。阅读第一列的描述，寻找第一列描述中最能反映你所发现的事实的，或你对当前情境所感知的。再从相对的一列寻找推荐的行动。

表 2　干预措施调查表　第二部分

信　息	
如果你有下列证据中的： ◇ 对于工作应该获得怎样的成果，人们的认识不清楚，不一致或存在不同的期望；或者 ◇ 存在有矛盾的目标；或者人们对于他们需要、期望、要求、希望获得的成果有着不一致的认识等	那么就与客户面谈以决定： ➤ 如何获得清楚而一致的认识 ➤ 需要哪些人参与，以怎样的方式，在怎样的时间 ➤ 由谁提出问题，并解释解决这个问题的重要性 ➤ 谁将促进获得澄清和一致 ➤ 如何测量成功
如果你有下列证据中的： ◇ 工作相关信息已经变化，或者工作人员更换 ◇ 人们不知道绩效不佳会导致怎样的结果 ◇ 人们没有获得他们需要的信息	那么就与客户面谈以决定： ➤ 识别出人们应该掌握哪些信息，信息应包含多少细节 ➤ 判断如何更好地帮助人们获得所需信息 ➤ 判断由谁，在什么时间完成这件事情 ➤ 识别所需的资源 ➤ 判断如何测量成功
如果你有下列证据中的： ◇ 一段时间后，信息不能获得，或者信息是复杂的，并且（下一条） ◇ 工作帮助、操作手册、帮助屏幕等是缺乏的，或者不充分，不准确或难以获得，并且（下一条） ◇ 行为的变化是不理想的，并且随着获得的信息越多，这种不理想的行为可以减少	那么就与客户面谈以决定： ➤ 获得客户的承诺——以易于获得的方式记录相关信息，并形成统一的解释和让人们遵从 ➤ 判断如何最好地编纂信息，使其更易使用 ➤ 判断谁应该参与，谁在什么时候来安排他们的参与 ➤ 决定你将如何测量记录文件的有效性

结　果	
如果你有下列证据中的： ◇ 当前的激励机制要么强化了错误的行为，要么忽略了理想的行为，或者 ◇ 没有足够的激励机制来激发人们做更多的工作或者把工作做得更好	那么就与客户面谈以决定： ➤ 识别出需要强化哪些行为或成果，并且，对于什么样的行为或结果，应该停止奖励 ➤ 判断在破坏理想行为，或传递出相反信息的地方，如何停止使用激励 ➤ 提出恰当的激励以及接受该激励或刺激的程序与标准 ➤ 识别出参与的人员、方式和时间 ➤ 判断如何测量成功

结　果	
如果你有下列证据中的： ◇ 人们不知道正用于判断生产力、结果、价值等的标准是什么，并且（下一条） ◇ 如果人们知道绩效标准是什么，他们就能很好地控制自己的绩效 ◇ 缺乏测量流利程度的指标，或该指标不合适 ◇ 不佳的或不可接受的绩效后果被隐藏了，或者没有得到执行 ◇ 满足了个人的私利，而没有兑现某种后果	那么就与客户面谈以决定： ➤ 对于让公众知道"什么正在被测量"，"使用怎样的量规"，"谁在测量"以及"为什么"的重要性获得一致认识 ➤ 识别出人们自我测量的方式 ➤ 判断测量什么以及使用怎样的量规 ➤ 判断由谁参与 ➤ 判断由谁来安排参与人员和时间 ➤ 判断如何测量成功

结　构	
如果你有下列证据中的： ◇ 效率低下是否会导致冗余，增加不必要的成本，过多的负担，增加循环时间，或者 ◇ 责任不明确，或者 ◇ 干扰了服务	那么就与客户面谈以决定： ➤ 获得顾客的承诺来重构工作，或者组建一个任务小组来重新设计完成工作的方式 ➤ 判断施行何种变革以及变革的方式 ➤ 判断谁应该参与，为什么以及什么时候 ➤ 判断如何测量结果或者改进状况
如果你有证据表明，标准或标准化的设备、材料、规格说明、程序与共有实践发生了变化： ◇ 增加了不必要的成本，或者 ◇ 对成果或工作质量产生了消极影响	那么就与客户面谈以决定： ➤ 获得客户承诺来进行可行性研究或成本效益分析，以回答问题：当前的标准或标准化是否恰当 ➤ 判断什么应该被标准化 ➤ 判断由谁参与，为什么，什么时候以及怎样参与 ➤ 判断如何促进新的标准或标准化的开发、测试与实施 ➤ 判读如何测量成功

结　构	
如果你有证据表明，当前的工作空间、设备、工具和材料： ◇ 使工作负担更重 ◇ 增加了一些无意义的活动，或者 ◇ 使得人们的健康和安全面临风险，或者增加了时间、成本与错误	那么就与客户面谈以决定： ➢ 获得客户承诺来进行可行性研究或成本效益分析，以重新设计空间、设备、工具或材料 ➢ 判断由谁参与，为什么，什么时候以及怎样参与 ➢ 判断谁来掌控该项目并促进变革 ➢ 判断如何测量成功

增强能力	
如果你有下列证据中的： ◇ 对工作的既有态度阻碍了创新或个人成长 ◇ 需要一些策略来促进打破旧的模式，放弃旧的做法，并提出新的可能性 ◇ 人们找不到出路，或总是运用同样的办法，却没有获得成果 ◇ 有很多人抵制变革	那么就与客户面谈以决定： ➢ 可以获得什么样的机会来让人们放弃旧想法和做法 ➢ 方法可能是什么 ➢ 谁来参与 ➢ 如何以及何时来做 ➢ 如何测量成功
如果你有证据表明，人们由于个人问题或职业问题花费了较多时间，或严重分心，并且这： ◇ 阻碍了生产力 ◇ 增加了不必要的成本 ◇ 干扰了其他人的工作 ◇ 影响了他们的效率	那么就与客户面谈以决定： ➢ 可以获得哪些资源以帮助人们采取行动或获得更多掌控感 ➢ 决定谁来参与，谁合适参与 ➢ 决定如何测量成功
如果你有证据表明： ◇ 由于缺乏知识和技能，当前的绩效正在降低，或未来的绩效将会降低 ◇ 人们的技能都过时了 ◇ 人们需要跨岗位培训，这样他们才能被安置到其他岗位 ◇ 需要为了未来开发人力资源	那么就与客户面谈以决定： ➢ 获得客户的承诺来塑造和强化技能与知识 ➢ 判断谁需要发展，为什么，以及到什么时候 ➢ 判断如何最好地满足需求 ➢ 判断如何最好地开发与授递项目 ➢ 判断如何测量某个人力资源开发项目获得了理想的结果

协　调	
如果你有下列证据中的： ◇ 当前的消息、行为、系统、结构或环境并不支持组织的目标 ◇ 人们所说和所做的不一致 ◇ 人们所做的并不是组织想要他们做的 ◇ 人们完成工作的方式与组织的价值或公众形象不一致	那么就与客户面谈以决定： ➤ 识别出什么不协调，并推荐一些方式来使得不协调的回归协调 ➤ 判断谁应该参与进来，如何让他们参与，以及到什么时间 ➤ 判断如何测量成功

■ 如何使用干预措施调查表

调查表有两种使用方式。显而易见，第一种方法就是尽可能多地回答第一部分的问题。在不知道答案的地方，你需要判断，知道答案是否更有价值。如果答案是肯定的，那么你就需要通过某种方式获取答案。对于第二部分，分析给出的描述和推荐的行动。根据你对当前情境的理解，为未来的行动规划出一个方案或企划书。

另一种方法是与你的客户会面，一起阅读第一部分的问题并一同回答它们。这样做的益处是，你可以从大家对该问题的相互理解中获得更多东西，对于需要证实你想法准确性的地方，你也能获得启发，你们可以讨论采取行动的价值，也可就如何向前推进获得一致认识。此外，客户可以对第二部分的描述做出评论，你们可以共同开发一个行动指南。

无论如何使用，干预措施调查表就是设计用于帮助你识别什么是真实的，什么是被怀疑的，以及什么需要得以进一步证实。它将帮助你开发一个行动计划，以最好地支持某项新举措或解决某个绩效问题。

干预措施行动规划

干预措施名称：	绩效改进工作者或团队领导者：
项目委托人：	编制人：
干预措施的目的和目标：	
项目利益相关者（直接或间接）：	
客户的期望和成果：	
可能的时间表和预期的制约：	
审查和批准要求：	
预算估算要求：	
从以前的绩效改进工作中获得的经验教训（包括成功和失败）：	

干预措施设计成功指南

目的：本绩效支持工具旨在使绩效干预措施设计人员在设计过程中密切关注结果。

说明：该工具不仅可以用于指导整个设计过程，还可以用于呈现检验设计过程中各步骤实现的结果。基于具体现状，您可能会不需要或不能实现所有的结果，或许也可能需要增加结果。该工具仅仅只能给您初步指导。

注意：此处的"干预措施"不仅指绩效激励之类的单一干预措施形式，还包括工作再设计加上绩效支持工具加上激励等复合干预措施。

干预措施设计步骤	结果
1. 核实/明确现状	• 明确确定期望结果 • 明确确定所选干预措施 • 绩效分析结果清晰、完整、明了 • 分析阶段确定后现状改变 • 对组织、领导层和员工的假设明确 • 其他：
2. 确认/明确干预的各要素或部分——战略、过程、活动、材料等	• 明确确定干预措施各要素 • 如适用，确定依序或优先进行 • 对各要素进行可行性评估 • 其他：
3. 设定总的绩效目标以及各要素的绩效目标	• 目标与期望结果一致 • 目标包括相应的投入、过程、产出、条件、结果、反馈 • 其他：
4. 确认评估结果的标准/指标	• 建立各目标的标准/指标 • 可用资源的标准/指标可行 • 组织环境的标准/指标可行 • 标准/指标与期望的绩效结果一致 • 其他：

干预措施设计步骤	结果
5. 准备行动计划，重点包括如何开发、实施和评估干预。	• 参与干预措施开发、实施和评估的人员 • 开发、实施和评估的时间 • 为实现各干预措施和要素的目标，需要开发或购买的过程和材料 • 成功完成开发、实施和评估所需的资源 • 开发、实施和评估方案包括——参与者、时间、地点、内容、原因、方式 • 方案实现期望结果 • 其他：
6. 建议是否购买、开发、定制干预措施要素	• 确定产品是否合适 • 确定需要定制的产品 • 内部开发可行 • 向外部供应商提出提案请求 • 其他：
7. 与领导层和员工沟通设计方案	• 沟通内容涉及理由、规格、行动方案和建议 • 选择最恰当的沟通方法 • 如合适，采取审查—修改—批准循环 • 沟通需要承诺 • 其他：
8. 启动提案请求过程或内部开发阶段	• 开发阶段开始 • 或者 • 开发提案请求 • 完成提案的审查—修改—批准 • 与外部供应商开始建立开发或实施合作关系 • 其他：

干预措施实施流程的设计步骤

步骤	组成
1. 明确目标结果	涉及面最广的是哪部分群体的人？
	在何种情况下他们会按预期计划开展实施活动？
	期望结果是什么？
	如何测量成功？
2. 识别潜在障碍	哪些环境条件可能会干扰期望绩效的实施工作？
	谁是利益相关者？谁又将从绩效改进中获益？
	目标人群中谁是主要的影响因素？
	实施干预措施所产生的作用与期望是否相符？
	谁将会对此种作用产生影响？
3. 明确期望	目标群体成员的期望是什么？
	目标群体的监察人或影响者的期望是什么？
	组织领导层主要成员的期望又是什么？
4. 明确反馈信息并不断强化（来源与受众）	目标群体成员 目标群体的监察人或影响者 组织领导层主要成员 系统性系统化（与工作环境相融合所产生的作用比单独游离于工作环境之外更为强劲有效）
5. 识别技能和知识要点	目标群体
	关键影响者
6. 绘制实施流程图	跨职能；包括所有影响者及其支持作用
7. 从关键人物那里获得关于流程的支持与承诺	按需调整 采用商业性语言，而非绩效改进语言
	并非一定要采取强硬的实施态度——早在步骤 2 之时就应当在关键人员或是影响者中适时推销自己的想法，了解他们能否对干预措施的实施情况提供帮助，以便于干预措施的成功实施。

步骤	组成
8. 测试进程	首先——内部测试，利用其他团队成员来开展测试
	其次——利用目标群体成员或目标扩大化群体成员来来开展测试
	试运行——独立开展——正如预期的那样，干预措施在现实中能确有成效地开展起来
9. 按需修正	
10. 系统监管	

可行性核查清单

● 可行性是指一个干预方案取得成功并持续产生效果的可能性。

● 使用可行性研究的结果来开发一个实施和采纳的策略。

问题	是/否
1. 期望的新行为与组织文化是否相容？	
2. 是否能确保获得长期的支持？	
3. 在项目即刻启动后是否还会有适时的监督和管理？	
4. 该行动或项目是否获得了长期的预算？	
5. 新的行为是否整合进了工作或绩效测量中？	
6. 是否有承诺提供长期的资源以支持新行为的采纳？	
7. 是否有适当的基础设施（角色，系统等）以支持新的行为？	
8. 当前的管理实践是否能够支持实现该行动或项目必须的新的行为？	
9. 其他问题？	

参考文献

［1］ Darlene Van Tiem, James L. Moseley, Joan C. Dessinger. Fundamentals of Performance Technology：A Guide to Improving People, Process, and Performance ［M］. John Wiley & Sons Inc；2nd Revised edition, 2004.

［2］ Darlene Van Tiem, James L. Moseley, Joan C. Dessinger. Fundamentals of Performance Improvement：A Guide to Improving People, Process, and Performance ［M］. John Wiley & Sons Inc；3rd Revised edition, 2012.

［3］ John P. Kotter. Leading Change. Harvard Business Press, 1996.

［4］ Rothwell, W. （1996）. STD Modles for Human Performance Improvement：Roles, Competencies, and Outputs. Alexandria, VA：The American Society for Training and Development. Used by permission of the American Society for Training and Development.

［5］ 张祖忻主编. 绩效技术概论 ［M］. 上海：上海外语教育出版社, 2005.

［6］ 梁林梅, 教育技术学视野中的绩效技术研究 ［D］. 广州：华南师范大学出版社, 2004.

［7］ 梁林梅 叶涛. 从培训向绩效技术的转变 ［J］. 中国电化教育, 2003

(12).

[8] 刘美凤，方圆媛. 绩效改进 ［M］. 北京：北京大学出版社，2012.

[9] H·詹姆斯·哈林顿.《项目变革管理》［M］. 北京：机械工业出版社，2001.

[10] 威廉姆·罗思韦尔，卡洛琳·K. 赫尼，斯蒂芬·B. 金著，杨静，肖映译. 员工绩效改进——培养从业人员的胜任力 ［M］. 北京：北京大学出版社，2007.

[11] 杰克 J·菲利普斯，罗恩·德鲁·斯通 著，张少林，李元明，李洁译. 如何评估培训效果——追踪六个关键因素的实用指南 ［M］. 北京：北京大学出版社，2007.

[12] 杰克·菲利普斯，帕特里夏·普利亚姆·菲利普斯 著，李红梅，董艳彬 译. 利润圣经 ［M］. 北京：东方出版社，2009.

[13] 帕特里夏·菲利普斯，杰克·菲利普斯 著，吴峰 译. 学习的价值——组织学习如何获得更高投资回报率及管理层支持 ［M］. 北京：北京大学出版社，2011.